"十二五"职业教育国家规划教材
经全国职业教育教材审定委员会审定
普通高等教育"十一五"国家级规划教材
普通高等教育精品教材

U0939904

21 世纪高职高专规划教材 ● 连锁经营管理系列

连锁经营管理理论与实务

（第三版）

窦志铭 编著

中国人民大学出版社
· 北京 ·

第三版前言

本书作为普通高等教育“十一五”国家级规划教材，2008 年获评“普通高等教育精品教材”，现又被列入“十二五”职业教育国家规划教材。教材自第二版出版以来，我国的连锁经营行业发生了很大变化，国内有关教材也出现了多种版本，这些教材各有所长，可供多角度学习和借鉴。

本次修订在保持前两版教材特色的基础上，根据前两版教材使用的情况和读者的建议，保持了教材结构、体例上的一致，对教材的内容进行了更新，增加了“课堂讨论”栏目等。

其中，教材内容的更新侧重的是学科知识的准确性和新知识、新理论、新技术、新方法的补充完善，特别是增加了现代信息技术在连锁企业应用的新情况和新成果等相关内容。同时，考虑到本教材多作为专业基础课教材使用，修订中仍保留了部分较为成熟的案例。

在本次修订过程中，我们借鉴和引用了广大同行、专家学者、相关行业协会和网站的研究成果，得到了深圳天虹商场股份有限公司、百丽国际的大力支持，深圳市九州锐智科技有限公司的刘永辉先生帮助修订了第七章，在此表示衷心感谢。

由于作者水平有限，书中难免存在错误和疏漏，敬请读者批评指正。

窦志铭

2016 年 6 月于深圳西丽湖

第一版前言

2002年8月12日国务院体改办、国家经贸委出台的《关于促进连锁经营发展的若干意见》，将发展连锁经营作为促进大流通、带动大生产的重要措施，以及改造传统商业、提升流通产业竞争力、推进流通现代化的有效途径。作为一种现代化的企业组织及经营形态，连锁经营将若干同行业或同业态的店铺，以同一商号、统一管理或授予特许经营权方式组织起来，共享规模效益，已成为各企业发展壮大以及逐步走向现代化的重要途径。

目前，连锁经营已成为最具活力的经营方式，几乎渗透到了零售业、餐饮业以及其他服务业等多个行业。发展连锁经营、促进连锁经营发展对我国的生产、流通、消费以及整个国民经济发展具有重要意义。据中国连锁经营协会统计，进入21世纪后，代表连锁业发展趋势的“连锁百强”仍以年均超过50%的速度增长，远远超过了社会零售总额年均9.4%的增速。当前，连锁经营在我国的发展还在加速，连锁经营的优势更加突出。

连锁经营的发展已对高等教育提出了新的要求，一些高等院校纷纷增设了连锁经营专业或在相关专业增开了连锁经营管理课程。教育教学的发展迫切要求教材的支持，本教材正是为了满足这一需要而编写的。本教材的编写本着理论上够用为度、实践上注意技能的原则，强调理论与实践相结合，在知识面、教材体例编排等方面进行了一些新的尝试，以适应高职高专教学中对实训教学以及学生实践培养的要求。本教材适用于商贸类的连锁经营、商品流通管理、商业企业管理、电子商务专业，市场营销、工商管理等专业亦可参照使用。

由于时间仓促，加之编者水平有限，教材中的错误和不足之处在所难免，希望广大读者提出宝贵意见，以便教材日后的修订。教材在编写过程中，参考了国内外专家、学者的有关著作和研究成果，得到了深圳职业技术学院、深圳天虹商场有限公司、深圳市科脉技术有限公司的大力支持，在此一并表示感谢！

窦志铭

2007年3月

目　录

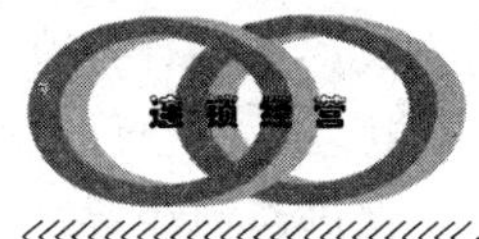

第一章

认识连锁经营

学习目标

1. 了解连锁经营的概念及特征。
2. 掌握开展连锁经营的优势。
3. 熟悉主要的连锁经营方式和特点。
4. 了解开展连锁经营的行业分布。

案例导入

2002 年 6 月 16 日，北京市海淀区“蓝极速”网吧发生大火，造成 24 人死亡，10 多人受伤。隐藏在网吧背后的很多问题暴露出来，一时间，网吧成了众矢之的，政府相关部门开始重视网吧的经营管理问题。2003 年 4 月 22 日，文化部出台《关于加强互联网上网服务营业场所连锁经营管理的通知》，开始规范网吧的经营。通知要求：连锁网吧要在总部的统一管理下，严格按照连锁经营的组织规范，统一经营方针、统一服务规范、统一形象标识、统一营业场所风格，并且统一上网首页和统一计算机远程管理等。

如今互联网的服务已经发生了巨大的变化，网吧服务也发生了很多变化。结合你的观察，请讨论：

1. 你身边的网吧是连锁经营的吗？连锁经营的网吧有什么特点？
2. 你感觉到网吧的经营发生了哪些变化？

第一节　连锁经营的本质特征及优势

一、连锁经营的概念

根据我国国内贸易行业标准《连锁经营术语》（SB/T10456—2008）中的规定，连锁经营（Chain Operation）是指经营同类商品或服务，使用同一商号的若干店铺，在总部的管理下，采取统一采购或特许经营等方式，实现规模效益的组织形式。

2002 年 8 月 12 日，国务院体改办、国家经贸委出台的《关于促进连锁经营发展的若干意见》中，对连锁经营进行了如下的描述：“连锁经营是通过对若干零售企业实行集中采购、分散销售、规范化经营，从而实现规模经济效益的一种现代流通方式，主要有直销连锁、特许连锁、自由连锁等类型。实行统一采购、统一配送、统一标识、统一经营方针、统一服务规范和统一销售价格等是连锁经营的基本规范和内在要求。促进连锁经营发展对我国生产、流通、消费以及整个国民经济发展具有重要意义。”

连锁经营的发源地是美国，第一个成规模的连锁企业是 1859 年乔治·F·吉尔曼和乔治·亨廷顿·哈特福特在纽约创办的一家茶叶公司。在 6 年的时间里，该企业就发展了 26 家直营连锁店，全部集中在百老汇大街和华尔街一带，全部经销茶叶。1869 年，该公司更名为“大西洋与太平洋茶叶公司”（Great Atlantic & Pacific Tea Co.），并开始把它的连锁商店延伸至美国各地，到 1880 年已经发展了 100 多家连锁店。

早期另一家成功的大型连锁经营公司是“胜家缝纫机公司”。在商界，它的营销方式要远远比它的产品更吸引人，它被公认为连锁加盟界的鼻祖。该公司生产的缝纫机在 140 年前属领先时代的新产品，由于消费者对其新产品的性能及产品本身认识不足，造成销售困难，故该公司决心进行大胆的尝试，于 1865 年开始采用“特许经营”分销网络的方式进行产品销售，收到了很好的效果，迅速打开了产品销路，从此雄霸美国市场。

1987 年，肯德基首家连锁店落户我国，1990 年，麦当劳连锁店也开始在我国遍地开花。同年，东莞市糖酒集团美佳超市在虎门开设了第一家“美佳食品连锁店”，两年内连锁店增加到 18 家，销售额突破 7 000 万元，一时声名鹊起，我国逐渐开始了解、体验现代连锁经营。现在，连锁经营已经成为商业、餐饮业以及很多行业发展壮大的主要经营组织形式。

在 20 世纪，现代连锁（特许）经营创造了很多商界神话，造就了麦当劳、肯德基等大家熟知的企业，也造就了如沃尔玛等跨国企业巨头。进入 21 世纪，我国的连锁经营发展也非常迅速。据中国连锁经营协会调查显示，2010 年，连锁百强销售规模达到 1.66 万亿元，同比增长 21.2%，苏宁电器集团以 1 562 亿元的销售规模位居“中国连锁百强”榜首，国美电器、百联集团有限公司、大商集团有限公司、华润万家有限公司分别以 1 549 亿元、1 037 亿元、862 亿元、718 亿元的销售业绩排名第二至第五位。“百强”最后一名的销售额为 22 亿元，比 2009 年提高了 37%。

二、连锁经营的本质特征

连锁经营与传统的商业组织形式相比，有如下本质特征。

（一）组织形式的联合化和标准化

连锁经营方式的组织形式是由一个连锁经营总部和众多的分店所构成的一种企业联合体，被纳入连锁经营体系的商店相互连接在一起，如同一条锁链，所以被称为“连锁商店”。传统的商业也存在着一定程度的联合，但主要是合作，如工商联营、引厂进店等，而连锁经营则是整体性、稳定性、全方位的联合，使用同一个店名，具有统一的店貌，而且提供标准化的服务和商品。所以，连锁经营是标准化的联合，如果只有店名和店貌的统一而无服务和商品的标准化，那就只有连锁经营的“形”，而无连锁经营的“神”，本质上就不属于连锁经营。

（二）经营方式的一体化和专业化

连锁经营把传统的流通体系中相互独立的各种商业职能有机地组合在一个统一的经营

体系中，实现了采购、配送、批发、零售的一体化，从而形成了产销一体化或批零一体化的流通格局，提高了流通领域的组织化程度。同时，由于连锁企业拥有大量的分店，具有大批量销售的市场优势，可以引导供应商真正做到根据市场需求和商业经营者的要求组织生产，从而形成了以大商业为先导、以大工业为基础的现代经营格局。一体化经营与专业化分工相结合，从根本上改变了传统的经营方式，这是连锁经营的核心。

（三）管理方式的规范化和现代化

一体化经营和专业化分工的有效性，主要取决于连锁企业的管理水平和经营理念。购销职能的分离，必然要求连锁总部强化各项管理职能。如经营方针和经营规划的制定和计划、人员管理及培训、采购、配送、加工、包装、保管、分拣、促销、财务、保险、法律等事务的处理，以及店铺的选择、设计及装潢、商品配置与陈列等，各项职能都由连锁总部来承担。为此，连锁总部必须有一套规范的做法，建立专业化职能管理部门、规范化管理制度和调控体系，并配备相应的专业人才。同时，为了使庞大而又分散的连锁经营体系内部的各类机构能步调一致地有效运转，还需要运用现代化的管理手段。现代信息技术手段的应用，使公司总部、配送中心以及各连锁店都建立了相应的管理信息系统，通过网络系统将公司连成一个整体。

总之，连锁经营是通过规模经营获取规模效益的。组织形式的联合化和标准化是连锁经营的前提条件；经营方式的一体化和专业化是连锁经营的核心内容；管理方式的规范化和现代化是获得连锁经营规模效益的基本保证。

知识拓展 1—1

连锁经营“3S”原则

连锁经营的有三个重要原则，即标准化、专业化和简单化。

(1) 标准化（Standardization）。为持续性地生产、销售预期商品而设定的既合理又较理想的状态、条件，以能反复动作的经营系统。

(2) 专业化（Specialization）。企业或个人等在某方面努力追求卓越，将工作特定化，并进一步寻求强有力的能力，开发创造出独具特色的技巧及系统。

(3) 简单化（Simplification）。为维持限定的作业，创造任何人都能轻松且快速熟悉作业的条件。

三、连锁经营的优势

连锁经营的优势主要在其规模效益。企业的规模效益主要是通过两种方式实现的：一是追求单体规模，如发展大型的百货公司、综合性的超级市场、购物中心等；二是追求整体经营规模，即通过广泛布点、组合经营、分散销售，来实现规模效益。其中第二种方式的规模经营的最显著优势在于能有效地解决规模经营与市场分散性之间的矛盾。连锁经营的优势具体而言有如下表现。

课堂讨论：去餐馆吃饭，你愿意选择连锁经营的餐馆吗？为什么？

（一）共享效应

连锁经营的共享效应主要表现为以下四个方面。

1. 企业形象共享

连锁企业采用统一的企业形象，比其他独立企业具有更高的知名度，其产品和服务更容易进入其他独立企业不易触及的市场。由于品牌的高知名度，消费者比较容易信任和接受。连锁企业一旦树立了良好的企业形象，便能使所有的连锁分店共享由此带来的收益。

2. 广告宣传共享

独立经营的小规模商店一般都没有能力在大众传播媒介上做广告宣传。连锁企业的广告宣传一般都由总部统筹负责，费用由各连锁店分担，所以连锁企业的规模越大，就越有能力进行广告宣传。连锁公司庞大的经营规模不仅为进行广泛的广告宣传提供了条件，而且整体的广告宣传又大大减少了费用，并能使每一家连锁分店由此而得益。

3. 技术服务共享

连锁企业能为连锁分店提供一系列技术服务，如统一采购、集中配送、资金融通、财务指导、商店设计、商品陈列、业务培训等。对于企业总部来说，只要设计出一套标准化的模式就可以普遍应用，大大降低了企业的设计费用。对连锁分店来说，由于企业总部能提供良好的技术服务，简化了连锁分店的经营业务，从而使各连锁分店能实行简单化的经营。

4. 盈利模式及商业模式共享

商业模式和盈利模式是企业最重要的核心竞争力要素，成功经营的连锁企业往往有自己独特的商业模式和盈利模式。连锁经营企业对自己商业模式和盈利模式的内部复制和共享，可以降低单店的经营风险，这种复制和共享本身也是很多企业盈利模式的重要组成部分。

（二）扩张效应

连锁经营的扩张效应主要表现为以下三个方面。

1. 广泛地吸引合作者

由于连锁经营具有统一的企业形象、良好的企业商誉、众多的销售网点以及巨大的销售数量，所以能广泛地吸引供应商、中间商和投资者，并积聚大量的资本，这就为连锁经营业务的扩张奠定了坚实的基础。

2. 较低的投资风险

由于连锁经营所追求的是整体的经营规模，单体经营规模不必求大，因而在创立、改组及经营风险等方面都比大规模的单体经营具有更强的适应性、灵活性和简便性，所以其大规模的扩张也就比较容易。同时，由于消费者比较容易认同统一的企业形象，所以各家连锁分店的投入期就比较短，甚至一进入市场就可能立即被消费大众所接受，加上连锁分店以总部的技术服务为后盾，因而经营的成功率较高，而投资风险较低。

3. 标准化的扩张

连锁企业在有了一套标准化的经营模式和经营技术后，能够像细胞分裂那样迅速扩张，而且每一家连锁分店都能够保持一致性。

（三）整合效应

连锁经营的整合效应主要表现为以下两个方面。

1. 提供统一的消费模式

连锁经营能为消费者提供标准化的商品和服务，从而为消费者建立了统一的消费模式；同时简化了消费者的购买过程，消费者在决定购买之前无须进行比较、分析和选择。随着生活和工作节奏的加快，消费者在购物过程中更注重省时、简便和可靠的质量，统一的消费模式正好迎合了这一消费潮流。

2. 整合企业的市场行为

连锁企业可以把分散的经营活动联成一体，用统一的技术标准、服务水平以及价格管理准则等去指导、监督和调控所属企业的市场行为，使其趋向公平、合理、规范和有效，增强了消费者对企业的信心并提高了其满意程度。连锁经营的整合效应不仅体现在零售环节上，而且还体现在对制造商、批发商、原材料供应商等的整合上，连锁企业可以利用自身的经营优势，迫使制造商、批发商、原材料供应商按照市场消费者的需求和连锁企业的经营要求来进行产品设计和开发，从而使市场的流通体系形成以消费需求为导向、工商紧密配合的一体化经营的有效格局。

案例分析 1—1

时尚传奇“阿呀呀”

——一个在小商品、小行业中诞生的奇迹

一直以来，头花、发夹、钥匙扣等小饰品都难登大雅之堂，走街串巷的货郎、夫妻杂货店也只当它是丰富货柜、填补空白的小东西。因其产品小、利润薄，所以鲜受商家重视。

“阿呀呀”却一脚跨了进去，甚至深耕细作，把这粒小种子种成参天大树。瞬时，一系列革新运动搅动了饰品行业。一切超乎想象，小东西逐渐形成了大气候！卖了一辈子小饰品的地摊小贩、夫妻店主们惊讶地张大了嘴巴：这不过是一点点改变、一点点整合、一点点创新，怎么就让一个行业天翻地覆地改变了呢？

阿呀呀（香港）国际管理公司决定进入国内小饰品行业时，一切迹象表明，这个领域还是一片蛮荒之地：市场上的小饰品款式落后，没有知名品牌；从业者大多为小摊小贩，几乎没有营销手段；市场竞争混乱无序。“这是一个蕴含无限发展空间的市场。”阿呀呀公司一直关注国际国内时尚饰品行业的发展，一眼就看出了其中的机会，伺机而入，酝酿了一场变革。

2002 年底，一个新鲜的时尚饰品专卖店——阿呀呀（AYAYA）在北京开张了。店内汇集了琳琅满目的精致商品，从头上戴的到脚下穿的，女孩子喜欢的小饰品应有尽有，简直就是时尚饰品的集中营；店铺陈列一改过去封闭式陈列柜形式，全部采用开敞货架，让顾客直接拿取货品、随意试戴，体验购物快感，充分满足女性精挑细选的购物欲望；所有产品明码标价，犹如一个小型超市；最具冲击力的是，它采用了促使人“非理智消费”

的低价策略，所有产品定价一律在10元以下。

开业当天，立刻引起市场轰动，小店内人山人海，甚至需要控制进店人数。面对满屋子漂亮的小玩意儿，女孩们欣喜万分，忍不住挑了这件，又买那件。她们甚至一边挑饰品，一边不住地惊叹："啊呀呀！好漂亮啊！"

第一家店的迅速成功，让阿呀呀公司高层信心倍增，全面启动大中国区市场。来自市场的惊叹就像是一声号角，"阿呀呀"数十家直营店在北京、上海相继开业，加盟店也在全国各地相继铺开，所到之处几乎都掀起"啊呀呀"的惊呼。2003年6月12日，阿呀呀公司迎来"非典"之后的第一个"黄金周"——一周内签订加盟合同11份，更有加盟商一口气开了十几家店铺。

资料来源：http：//www.3216.com。

试分析：

1."阿呀呀"在其发展进程中发挥了"连锁经营"的哪些优势？

2."阿呀呀"的创新有哪些？

案例分析 1—2

芭比娃娃失恋上海滩

2011年4月16日，《中国经营报》记者造访曾经富丽堂皇的芭比娃娃旗舰店，这家位于上海淮海路上的豪华店面，至今已黯然关张一月有余，对于全世界的芭比迷来说，这真是个坏消息。

2009年，在芭比庆祝50岁生日之际，全球最大的玩具制造商美泰公司在上海为芭比修建了一座面积约为3530平方米的"豪宅"，这不仅是美泰公司在全球开设的第一家芭比旗舰店，更是美泰公司希望为芭比品牌注入新生力量的一个美丽愿景。但从两年多来的经营成果来看，品牌增值、品牌延伸之梦终于破碎，外来品牌的本地化营销并非想象得那么简单。

一、入不敷出，一站式体验营销遭遇成本挑战

在芭比娃娃传奇的营销史上，讲故事一直是其惯用的手法。营销人员在卖玩具的同时，卖的更是一整套生活方式。按照美泰的设计，芭比要有自己的生活、思想，需要朋友，喜欢打扮，有一个专属于自己的"童话世界"。

美泰决定将这样的营销手法搬到中国来，在芭比旗舰店展示芭比的生活方式与现实体验，而非简单地售卖芭比娃娃和它的衍生品。

按照美泰公司的设想，面积3530平方米的旗舰店配有水疗中心、化妆品柜台、酒吧、餐厅等设施，销售芭比娃娃及其服饰、珠宝、电子产品等超过1600种关联产品。消费者可以在购物中心内购物、美容、用餐等，享受一系列芭比生活。

为了营造更加真实的芭比生活，美泰可谓煞费苦心。旗舰店的底层甚至放弃了商品陈

列，粉红色的旋转式楼梯成为进入梦幻世界的唯一通道，两旁的陈列墙、专柜等展示芭比娃娃的“成长史”……为了吸引更多人流，旗舰店还经常组织相关的主题活动，鼓励妈妈们带着孩子来参加芭比主题秀活动。孩子们可以穿上芭比服装走上T台，实现粉红色公主之梦。

但芭比很快就发现，苦心经营的策划带来的人气并没能有效地转化为销售额。对于大多数消费者来说，旗舰店更像是一个观光地，而非购物中心。芭比的VIP会员刘丽在接受记者采访时表示，以自己和她身边朋友为例，大多数的消费还是集中在芭比娃娃以及相关饰品的购买上，而旗舰店里销售的其他衍生产品，譬如化妆品、服装等则很少购买，因为无论从质量到款式，感觉都非常一般。这样的衍生品与同在一条街上的ZARA、H&M等时尚品牌相比，并不能凸显竞争优势。另外，旗舰店的水疗中心和餐厅等也少有人问津，“刚开始，可能出于好奇进行消费，但时间一长，因为品类选择较少，就不会进行重复性消费了”。

与此同时，芭比旗舰店的商业模式也在遭遇高昂成本的挑战。据记者估算，店铺租金约为50元/平方米·天，面积约为3 530平方米的芭比旗舰店，一年的租金算下来就约为6 442万元，两年累计超过1亿元。

如此高昂的成本确实让芭比有些吃不消。2010年，芭比上海旗舰店的销售目标与2009年3月开店之初相比下调了至少30%。在品牌专家李光斗看来，集销售、品牌展示、用户体验为一体的购物中心模式，很容易让旗舰店陷入成本上的困境。一旦销售额不能达到一定目标，就会入不敷出。据美国UTA管理集团大中国区总经理杨大筠观察，集成店模式在中国并不容易走通，以迪斯尼为例，目前迪斯尼也没有在中国开出大规模的集成店，而是以专卖店或者专柜的形式逐步渗透进入中国市场。

二、定位尴尬，错误定位不能迎合消费群体需求

尽管耗资巨大，但芭比却并没有真正赢得中国消费者的心。从目前结果看，这与美泰公司不了解中国市场的消费者有直接关系。

旗舰店开张伊始，美泰高层就表示，要将“那些把芭比视为自己最好朋友的女孩子和那些将芭比作为时尚和生活风格标志的女性”作为目标消费群。这样的目标消费群定位，显然已经超越了芭比仅仅是一个洋娃娃的定位，把宝押在了中国年轻的时尚女性身上，并企图利用芭比原来的品牌知名度进行延伸消费。

遗憾的是，这样的消费群定位似乎并不能够迎合中国年轻时尚女性的审美观。早在一年多以前，中国市场研究集团的雷小山就预测了芭比的失败，他认为芭比对当地消费者品位关注太少，中国的女性更喜爱娇媚、少女般的粉红色衣服，比如Hello Kitty，而不是性感、暴露的菲尔德斯式设计（帕特里克·菲尔德斯，美剧《欲望都市》服装指导）。

另外，为了进攻年轻女性的时尚市场，芭比亦运用了卖奢侈品的方式进行销售。仅从价格上讲，最便宜的芭比也要69元，多数在200元上下，系列的衍生品、化妆品等亦价格不菲。李光斗并不看好这种售卖模式：“在传统的玩具市场上，中国消费者的观念与美国截然不同：在西方，游戏被认为是儿童的天性。在中国，家长们会认为游戏是玩物丧志。中国的家长可能愿意花成百上千的钱去消费早教产品，却不愿意在玩具上做太大的

投入。”

芭比希望像卖奢侈品一样把自己推销给中国年轻的时尚女性，但却不了解她们的口味。而在传统的玩具市场上，又遭遇了价格与观念的挑战，不经意间陷入尴尬境地。

三、市场失算，有限的本地化与品牌营销

对中国市场盲目乐观，未能有效地本地化也是芭比在中国市场受阻的重要原因。

实际上，为了让芭比尽早融入东方生活，美泰也曾经煞费苦心。运用擅长的故事手法，他们为芭比设计了来到中国的第一个朋友“上海玲”，这个有着及腰黑发、迷人黑色眼睛的“上海玲”被设计成既有中国传统元素又很有时尚味道的现代上海女孩。“上海玲”随后被多次运用到芭比的本地化营销中，譬如中秋节芭比推出中秋月饼，都是由“上海玲”在讲述的中国故事。美泰利用中国的传统节日做了一系列的营销活动，芭比上海商业有限公司总经理赖予欣接受记者采访时曾透露，公司在本地化营销方面用过一系列招数，比如让中国消费者设计自己心目中的“上海玲”，通过为芭比找朋友，展示更多中国的故事等。

美国UTA管理集团大中国区总经理杨大筠认为，像很多进入中国市场的国外品牌一样，芭比还没有付出足够的时间与耐心。围绕芭比进行的品牌推广和文化延展显然做得还不够，在人们的印象中，芭比带有极强的美国20世纪60年代文化的影子，如今进入中国，融入新的品牌内涵的同时需要做更多的传播工作，这样才能在消费者心目当中获得认同感。

据美泰宣称，关张后的芭比将踏上全国巡游之旅。芭比在中国的未来会怎样，暂时还是未知数。

资料来源：李立：《芭比娃娃失恋上海滩　中国芭比旗舰店黯然关张》，载《中国经营报》，2011-04-23。

试分析：

你认为芭比娃娃在国内开设连锁店具有哪些方面的优势？

第二节　连锁经营的类型

连锁经营的类型在各国有不同的划分方式。我国行业标准《连锁经营术语》（SB/T10456—2008）将其分为三种类型：一是直营连锁（Corporate Chain），即总公司直接投资或控股开设，在总部直接控制下，开展统一经营的连锁经营形式；二是自由连锁（Voluntary Chain），即若干个店铺或企业自愿组织起来，在不改变各自资产所有权关系的情况下，以同一个品牌形象面对消费者，以共同进货为纽带开展的连锁经营形式；三是特许连锁（Franchise Chain），即拥有注册商标、专利、专有技术等经营资源的企业（特许人），以合同的形式将其拥有的经营资源许可其他经营者（被特许人）使用。被特许人按照合同的约定在统一的经营模式下开展经营，并向特许人支付特许经营费用的连锁经营形式。

一、三种连锁类型的特征

从直营连锁、自由连锁和特许连锁三种类型的产权关系、利益分配关系、经营管理关系等方面来看，三种连锁类型的主要特征如下。

（一）直营连锁的特征

直营连锁的特征主要表现在以下三个方面：

（1）直营连锁具有资产一体化的特征，即每一家连锁分店的所有权都属于同一主体，归一个公司、一个联合组织或单一个人所有。

（2）直营连锁实行总公司统一核算，各连锁分店只是一个分设的销售机构，销售利润全部由总公司支配。

（3）直营连锁总公司与其下属分店之间的关系属于企业内部的专业化分工关系，所以在经营管理权上高度集中，各连锁分店不仅店名、店貌等完全统一，经营管理的决策权如人事权、进货权、定价权、财务权、投资权等，也都高度集中在公司总部，公司总部为每个连锁分店提供全方位的服务，以保证公司的整体优势。

（二）自由连锁的特征

自由连锁的原意是自发性连锁或任意性连锁，因此，自由连锁也称“自愿连锁”“志同连锁”等。自由连锁实际上是一种横向发展的合约系统，它既可以由某一批发企业发起而组成批零一体化的合约关系，也可以由众多的零售企业联合组成一个具有采购和配送等功能的商业机构，为零售企业服务。

自由连锁一般具有以下三个基本特征：

（1）成员店的所有权、经营权和财务核算都是独立的，可以使用成员店各自的店名、商标，但是，当自由连锁店发展到合股建立一家能为成员店提供服务的商业机构时，使用不同店名、商标的成员店往往会转换成使用统一店名、商标的连锁店。

（2）总店或主导企业通过商业信誉建立一种互助互利关系，以达到规模经营的目的。

（3）总店与成员店之间是协商和服务的关系，总店主要负责统一进货和配送，各成员店在核算、盈亏、人事安排、经营方式及经营规模、经营策略上都具有很大的自主权。

（三）特许连锁的特征

特许连锁的特征主要表现在：

（1）特许连锁具有资产的独立性，即特许连锁店之间以及连锁店与总公司之间的资产都是相互独立的。

（2）特许连锁实行独立核算，即特许连锁店与其总公司都是独立核算的企业，特许连锁店在加盟时必须向总公司一次性交纳品牌授权金，并在经营过程中按销售额或毛利额的一定比例向总公司上缴“定期权利金”。

（3）总公司与其授权成立的特许连锁店之间的关系是平等互利的合作关系，所以在经营管理上往往不采取强制性的措施，而是一方面通过特许合同规定双方的权利和义务，另一方面通过有效的服务、指导和监督来引导特许连锁店的经营行为，因此，对总公司来说，最重要的是履行特许合同的义务，并树立为特许连锁店服务的理念。

二、三种连锁类型的优势与缺点

（一）直营连锁的优势与缺点

直营连锁在市场竞争中体现的主要优势是：能够通过大批量采购来大幅度降低经营成本和价格；可以统一调配资金、设备、商品及人员，有利于充分利用企业资源，提高经营效率；另外，由于各连锁分店不是独立主体，其关闭、调整和新店的开设基本上属于公司内部的事务，受外界制约相对较少，总公司对分店布局和新店开发具有较强的调控能力。连锁分店可以将主要精力用在商品管理和改善服务上。但是，采用直营连锁的方式，要求总公司必须具有较强的经济实力，而且能够处理好集中管理和分散经营的关系。

（二）自由连锁的优势与缺点

自由连锁既具有连锁经营的规模优势，同时又能保持独立小商店的某些经营特色，因此，在中小企业众多的地区发展自由连锁是比较合适的。自由连锁具有较强的灵活性、转换性和较好的发展潜力，可以逐渐发展成为独资连锁或特许连锁。自由连锁的缺点是统一性较差、决策迟缓、组织不稳定、受地域限制较大。

（三）特许连锁的优势与缺点

采用特许连锁经营方式，对总公司、特许店及整个社会都有明显的益处。对总公司来说，能以较少的资本达到迅速发展公司业务的目的，实际上具有融资的功能。同时，通过经营权的转让，也能为总公司积累大量的资本，使公司的无形资产变为有形资产，从而增强公司的实力和发展能力；对于投资者尤其是那些具有一定资本，希望从事商业活动，但又苦于没有经营技术和经验的企业和个人来说，特许连锁是一个很好的方式。一旦加盟，既可以利用总公司的技术、品牌和商誉开展经营，又享有总公司全方位的服务，经营风险较小，利润比较稳定。另外，由于特许店是独立的经营实体，有内在的激励和发展机制，因而总公司不需要在调动其经营积极性方面花费精力。对社会而言，通过特许连锁方式来发展商业网点，不仅能提高商业的组织化程度，而且也有利于中小企业的稳定发展。

但如果总公司片面追求品牌授权金，大量发展特许店而又缺乏有效的管理和强有力的服务能力，不仅会使企业形象受到严重损害，而且也会使投资者的权益受到侵犯，最终很有可能导致整个特许连锁系统的崩溃。

第三节　我国连锁经营的发展情况

连锁经营从产生至今已有100多年的历史了，从美国、英国、法国、德国、日本等的发展情况看，连锁经营几乎渗透到了各个行业，主要包括：零售业，如超级市场、百货店、专卖店、便利店等；餐厅；宾馆酒店；休闲旅游服务；汽车用品服务；汽车租赁服务；商业服务，如会计师事务所、律师事务所等，印刷、影印、招牌服务，家庭清洁，建筑装饰，洗衣店，教育服务，设备租赁，健身美容，娱乐业；等等。

我国开展连锁经营的行业分为60类，见表1—1。

表 1—1　　我国连锁经营行业种类

1. 汽车产品和服务	31. 房地产服务
2. 汽车购买和租借/租赁	32. 休闲与娱乐
3. 建筑和改建	33. 视频及音频制品
4. 商业服务：会计/信用贷款	34. 租赁服务
5. 商业服务：广告和促销	35. 约会服务
6. 支票兑现/保护	36. 零售——艺术/构思
7. 儿童开发/教育/产品	37. 零售——运动服装/体育用品
8. 教育/个人发展/培训	38. 零售——计算机销售与服务
9. 职业介绍	39. 零售——便利商店/药店
10. 食品——烘焙产品	40. 零售——鲜花和植物
11. 食品——咖啡/茶	41. 零售——家庭室内陈设
12. 食品——冰淇淋/爆米花/饮料	42. 零售——家庭用具改进
13. 食品——椒盐饼干	43. 零售——宠物产品和服务
14. 食品——快餐/外卖	44. 零售——摄影产品和服务
15. 食品——家庭式餐馆	45. 零售——专业（眼镜等）
16. 食品——特殊食品	46. 零售——视频/音频/电子产品
17. 家具/器具返工和维修	47. 零售——其他
18. 发型设计沙龙	48. 水处理与净化
19. 健康/健身/美容/化妆品	49. 环境产品与服务
20. 洗衣和干洗	50. 工具/五金用品
21. 修鞋及鞋子保养	51. 再生利用服务
22. 草坪与花园	52. 安全保障系统
23. 旅馆/汽车旅馆	53. 无线电通信产品及服务
24. 家政服务	54. 标志制品及服务
25. 维护/商业清扫/卫生	55. 保险
26. 医疗/牙科产品和服务	56. 珠宝
27. 运输/包装和邮递	57. 旅行服务
28. 印刷/复印和制图	58. 工艺美术制品/构思
29. 书籍/出版物	59. 特许连锁经营律师/顾问服务
30. 房地产调查服务	60. 其他

经过 30 多年的快速发展，我国国内消费市场对经济增长的拉动作用不断增强，我国经济乃至连锁经营发展均已步入提质、增效、升级的新阶段。随着我国宏观经济下行压力增大，进入转方式、调结构的新常态，以及电子商务的爆发式增长，连锁行业发展环境依然复杂多变，面临近年来少有的严峻局面。

根据中国连锁经营协会《2014 年中国连锁经营年鉴》提供的资料。2013 年中国连锁行业整体发展状况也呈现出新的特征和变化。据中国连锁经营协会调查显示，2011—2013 年“连锁百强”增速持续放缓，2013 年“连锁百强”销售总体增长 9.9%，连续第三年慢于社会消费品零售总额的增长，也是历年增长最慢的一年，这既是经济增长不振、行业自身发展规模的反映，也是受消费疲软、经营成本提升、渠道分流加剧、消费升级与消费意愿变化等多重因素影响的结果。但由连续三年数据比较可见，回落幅度在逐年缩小，预示着未来几年行业进入整体放缓但相对稳定的发展阶段。从业态来看，以百货和快速消费品为主的连锁企业，整体销售增幅均慢于“连锁百强”平均增幅，而便利店和购物中心均展现出较好的发展态势，其中便利店销售增幅居各业态之首，其门店数量增幅也快于“连锁百强”的平均值。从区域来看，三、四线市场快于一线市场的发展格局依旧。从渠道来看，近几年网络和移动零售取得惊人发展，带给传统零售较大冲击，而零售企业在经历单一渠道向多渠道过渡后，已开始加速线上与线下融合，打造全新的无缝对接消费体验，实现全渠道经营。其中，“连锁百强”中，已有 67 家企业开展网络零售业务，比 2012 年实际新增 5 家；而开展网络零售的“连锁百强”线上销售占企业总销售的比例也由 2012 年的 2.9%上升到 2013 年的 3.7%。在成本方面，房租和人工费用连年高企，持续较快上升，仍是影响企业利润提升最主要的两个因素，其中“连锁百强”房租和人工成本涨幅分别为 11%和 18%，这也使得“连锁百强”销售负增长和门店数负增长的企业明显增加，为历年最多。从零售资本市场来看，并购依然活跃，而企业间的兼并整合还将继续，行业集中度将进一步提升。在经营方面，尽管企业总体销售增幅连续下降，成本明显上升，但企业围绕客户需求，谋求新消费时代战略定位，通过探索信息集成、物流配送、客户服务和组织架构的全方位协同和多样化发展、差异化经营等创新措施，突破模式、空间等束缚，打造企业核心价值，使企业运营质量和效率在困难和压力中保持整体良性发展。

2013 年，中国特许经营市场格局相对成熟，但在经济发展大环境下，特许连锁企业也呈现出开店速度放缓，销售增幅下滑；经营成本持续攀升，盈利能力面临挑战；加盟开店快于直营发展，二、三线城市好于一线城市等新特征。据中国连锁经营协会调查，2013 年中国特许连锁 120 强企业销售规模达 4 367 亿元，拥有连锁店铺约 14 万个，其中加盟店 11.5 万个，平均拥有店铺 1 164 个，加盟店占总店铺数的 82.6%。与 2012 年相比，店铺总数、加盟店数、平均拥有店铺数和加盟店占比的增速分别下降 4%、2.9%、4.3%和 1.8%。调查显示，超市、便利店、食品零售、酒类专卖，以及餐饮企业的开店数增幅都较 2012 年明显下滑，而超市、便利店、食品专卖、餐饮、经济型酒店、培训教育、洗染、家装等企业的销售增幅也比 2012 年有不同程度的下降；2013 年上榜“特许连锁 120 强”的民营企业占比继续提升，达到 62.5%，表现依然突出。不同于 2012 年，2013 年度店铺数量增长较快的业态有汽车后市场、家装和经济型酒店，而综合零售、非食品专卖、餐饮、洗染、美容休闲健身等业态则增长缓慢；各行业业态中，教育培训、洗染业、汽车后市场居于平均净利润率前三，与 2012 年一致；而净利润率降幅最大的是餐饮业，同比平均下降 2.79%。调查还显示，2013 年，近 70%的特许企业选择单店特许模式招募加盟商；60%的企业单店投资额超过 100 万元；83%的企业投资回报期在 2 年以内，而投资回报期与初衷偏离的占比为 57%。同时，网络销售已经越来越成为特许商家提高利润、降低成本的有效途径；有 84%的企业开通了微信公众号，45%的企业拥有移动客户端，46%的企业还开通了网上支付业务；新媒体被更多的消费者接受和关注，特许企业也正在遵循消费者的心理偏好，通过新媒体技术的广泛应用进行营销推广。

中国连锁经营协会 2015 年度行业发展状况调查显示，2015 年是连锁企业最困难的一年，也是连锁百强积极探索、提升质量的一年。2015 年连锁百强销售规模 2.1 万亿元，同比增长 4.3%。门店总数达到 11.1 万余家，同比增长 4.7%。中国连锁经营协会分析认为，2015 年连锁零售行业呈现出以下几个特点：一是销售增幅下降，业态分化明显。连锁百强企业销售规模平均增幅为 4.3%，其中 31 家企业销售增长为负，是百强统计以来增长水平最低的一年。各业态的销售增幅分化明显。增长最快的是专业专卖店，增幅达到 16.1%，便利店的销售增幅达到 15.2%，超市的销售增幅为 4.1%，百货店的销售增幅为−0.7%。二是人工、房租持续上涨，开店放缓，用工减少。2015 年，连锁百强企业人工成本上涨 4.2%，房租上涨 8.6%。在成本持续走高的形势下，连锁百强企业门店扩张速度放缓，关店数量上升。为缓解人工成本上涨压力，企业通过优化组织结构等手段减员增效。三是优化管理，转型升级，在创新中寻求发展。2015 年，连锁百强企业净利润率为 1.8%，同比下降 0.1 个百分点，55%的企业净利润率出现不同程度的下降。以连锁百强为代表的零售企业积极拥抱互联网，回归零售根本，在门店优化、商品采购、供应链管理、全渠道营销等方面积极探索，服务质量和竞争能力得到了一定程度的提高。一些企业加快对传统实体门店的升级改造，引入多种移动支付方式，比如微信、支付宝等。

案例分析 1—3

2015 年中国零售业发展五大预测

自 2009 年以来，传统零售业便进入了发展的慢车道。回头看其原因，讲得最多的便是经济大环境的影响、电商渠道的井喷式冲击、以 PC 和移动网购为代表的消费环境的变化等，正是这些因素，让传统零售业的高速发展扩张戛然而止，也正是这些因素，让零售业进入了又一次调整期。

大举转型涉足线上、多元发展进行区域渗透，经过相对动荡的 5 年，尤其是在 2014 年，零售业各方势力已渐成鼎足之势。接下来，就看哪些企业的调整步伐快了。

预测一：实体零售触网成本降低

为了争得转型先机，苏宁几乎押上血本全面向电商领域进军，但效果却不尽如人意，在 2014 年出现巨额亏损。作为一种新兴的零售渠道，纯电商企业不得不以“烧钱”为代价取得市场的初步认可，但作为传统零售企业，并非一定要像苏宁那样“押上身家性命”转型云商！

正像每一个新产品、新事物一样，电商自然也会经历一个从新兴到成长、成熟，再到稳步发展的阶段。随着传统电商企业（如京东商城、阿里巴巴等）步入稳步发展阶段，整个网购市场也在步入普及发展期。

随着时间的推移，实体零售触网的成本将逐渐降低，为什么这么说呢?

首先，电商的神秘面纱正在脱去，并不一定烧钱才能做成电商。当初京东、阿里巴巴起家时烧钱是迫不得已，因为除了这是一片蓝海和投资机构的资本外，它们几乎是一无所有，但实体零售企业不同，它们涉足线上业务欠缺的大多只是一条供销之间的“信息高速公路”。

其次，实体零售企业涉足线上业务可以有多种选择。第一，像苏宁、步步高、大润发等企业那样自建电商平台，这种模式投入最大，但与纯电商企业比“相对不烧钱”。第二，与纯电商企业合作，共同打造区域 O2O 平台，这种模式下，实体零售企业几乎可以以资源互换来实现“上网”，但电商平台的主动权并未掌握在自己手里。第三，通过与第三方软硬件技术支持服务商合作，打造区域商圈的线上业务，比如北京富基融通推出的微店、打通线下线上业务的中台系统等，这种模式可根据企业实际情况进行量身定做，但投入不大，比较适合区域中小零售企业。

还有一点，就是消费环境的成熟，尤其是移动网络的兴起，让随时随地的线上购物变为可能。

预测二："乐城现象"不再是个案

2012 年，以打造国内首家"未来超市"起家的安徽乐城，因其独特卖场设计以及采取的多项世界先进的软硬件技术设备迅速被业界所关注，当年其总经理王卫还被《中国商报·超市周刊》评为年度新锐人物。

两年以来，乐城超市又接连新开了几家门店，而且每家门店都各不相同。用王卫的话来讲，就是"乐城最好的门店永远是下一家"。事实上也是如此，2014 年 8 月开业的乐城第二代店——潜山路店以动漫为主题，并且在很短时间内就实现了门店盈利。

但是，以后此种打造多盈利模块、个性化门店、个性化营销的"乐城现象"将会越来越多地在行业里出现。原因有以下三个：

第一，实体门店创新变革的需要。简单复制标准化的门店已不再适应当前追求个性化消费的商圈需求。在坚持标准化运营的基础上，从商品上、服务上、卖场设计上、购物环境上放大门店的特点，才能打造出更具竞争力的门店。

第二，实体门店的盈利模式亟须改变。市场竞争已经证明，实体门店已不再是简单销售商品那么简单了，而是要打造成商圈消费者日常生活需求的服务平台。实体门店的定位已经由原来的销售平台演变成消费者交易、交流、体验、享受的载体。

第三，市场环境变化的客观要求。如果没有众多的营销噱头，如果没有多个盈利模块做保障，乐城还能在当今市场环境下闯出一条新路吗？线上交易大大削弱了实体门店的单纯购买行为、同质化的门店经营让消费者越来越感到乏味，实体门店要想改变和提升自己，"乐城现象"倒是可以作为一个方向。

预测三：单一业态将会很难生存

家乐福忙着开便利店，沃尔玛急着裁员，就连做百货的天虹商场也想着开便利店。在一种业态打天下和区域为王两者之间，似乎是后者更适应了当前市场的发展。而要成为区域王者，靠单一业态几乎是不可能实现的。未来将会有更多的企业放弃"单一业态打天下"的路子，这主要是由以下因素导致的：

第一，零售业发展阶段使然。10 年前，无论是大卖场、社区超市、便利店还是购物中心、百货店，都能够通过快速复制门店进行规模扩张。单一业态更有利于市场的快速拓展，10 年来国内零售市场整体销售规模的飙升便是证明。如今则不同，能形成全国性跨区域发展的企业，多业态的竞争优势要远胜于单一业态，它更能使企业在市场竞争中做到游刃有余，况且全国性发展企业已经寥寥无几，大部分企业更倾向于在区域市场进行多业态渗透式发展。

第二，市场竞争使然。家乐福可以被认为是第一家将大卖场业态引进国内的外资企业，也是在相当长一段时间保持着领先优势的外资大卖场企业，但它也要开便利店了。从中小企业的角度来讲，除了新涉足零售业务的企业可以借助某一业态先在当地市场建立起优势外，要想守住某一区域市场的老大位置，就必须多业态渗透。

预测四：合作将更多地替代吞并收购

由于市场发展不平衡，与国外相比，国内零售业集约化程度低，很难出现由少数几家企业垄断零售市场的格局。

华润收购 Tesco、步步高收购广西南城百货、永辉超市战略投资与中百集团合作等，2014年，零售企业之间并购此起彼伏，但笔者认为，未来零售企业之间通过资本、市场资源、供应链业务资源之间的合作会更频繁，更多地替代赤裸裸的大鱼吃小鱼式的买卖式并购。

原因一：如今，企业无论大小，在本地市场都有着占据优势的品牌资源、市场资源、商品资源、公关资源等，单纯依靠非此即彼的吞并式收购，无助于收购一方开展业务。

原因二：合作的方式一方面可以相互取长补短、各自又保持着相对独立的决策权经营权，更方便开展业务交流；另一方面也可以降低企业由于并购带来的潜在危险，更容易实现双赢的局面。

原因三：吞并收购投资风险大、代价高、后期整合过程漫长而复杂，很容易成为“烫手的山芋”。

预测五：大卖场购物中心化凸显

大卖场的购物中心化已成定局，无论是在一、二线城市，还是在三、四线城市，甚至是在县域市场、乡镇市场。这是由于：

第一，大卖场遭遇的瓶颈最大。实体零售业态中，大卖场算是连锁零售业的主力业态，同时也是受电商冲击最明显的业态之一。因为购物中心有体验优势，社区便利店更贴近消费者生活，但大卖场除了传统的商品多、面积大之外，竞争力日趋下降。

第二，大卖场具备转型“迷你型”购物中心的条件。目前，大卖场的外租区在一定程度上扮演着增加门店服务功能的角色，但大多还只是联营或租赁关系，并没有将购物中心的休闲、体验，甚至是娱乐优势发挥出来。通过调整大卖场的自营面积、增加购物中心的服务和体验性功能，让顾客在大卖场享受到购物中心的感觉。

第三，大卖场的尴尬处境。便利店受电商 O2O 的追捧，成为打通与顾客衔接的最后一公里阵地，购物中心以其特有的业态包容性、个性化的体验优势，为众多零售商所青睐，但是作为当初零售业主力业态的大卖场却逐渐失去了以往的活力，要想摆脱尴尬，大卖场必须做出改变。

资料来源：http://www.gdchain.org/index.php?m=content&c=index&a=show&catid=26&id=9913。

请分析：

1. 你认为上述五个趋势哪个可能很快发生，成为现实？为什么？
2. 电子商务给目前的零售业或连锁业发展带来了哪些影响？

本章小结

本章主要介绍了连锁经营的概念和特征；目前开展连锁经营的主要行业；连锁经营的主要方式和特点；企业开展连锁经营的优势。连锁经营是通过对若干店铺实行集中采购、分散销售、规范化经营，从而实现规模经济效益的一种现代流通方式。当前连锁经营已经成为商业、餐饮业以及很多行业发展壮大的主要经营组织形式。连锁经营主要有直营连锁、特许连锁、自由连锁等类型，几乎渗透到了各个行业。

关键术语

连锁经营　直营连锁　特许连锁　自由连锁　3S原理　共享效应　扩张效应　整合效应

复习与思考

1. 什么是连锁经营？连锁经营与传统的商业经营有何不同？
2. 为什么连锁经营要实行标准化管理？
3. 连锁经营主要有哪些类型？各有什么特点？
4. 直营连锁、特许连锁、自由连锁三种连锁方式各有哪些优势与缺点？

训练项目

1. 结合身边的事例，说明通过开展连锁经营可以为企业的发展带来哪些优势。
2. 观察分析：嘿客是顺丰旗下网购服务社区店，它通过整合渠道资源，为顾客提供更灵活、更便捷、更智能化的线下社区服务体验。观察或体验你身边的嘿客店，分析总结嘿客有些什么特点？它与传统的便利店有何不同之处？它的优势有哪些？
3. 阅读下面的案例，并回答问题。

连锁经营重要的是复制什么？

前两年在深圳跟一位同行聊天，期间问到：如果你们店里的主力设备突然出现问题，怎么处理？同行不假思索地回答：拿到我们其他店制作呗！这就是连锁经营的一项优势吧。事实上，数码印刷行业促成连锁经营的要因不外乎两个：一是由于店面实体经营受地域影响严重，所以根据客户的区域分布多开几家店，一方面可以加快服务反应速度，另一方面也凸显企业实力；二是客户在不同城市有分支机构，应客户要求在不同城市开店，一方面满足客户需求，另一方面减少同行挖客户的机会。虽然从保护客户资源及企业宏观布局角度来说，连锁经营是数码印刷企业规模扩大的主要途径之一，但也不得不注意，当一个企业开始连锁经营时，各种问题会接踵而来，这些问题有大有小，涉及方方面面，最终让企业管理者焦头烂额，严重的甚至影响企业的生存。那么如何稳妥地从单店经营过渡发展成为连锁经营呢？从显性的角度来看其核心问题是提供同质服务，当只有一家店的时候，优质精美的产品、周到贴心的服务可以很容易做到，但两家店、三家店的时候呢？两个城市、三个城市开店的时候呢？对于一些有特殊习惯要求的客户到另外一家店做活儿的时候，是不是可以让客户满意呢？

这都是上面提到的同质服务。一个企业做连锁经营绝不仅仅是这些实体硬件的连锁，更重要的是服务类的软件连锁，所以我这里用了一个更贴切的词语“复制”来形容连锁开店，即连锁经营就是提供一模一样的产品和服务。

上面提到提供同质服务是连锁经营的关键，是个显性的核心问题，事实上连锁经营提供同质化的服务这样的例子在现实中很多，就如你在北京的麦当劳吃一个麦辣鸡腿汉堡和在深圳的麦当劳吃一个麦辣鸡腿汉堡味道一样，这是怎么实现的呢？主要有三点：(1) 原料品质相同；(2) 烹制过程相同；(3) 服务方式相同。对于麦当劳类快餐连锁经营的成功，是不是可以为我们数码印刷企业所用呢？

一、原料品质相同

对于餐饮行业来说，原料品质相同意味着，一方面，保证遵循相同烹制方法做出来的成品形状、口感一致，另一方面，统一原料采购无疑可以争取更大的价格优惠，尤其是物流成本得到极大控制。这一点无疑可用于数码印刷业，耗材的需求对于数码印刷企业来说是低弹性的，是必需品，而耗材的品质和价格对于数码印刷企业的利润来说则是高弹性的，综合耗材成本的控制无疑是提高企业利润的关键。因此对于数码印刷连锁企业来说，可以设立总分库的概念，集中采购、统一分发，这样一来，不仅增大了与耗材供应商的谈判优势，而且在保证耗材品质的同时，还增加了使用的机动性。当然，这里的总分库并不一定是指实体库房，假如你的耗材采购量足够，常规耗材的供应商就可以作为你的总库，你只需要下订单，支付一定物流费用就可以了。同时如果你是跨城市连锁，最好你的供应商也是有分支机构的，这样可以最大限度提高耗材供应的反应速度。

二、烹制过程相同

去麦当劳用过餐的朋友，如果你有心，一定留意过他们的烹制过程，你会发现除了标准的设备操作外，手工环节也有着高度的一致性，这些加上同质的食材原料，制作出来的食品想不是一个口味都难！其实食品烹制过程与我们数码印刷的输出装订过程极具共性，都是通过专业的设备和一定的工艺将原料制作成增值产品。既然如此，麦当劳类快餐行业的标准化生产可不可以为我们所有呢？麦当劳类的快餐连锁企业是以工作站的形式来进行工艺界定和训练复制的，比如肯德基就有C柜台、L外场、K厨房、P总配这四个大工作站，然后再进行细分，如厨房下设有炸薯条、汉堡等工作站，那么这种界定方式和工作站操作手册完全可以被我们数码印刷企业借鉴。时美彩色数码印刷技术有限责任公司从三年前开始致力于连锁开发模式的研究，将店面运营系统仍界定为传统的前台、前期、后期三个大工作站，不同的是，每个大工作站下又细分为4～6级模块，每个模块下再设有8～15个小工作站，每个小工作站由技术要点、操作程序、质量标准、考核方法四部分构成。目前这套资料已经开始运用，同时还在用于指导员工入职定薪、员工专业技术培训、技术等级晋升等方面的工作。经过这个管理变革，从外部来看，时美店面的产品质量和服务质量日渐统一化，客户满意度有了很大提高；从内部来看，管理者觉得工作起来有据可依、有章可循，员工觉得公正、公平，尤其是现在遇到超大订单或特殊订单时，跨店协作更加顺畅，效率有了大幅度提升。

三、服务方式相同

对于麦当劳类快餐连锁企业，服务方式是以单一的同质、快速为主，标准的接待、标准的介绍、标准的收付，你可以发现麦当劳、肯德基等除了卖的产品名称不同外，其他服务方式基本相同，因为它们的卖点主要在于不同口味的食品。对于数码印刷行业则完全不是这样，行业的特殊性要求我们提供的产品是同质的，所以一个数码印刷企业的特殊性是源自差异化的服务，这将是未来的核心竞争力。在现实中，数码印刷行业做连锁经营时，服务方式是被很多同行忽略的，也有些同行认为地域不同服务就会有所不同，这样的说法有一定的道理，但我不太苟同。连锁经营追求的规模效益，要通过统一的理念、产品、服务来实现，本文中所提及的差异化服务是指有别于业内其他同行的服务，而不是公司各连锁机构之间的差异，后者只会增加管理成本、加大内耗，完全无助于企业实现规模效益。差异化服务主要是通过两个因素决定并构成的，我称其为显性因素和隐性因素。显性因素使服务标准化并得以执行，隐性因素使服务得到升华并体现差异化。显性因素是指标准化服务程序文件，是企业设计好的、可以进行系统培训的、被动的、技术性的。隐性因素是指服务意愿和服务状态，本身无形但直接影响有形服务，是企业环境影响的、高管及老员工感染的、主动的、自然性的。

综上所述，数码印刷企业实现连锁经营，重要的就是要复制三个方面：一是物料供应；二是标准化作业程序；三是具有企业精神的差异化服务。解决了这三个方面的复制问题，连锁同质化的目标就一定可以实现，当然，在整个运作过程中，我们还可以增加一些管理的润滑剂，效果就更加显著了。

资料来源：张征辉：《连锁经营重要的是复制什么?》，载《数码印刷》，2011（6）。

问题：

结合上面的案例，通过观察、分析，介绍你认为连锁经营发展得比较好的企业到底好在哪里。

第二章

连锁企业组织

学习目标

1. 熟悉连锁企业的组织结构。
2. 了解连锁企业组织结构的设置程序及内容。
3. 掌握连锁企业主要部门的工作职责。

案例导入

沃尔玛 VS 家乐福 两种模式各得其所

在进入中国市场的第 15 个年头，沃尔玛依旧没有学会中国市场的一些潜规则——在它的竞争对手那里，“进场费”等后台利润已经成为除商品利润之外的一项很大的收入来源。

而沃尔玛的直接利润百分之百来自商品毛利，这决定了它对供应链的掌控要求极为严格。一直以来，沃尔玛固执地坚持“营采分离”，它的零售体系与采购体系是两个完全独立的体系。

而作为沃尔玛在中国市场的强劲对手，家乐福在大中华范围内建立了 5 个采购中心，对于区域差别不大的商品实施集中采购。但同时对各个店又授予了一定的采购权限，可以根据地方文化特色进行自由组合。公司再通过严格的目标控制和绩效考核来约束采购人员。

家乐福采取的“营采合一”的经营方式，可以随时针对地区差异进行策略调整，被业内认为是其在中国市场取得巨大成功的一个重要因素。

但沃尔玛的坚持也有自己的道理。对规模经济和制度的依赖，一直是沃尔玛成本领先的一大法宝。在它看来，完全没有必要为了在全球市场远远落后于自己的竞争对手而放弃自己的竞争优势。此番加强直接采购，沃尔玛的算盘正是希望将规模经济的优势更大程度地发挥出来。

但在中国市场，尽管通过收购好又多，沃尔玛在中国市场的门店数量会有一个大的飞跃，但它的采购规模经济的优势还是很难体现。除了双方在整合层面面临一些阻碍之外，中国市场地区差别巨大、消费者不成熟、物流信息系统不发达，都是沃尔玛庞大采购计划难以执行的掣肘因素。

很难在短时间里判断沃尔玛和家乐福这两种截然不同的模式孰优孰劣。换句话说，家乐福在与中国市场一起成长，而沃尔玛却是在等待中国市场的成长。如果需要一个比较，那么时间节点应该放在更远的将来。

资料来源：宋文明：《沃尔玛VS家乐福　两种模式各得其所》，载《中国经营报》，2010-02-13。

连锁企业的组织架构是连锁企业开展经营活动的保证，连锁企业要根据自身的发展确定和调整企业的组织结构。连锁企业应如何构建自己的企业组织，如何适时调整企业组织结构，对于任何一家连锁企业都是非常重要的课题。

第一节　组织和连锁企业组织

连锁企业经营活动既要有相对稳定的规范流程，也要快速适应瞬息万变的市场变化。连锁企业日常要进行销售、采购、进货、储存、配送，以及财务和人事管理等业务活动。连锁企业为了推动企业正常、稳定运转，保证企业各项管理职能的充分发挥，实现其经营目标和任务，必须根据本企业的实际运作需要，设置和适时调整企业管理职能机构和业务经营机构，这些职能机构和业务机构共同组成连锁企业组织的有机整体。

一、企业组织结构的概念

组织是指为了实现一定目标，经由分工与合作及不同层次的权力和责任制度而构成的人群集合。它包含以下四层含义：

（1）组织必须具有目标。任何组织都是为了实现某些特定目标而存在的，不论这种目标是明确的还是隐含的，目标是组织存在的前提和基础。

（2）每一个组织都是由人组成的。

（3）分工与协作。分工与协作关系是由组织目标限定的。只有进行合理的分工与良好的协作，才能提高实现目标的效率。

（4）组织要有不同层次的权力与责任制度。通过职权、职责的划分，用以规范和限制成员的行为。权力和责任是达成组织目标的必要保证。

连锁企业的组织结构由若干不同的管理职能机构和业务经营机构构成，这些机构通过“组织”形成相互影响、相互依存、相互促进和相互制约的有机整体，在实现企业既定目标时相互协作、相互配合，形成一致行动。因此，连锁商业企业的组织结构体现为企业组织体系的组合效应和整体功能，它是连锁企业实现管理职能、达成管理目标的重要工具和手段。

二、连锁企业组织结构设计

根据企业各部门在管理分工中的职能，连锁企业的部门可以分为业务机构、职能机构和行政事务机构三类。

（一）业务机构

连锁企业的业务机构是指直接从事商品购、销、存、运业务活动的经营机构。业务机构是连锁企业部门的主体，是企业组织结构的中心，其规模和专业化程度对其他部门的设置和划分具有决定性作用。连锁企业业务部门的划分有两种方式：一种是按照商品实行专业化分工，组成商品业务机构；另一种则是按业务环节或服务对象划分，如连锁企业的商品部、采购部、储运部、营业部等。

（二）职能机构

连锁企业的职能机构是指那些从事计划、核算、指导、监督和协调等专门管理职能的机构，如企业中的财会部、计统部、人力资源部等。职能机构不直接从事商品购、销、运、存活动，其主要职责是协助企业管理者指导和监督企业的经营活动，收集、整理和分析研究各种信息资料，观测市场变动行情，为企业领导层提供咨询和建议。

职能部门与业务经营部门是指导—协作关系，而非上下级隶属关系，除非企业领导层授权，否则不能以自己的名义向业务部门下达指示和命令。职能机构的工作对于企业的资金运用情况、人员配备情况、企业运营状况都具有重大决定性作用，因此，企业经营管理水平和经济效益的实现在很大程度上取决于职能机构是否健全、设置是否合理、其管理人员素质的高低。企业规模越大，对职能机构的依赖性越强，职能机构在企业组织结构中的地位越重要。

（三）行政事务机构

连锁企业的行政事务机构是为经营管理提供服务的部门，它不直接指导或监督企业经营业务活动，与企业的商品流转不发生直接联系，只是通过一些后勤活动间接为企业经营管理服务，这类机构有办公室、秘书科、保卫科、设备科、电脑部、培训部等。在现代企业中，行政事务机构在企业中的地位与作用越来越重要，它以服务于企业经营活动为中心，为加快企业的商品运转，协调各部门、各环节的关系，调动企业职工的积极性提供后勤保障。

三、连锁企业组织结构的设置程序

为保证连锁企业组织结构设置的合理性和科学化，需要在组织结构的设置中遵循以下程序：

（1）根据本企业的经营目标、市场营销策略和市场环境因素，进行企业购、销、运、存业务流程的总体设置，以此作为组织结构设置的主线和框架。

（2）按照业务流程明确经营管理部门的划分和工作岗位的设置，并根据这些部门及岗位间的相互配合关系来设立组织机构。

（3）规定部门、机构、岗位间的纵向与横向联络关系的信息传递方式和路线，使信息传递系统达到程序化、规范化和协调化。

（4）按照集权与分权相结合、权力与责任相一致的原则，在保证企业最高领导层对行政业务行使统一指挥权的前提下，赋予各组织层次、职能部门和工作岗位相应的权力，形成统一性和灵活性相结合的指挥系统。

（5）根据各部门、各环节、各岗位的工作量的需要，确定相应的人员数量编制和素质构成。

（6）确定每一层次、每一岗位、每一环节的工作规范、分配方式、评测办法和奖罚措施。

（7）对上述整个程序的内容进行综合平衡，修正补充。

（8）对提出的各种方案进行比较、分析、论证，做出最优选择。

连锁企业组织结构的设计程序见图2—1。

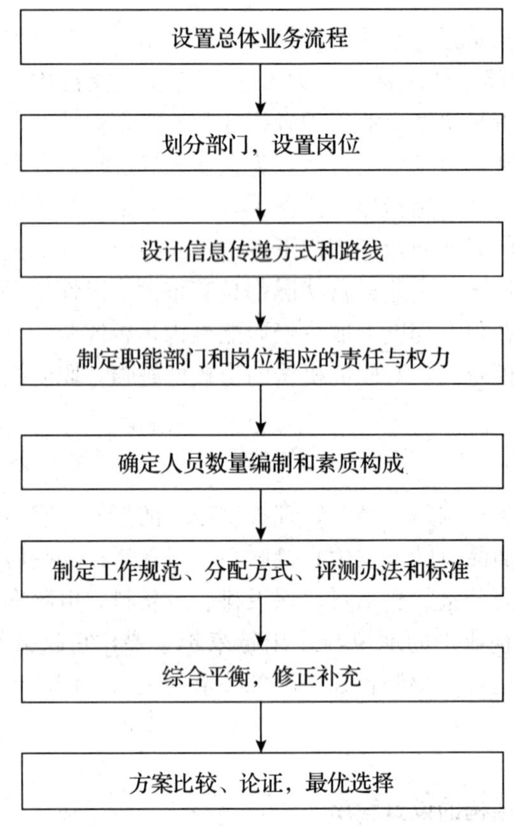

图2—1 连锁企业组织结构的设计程序

四、连锁企业组织结构设计的内容

连锁企业组织结构设计的内容大体上涉及下列几个方面。

（一）业务流程设计

连锁企业根据本企业的经营目标、市场营销策略和市场环境因素，进行企业购、销、运、存业务流程的总体设置，保证企业商品、信息和资金的正常流动。业务流程设计包括下面几个方面。

1. 分析业务流程

企业购、销、运、存业务流程实际上是由商品流、信息流、资金流构成的，因此要根据企业的经营目标，分析连锁企业商品流、信息流、资金流的流向、环节及相互之间的联系。

2. 分析商品流、信息流、资金流各环节的具体业务

商品流、信息流、资金流的顺利流通是通过各环节的具体业务来实现的，因此要分析每一个环节的具体业务，保证每一个环节的衔接和畅通。

3. 优化业务流程

以商品流为主要流程，使商品流、信息流、资金流成为有机的整体，保障业务流程的畅通，同时去掉多余的环节、重复的业务，使流程达到最优。

(二) 职能设计

职能设计是以职能分析为核心，研究和确定企业的职能结构，为管理组织的层次、部门、职务和岗位的分工协作提供客观依据的工作。职能是指组织管理的具体业务活动的功能。职能结构是指组织管理的各种职能之间的有机联系。职能设计的主要工作有以下几个方面。

1. 列出职能清单

先将组织中的全部作业归并为由若干不同的管理岗位承担的工作项目，再将若干工作项目归为若干职能。

2. 明确各种职能之间的关系

联系紧密的职能应置于同一个管理子系统内，分散则不利于协调；相互制约的职能不能由同一部门承担，否则不利于监督控制。

3. 分清主要职能和辅助职能

职能按在实现组织目标过程中的重要性可以分为主要职能与辅助职能。主要职能对组织的生存至关重要，承担主要职能的部门是关键部门，应将其置于组织结构的中心地位，如零售企业以销售和顾客服务职能为中心。而辅助职能则是对主要职能的完成起着支持辅助作用。

4. 落实各种职能的职责

进一步对不同职能应负的职责做出详细规定，进行全面落实，以便指导其他组织结构设计工作。

5. 职能分解

职能分解即把每一项职能细分为可以操作的管理业务。只有通过职能分解，才能把全部的职能转化为员工的行动方向，为企业的人员配置提供依据。

6. 职能整理

这是职能调整过程中的一项工作。它是在调查了解组织职能分工现状的基础上发现问题，并提出调整方案的一项工作，即根据组织的实际情况而适时地进行职能的增减、充实和调整。

(三) 部门设计

部门设计也称部门化，是在工作分工和职能分解的基础上把整个组织划分成若干个相互依存的基本管理单位。部门设计的任务有两个，一是确定组织应该设置哪些部门，二是规定这些部门之间的相互关系，使之形成一个有机整体。常用的划分部门的方法如下。

1. 按管理职能划分

按管理职能划分即按管理职能设置部门，它普遍适用于企业的职能管理机构，如经理

部（办公室）、人力资源部、财务部、策划部、电脑部、公关部、连锁经营部、采购部、统配中心、质检部、物价部等部门。按职能划分部门有利于充分发挥各专业职能的作用；有利于简化专业培训工作，节省培训费用；有利于按职能实行有效控制，做到各司其职、各负其责。但这种划分容易给各部门的横向协调带来一定的困难。

2. 按经营过程划分

按经营过程划分即按商品经营过程的各个环节设置部门，一般适用于规模较大的企业。如按流转环节设置采购、储运、检验、销售等部门。这种划分方法有利于加强专业化经营，使专业精益求精。

3. 按经营商品划分

按经营商品划分即把企业经营的商品分门别类，按照专业化原则，划分为若干商品经营部，每一商品经营部经营某一大类商品。这种划分方法普遍适用于企业的业务经营机构，如食品部、百货部、五金部、服装部等，有利于经营者了解、熟悉某类商品的流通规律和经营特点，更好地组织经营。

4. 按服务对象划分

按服务对象划分就是根据服务对象的不同需求划分部门，如零售商店的妇女用品部、儿童用品部、中老年服装部、机关团体服务部等。按服务对象划分部门，是市场细分化原则在组织机构设置中的具体运用，它有利于按照服务对象需求的特点组织供应，提高服务质量。

5. 按地区划分

按地区划分就是按经营管理活动所在地区来划分部门，适用于业务经营机构设置在不同地区的企业。按地区划分有不同情况：有的以一个部门主管几个地区的业务；也有的在某地区专设一个分支机构，处理该地区的业务。这种划分部门的方法有助于因地制宜开展业务活动。

6. 按任务划分

有些部门是为完成某项任务而设置的。如为推行 ISO9000 服务质量体系而设置 ISO9000 推行工作领导小组，该领导小组由专业技术人员、质量管理人员、具有较强分析能力和文字能力的高级职员组成。当商业企业出现同时涉及几个部门的带有突击性的临时任务时，往往采用这种方法设置部门，从各有关部门抽调人员组成一次性任务机构，待任务结束后机构解散，人员各归其位。这样做，既可保持企业机构的稳定性，避免临时任务对各部门正常活动的冲击，又能保证突击性任务的顺利完成，显示出机构的灵活性。

连锁企业组织结构的多层次性决定了一个企业选择部门划分标准的多重性。在选择部门划分标准时，各企业应根据自身的条件和特点来选择划分标准，既可以在同一层次运用不同的标准来设置部门，也可以在不同的层次选用不同的标准来设置各层次的部门，仅采用一种方法划分部门的企业是很少的。

（四）管理层次设计

连锁企业管理层次是指在企业组织结构中按隶属关系划分的从最高领导者到职工之间领导—隶属关系的数量，即分几级管理。随着企业经营规模的扩大，企业领导者由于受到精力、知识、经验等条件的限制，不可能直接有效地指挥和管理每一个职工，所以必须设置管理层次，实行逐级管理。企业管理层次与管理幅度的确定关系到企业组织结构的基本状况，是决定企业运行效率的关键性环节。

1. 管理层次对组织效率的影响

(1) 管理层次较多时对组织效率的影响有：

1) 领导岗位随之增多，人们的晋升机会较多，形成一定的激励效果。

2) 如果组织严密，将有利于决策层所制定的指令贯彻和下达，也有利于上级机构对下级机构的控制和监督。

3) 由于部门规模比较小（增加层次的结果），成员沟通方便，易于达成共识。

4) 层次越多，投入管理工作的人员也越多，协调成本会增加。

5) 管理层次较多时，会使上下的意见沟通受阻。

6) 多层次的严密管理，会影响下级人员的主动性和创造性。

(2) 管理层次较少时对组织效率的影响有：

1) 机构较为精简，信息沟通快。

2) 管理费用低，而且由于管理幅度较大，被管理者有较大的自主权。

3) 较少的管理层次往往会导致管理严密性的降低和部门规模过大产生无序管理的状况。

4) 可能导致管理人员工作量过大，难以完全承担。

因此，一个企业究竟以多少个管理层次为宜，必须服从于组织效率的要求，进行符合实际的选择。

2. 管理幅度设计

管理幅度，又称“管理宽度”或“管理跨度”，是指一名管理者能够直接有效监督管理的下属人员的数量界限。适宜的管理幅度是合理设置组织机构、实行有效管理的一项重要原则。在其他条件既定的条件下，管理幅度与管理层次成反比例，管理幅度越大，管理层次越少；反之，管理幅度越小，管理层次越多。影响企业管理幅度的因素是多方面的，主要包括以下几点：

(1) 管理者在组织结构中所处的层次。管理者所处层次越高，管理幅度越小。而处于中、下层的管理者和许多下属一起办公，共同研究工作，接触和管理的下属人员比上层领导要多。

(2) 管理内容的复杂程度。管理内容越复杂，管理的难度越大，如管理者面临的是方向性、战略性的问题，则管理者在力所能及的限度内所领导的下属人员越少，管理幅度相应越小；反之，管理内容越简单，单一和重复作业较多，如面对的是已有规定程序和解决方法的日常事务，管理者便可以有效地控制更多的管理对象，扩大管理幅度。

(3) 管理者和管理对象的素质。管理者的素质包括文化素质、组织能力、领导水平、业务经验、身体状况等多方面。一般来说，企业管理者的素质越高，能够控制和管理的业务范围越广，能够有效调配和指挥的人员越多，管理幅度因此而扩大。管理对象的素质越高，越能够正确地领会上级领导部门的意图，越能注重各管理层次间的配合及协作，提高工作效率。在相同的条件下，管理者可以领导更多的素质较高的管理对象，扩大管理幅度，减少管理层次。

(4) 工作条件。下属人员完成工作的条件越完善，主管人员的管理幅度越大；反之则越小。如超市使用的POS机大大改善了收银条件，规范的操作和信息化的管理使管理幅度的弹性大大增加。

（5）授权。适当授权可减少管理者与下属接触的频次，节约管理者的时间和精力，提高下属的工作积极性和工作能力。所以，在这种情况下能增大管理者的管理幅度。反之，不授权或不适当授权都难以发挥授权的优越性，因而也起不到增大管理幅度的作用。

（6）企业制度建设状况。如企业的经营体制、管理制度、职能机构、监督系统、信息传递及反馈系统的状况。企业制度越健全和完善，企业各方面、各环节的运转效率越高，就越有可能较大地压缩管理层次、扩大管理幅度。

3. 管理层次的设置

按其在管理职能中的地位和作用划分，一般大中型企业设有三个层次，即最高管理层、中间管理层和基层管理层。小型企业一般不设中间管理层，其职权一部分划归最高管理层，一部分下放到基层管理层。

（1）最高管理层。最高管理层又称为经营决策层或战略规划层。在我国这些部门有董事会、职工代表大会等。最高管理层的主要职能是：

1）负责企业的重大方针、政策、决策、发展规划、经营计划、重要规章制度的制定与调整。

2）对企业的全面工作进行统筹和综合性管理。

3）总体协调企业的内外部关系。

（2）中间管理层。中间管理层也称为职能管理层或战术计划层，是介于最高管理层与基层管理层中间位置的起承上启下作用的管理层次，主要由各职能管理部门构成，如业务管理、人力资源管理、人事、策划、财务等部门，以及连锁分店的店长。中间管理层的主要任务是：

1）贯彻执行最高管理层所制定的方针、政策、计划等。

2）结合本部门的业务特点，将上级领导机构的指令和意图变为实现行动和具体实施计划，传达给下属管理层次。

3）组织落实和实施，安排具体工作进度。

4）协调与其他各职能部门的关系及调整下属部门相互间的关系。

5）搞好经济核算和监督工作。

（3）基层管理层。基层管理层又称实际操作层或执行管理层，主要由部长、柜组长组成。其职能主要是：

1）根据上级部门的指示，直接向所属职工布置任务。

2）具体完成企业所分配的工作。

3）对本岗位业务人员的工作进行操作管理和指导，保证计划顺利完成。

4）向上级部门及时反馈有关信息和提出合理化建议等。

每一个组织实际管理层次的确定还必须顾及其规模大小。随着现代信息技术的发展和应用，企业组织结构逐渐呈现扁平化的趋势。

企业的经营特点是企业设置管理层次必须考虑的因素。由于经营特点的差异，不同性质的企业在经营方式、业务内容、组织机构、管理方式上有很大差别。因此，企业必须根据自身的经营特点和实际需要来进行管理层次的设置，这样才能保证管理目标的最终实现。

（五）职权设计

组织部门及组织层级确定之后就要进行职权设计。职权是企业各个部门、各种职务在职责范围内决定和影响其他个人或集体行为的支配力。职权设计是正确处理组织内的各部门和各个管理层的职权关系，将不同类型的职权合理分配到各个层次和部门，由此建立起高度协调的职权结构。职权设计的内容主要有以下两个方面。

1. 职权的纵向结构设计

组织的不同管理层次担负着不同的职能，不同管理层次在履行各自职能时所必需的职权就会相应形成纵向结构。职权的纵向结构一般由高层的经营决策权、中层的专业管理权和基层的作业管理权三个部分组成。

2. 职权的横向结构设计

职权的横向结构设计是指同一管理层次各个部门的职权配置所形成的相互关系。它与职能结构和部门结构相适应，包括相互联系的三个方面内容：一是按照专业分工，各部门所享有的相应职权；二是按各项工作中同级部门之间的协作关系，各自享有的相应职权，如决策权、建议权、协商权等；三是按照有关部门之间横向制约关系所确定的监督权。

职权设计要解决的另一个核心问题，就是集权与分权的问题。在一个组织中，集权与分权是相对的，既没有绝对的集权，也没有绝对的分权。在职权设计时，要解决的是哪些权力宜于集中，哪些宜于分权，在什么情况下集中的成分应多一点，何时又需要较多的分散。集权与分权的关系处理不好，一个管理组织就会失去它的有效性。

（六）横向联系设计

部门、管理层次和职权的设计，是为了把整体组织的业务活动分解成若干组成部分，实现专业化分工。横向联系设计则是为了解决组织专业化分工与协作之间的矛盾，达到在分工基础上加强协作、提高组织管理整体功能的目的。横向联系设计包括的基本内容是横向协调方式的设计。

横向协调方式可按以下三种基本方式加以设计。

1. 非结构性方式

这种方式不改变原有组织结构，只是改变和完善组织运行规则与形式。其内容有：

（1）制定管理工作规范。它适用于经常重复出现的管理工作，特别是生产作业管理。它对于建立正常的生产秩序和工作秩序，对于各部门统一标准、协调行为，具有较好的作用。此项工作对于连锁企业非常重要，连锁企业必须保证其提供的产品和服务标准化、统一化，离开这些管理工作规范是不可想象的。

（2）建立例会制度。例会特别适于解决那些虽然重复发生，但需要根据情况变化随机处置的管理问题。例会作为一种工作标准，其种类、内容、时间、地点、参加人员和要求都应标准化。连锁企业的分支机构可能分布各地，有些是跨区域的，例会对于沟通情况、交流分享经验、协调工作非常必要。

（3）由主要部门组织会审会签。即以一个部门为主，对其职责范围的工作提出设想，然后邀请有关部门审查。这种方式有利于改善横向沟通，有利于主管部门得到相关部门的配合。

（4）跨部门直接协商。有些事务不经部门的上级出面便可通过相关部门直接协商解决，这类事务无须借助纵向职权结构的力量，协调起来比较省时省力。

（5）联合办公和现场办公。有些工作涉及多个部门、难度大、时间紧，由相关部门联合办公、现场办公，是比较有效的处理方式。

2. 结构性方式

结构性方式即调整甚至变更原有组织结构以达到横向协调的目的。其内容有：

（1）设置联络员。在一个部门中安排一名联络员与相关部门保持日常联系，协调各种矛盾。如大的分店可能需要在配送中心设专人，协调商品的调拨，确认、分清责任，减少差错等。

（2）建立任务小组或委员会。当某项工作涉及多个部门，而且这些部门都能行使职权直接影响该项工作时，建立任务小组或委员会是一种有效的协调办法。这种协调机构由相关部门的代表组成，他们经过协商，做出对各方均有约束力的决定，然后分头执行。任务小组或委员会既可以是临时性的，也可以是永久性的。

（3）设立专职协调部门。专职协调部门与联络员不同，后者处于被协调部门之中，要接受协调对象的领导；而专职协调部门则处于被协调部门之外，独立地行使职权，其权威性更大。

3. 人际关系方式

与结构性和非结构性方式不同，横向协调中的人际关系方式不牵涉组织中责权关系的调整，其实际操作有助于改善人际关系，如在相关部门中组建联谊组织，开展横向联谊活动，以增进友谊、加强合作。

（七）管理规范设计

管理规范是组织管理中各种管理条例、章程、标准、办法等的总称。它是用文字形式规定的管理活动的内容、程序和方法，是管理人员的行为规范和准则。它包含下述主要内容。

1. 管理制度

这类管理规范主要规定各个管理层、管理部门、管理岗位以及各项专业管理业务职能范围、应负的责任、拥有的职权，以及管理业务的工作程序和工作方法。

（1）基本管理制度。它是指企业中带有根本性、全局性的管理制度，如民主管理制度、经济责任制度。

（2）专业管理制度。它是对各项专业管理工作的范围、内容、程序、方法等所作的规定，如服务规范、商品陈列规范、收银规范等。

（3）部门和岗位责任制度。它是具体规定组织内部各个部门、各类人员的工作范围、应负责任及相应权力的制度。

2. 工作标准

它是对连锁企业组织业务活动应达到的技术、经济、管理水平所作的规定。它具体分为：

（1）业务技术标准。对连锁企业销售与服务的质量、技术、规模等方面所作的规定，如商品质量标准、服务标准、作业操作标准、食品卫生标准等。

（2）业务规程。根据零售商业业务流程，对业务流程的每一个环节如采购、存储、配送、销售、促销、设备使用与维修、质量检验等业务活动的有关程序和方法制定的标准。

（3）定额标准。它包括：组织在一定的经营管理条件下，对人、财、物、时间的占用和消耗等成本指标，市场占有率、销售额、利润、资金周转率、存货周转率等营销效益指标，收银差错率、商品失窃率、投诉率等管理指标所制定的标准。

（4）管理标准。它是为了更好地行使计划、组织、控制等管理职能，对各项管理工作所作的各种详细规定。

管理规范设计是组织管理的一项基础性工作，此项工作完成情况的好坏直接影响其他各项管理工作的效果。在进行规范设计工作时应坚持民主化、科学化、专业化，以使所设计的规范、科学、适用，并具有先进性。

知识拓展 2—1

集权与分权

企业管理中存在集权与分权问题，过度的集权与分权对企业运作都是不利的，这在连锁企业机构设置和职责划分中非常重要。总部的权力是应集中还是应下放，对连锁企业来说是进退两难的问题。影响企业决定集权或分权的主要因素有规模、复杂度、地理分散程度以及管理者的偏好。

一、集权的优缺点

（一）优点

（1）总部控制能力强，指挥能力强，较易进行整体统合及控制。

（2）整体统一规划，便于达到经营管理的标准化、统一化。

（3）谈判能力强，议价能力强。

（4）达到规模经济的概率较大。

（5）出现职权重复的情形可能性降低。

（6）几乎不会有独立行事、不可信赖的任何小团体出现。

（7）强大的权力集中的总部能提供技术及经验给其他部门。

（二）缺点

（1）过多的协调活动与控制不但影响部分上层决策者的权势，而且连带影响工作士气。

（2）当决策是由距离分部很远的管理层所制定时，就无法对现实状况有最正确的掌握及回应。

（3）一旦连锁企业成长到一定规模，或是涵盖的地理区域扩张到一定程度，协调管控将变得十分困难。在人员的安排调整以及内部控制程度上，势必有所变动。

（4）分部的管理者难以获取担当更高级管理者所需的经验及技术。

（5）分部地区性的产品或服务较易迎合消费者需求的改变，而过分集权则会影响分部人员的积极性。

二、分权的优缺点

（一）优点

（1）总部的管理事项少，分店的自主空间大。

(2) 分店的管理能力强，运作效率高。

(3) 总部人力成本较低。

(4) 更适合区域范围广的连锁企业。

(5) 各分店的自主运作弹性大，适应市场变化能力强。

(二) 缺点

(1) 总部控制能力弱，难以达到标准化、统一化的要求。

(2) 整体规划能力弱。

(3) 服务提供容易产生不一致。

(4) 对分店长要求高。

(5) 促销成本高。

第二节　连锁企业的组织结构

一般连锁企业均包括总部—分店两个层次或总部—地区分部—分店三个层次。

一、不同类型的连锁企业的组织结构

从职能上看，连锁企业总部与分店是平等的，不存在上下级关系，而是分别执行连锁企业的采购、配送、销售职能。最高管理层的职责是决策，总部的各职能部门则承担确定采购标准、销售价格、促销计划等任务，分店则按各职能部门的设计进行销售。典型的直营连锁企业的组织结构见图 2—2。

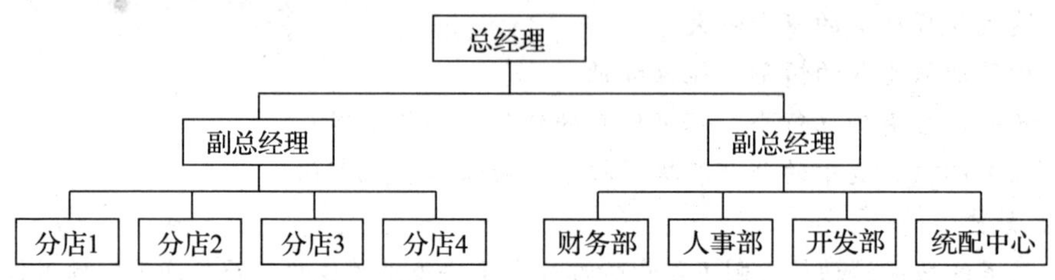

图 2—2　典型的直营连锁企业的组织结构

由于业态不同，连锁企业规模的不同，提供的产品与服务不同，需要对连锁企业的组织机构进行适当的组织调整。如有些连锁企业采取的是总店带分店的组织机构，即公司的总部及其职能机构均设置在总店内，由总店的职能机构完成对各连锁分店的管理职能。

以上是直营连锁企业的组织，特许连锁企业的组织和自由连锁企业的组织是从直营连锁企业的组织上演变出来的，特许连锁企业和自由连锁企业的某些机构的设置与直营连锁企业虽相同，但功能却不同。如开发部，直营连锁企业一般以新店建设为主，而特许连锁企业的开发部主要是发展新成员，自由连锁企业的开发部功能主要是吸收老店加入；又如财务部，直营连锁企业的财务部主要是执行统一核算功能，而特许连锁企业的财务部则以总部自身业务的统一核算为主，并制定和指导分店的财务活动。

很多大型连锁企业是复合型的，即在一个连锁体系内同时拥有直营连锁、特许连锁和自由连锁三种形式。这种复合型连锁企业最常采用的方式是维持直营连锁的组织设置及其功能，同时在每一部门增设负责特许连锁、自由连锁事务的专职人员。也可考虑采用类似事业部制的连锁组织；即在最高管理层下分别设立直营连锁本部、特许连锁本部和自由连锁本部，分别负责设计与执行相应的业务。

二、不同规模的连锁企业的组织结构

连锁企业的规模不同，其组织形式也不同。小规模的连锁店可以采用直线型组织，由总经理一人负责所有总部业务，各分店经理对总经理负责，财务职能由财务专业人员或总经理自身承担，商品采购、新店开发也皆由总经理一个人负责。这种组织结构虽然专业分工较差，但由于承担主要责任的总经理往往就是连锁店的所有者且精通业务，因此可以承担起小型连锁的中央管理任务，而且有决策快、控制及时、人员少、效率高等优势。当商品品种、分店数目不断增加时，这种管理模式将无法适应。小规模连锁店的组织结构如图 2—3 所示。

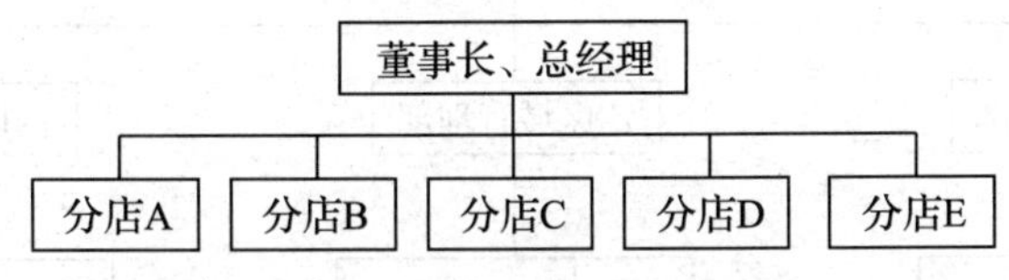

图 2—3　小规模连锁店组织结构

随着连锁规模的扩大，总部必须设置职能部门，此时的连锁企业组织结构可以采用直线职能制，如图 2—4 所示。

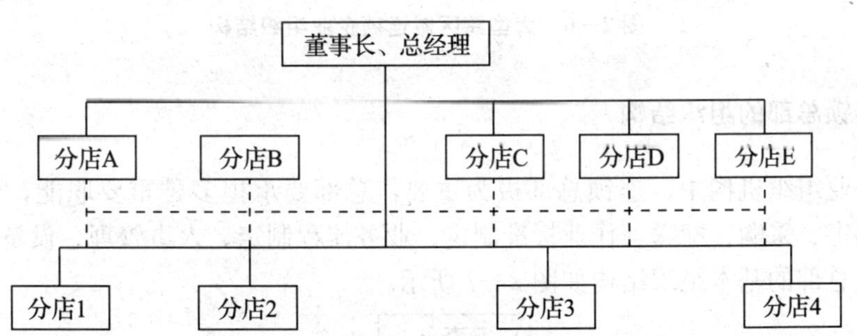

图 2—4　直线职能制连锁企业组织结构

图 2—4 中的实线代表管理权与控制权，虚线表示业务关系、非控制关系。各职能部门负责连锁经营中的专门事务，承担了连锁企业日常营运中的具体功能，而总经理则可以专门从事决策，对连锁企业的日常管理也由于有职能部门的参与而变得更为专业化和有效率了。

大规模的采取多种连锁形式的连锁企业可考虑采用如图 2—5 所示的组织设计。采用这种形式时可对某些有共同职能的部门进行合并，由最高管理层直接管理。

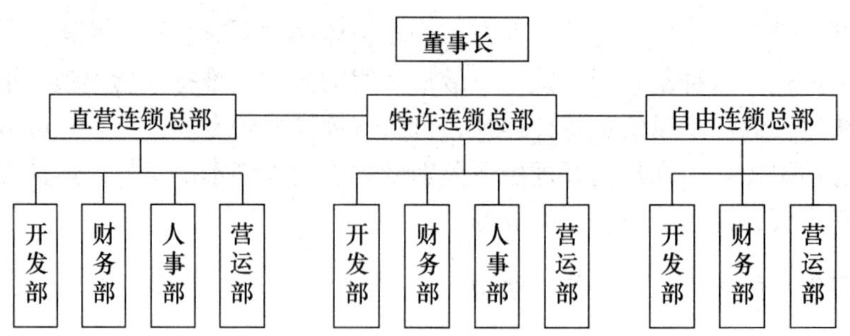

图 2—5　大规模、多种连锁形式连锁企业组织结构

对于大型的跨区域连锁企业，由于连锁分店分布范围广、数量多，往往需要设立区域管理部，形成总部—区域管理部—门店的组织结构，如图 2—6 所示。

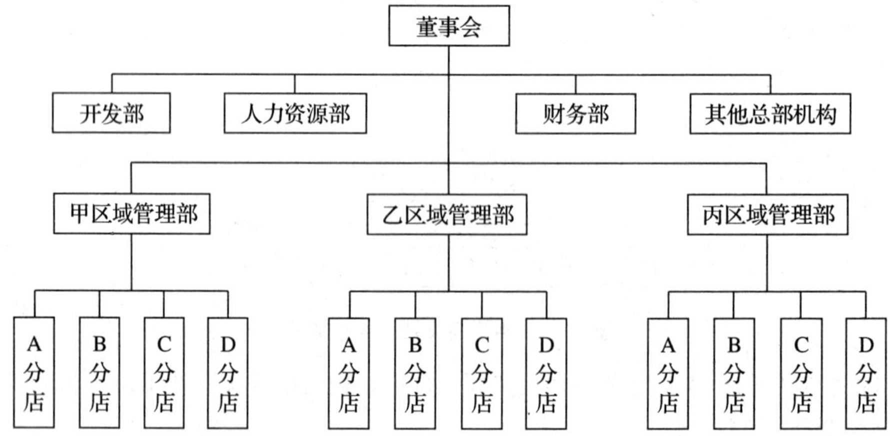

图 2—6　大型跨区域连锁企业组织结构

三、连锁总部的组织结构

连锁企业组织机构中，连锁总部极为重要，总部要承担多种重要职能，包括商品营销、价格制定、采购、配送、作业标准制定、业务流程制定、人事管理、设备管理、保安管理。连锁总部的基本组织结构如图 2—7 所示。

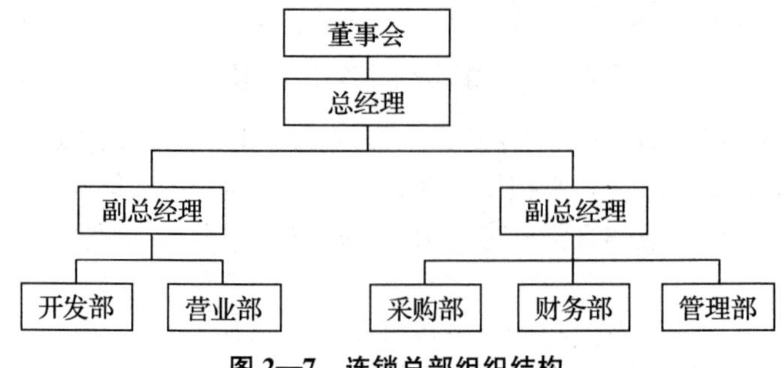

图 2—7　连锁总部组织结构

课堂讨论： IT 技术的发展可能给连锁企业的组织结构带来哪些变化？

第三节 连锁企业组织的主要部门职能

一、开发（发展）部的职能

开发（发展）部具有网点选择与论证、项目谈判、签约、档案工作以及开店前后的设备管理和对外联络工作等职能。

（一）选择网点

网点的选择应注意策略性和原则性。在选址上应遵循以下原则：

（1）在选择网点前，要有计划地进行环境分析，如商圈发展潜力、将来可能变化的趋势、城市规划、交通状况、人文景观变化等。

（2）开展市场调查。主要调查人口结构、就业状况、人均收入、住房状况以及周边的机关团体、企事业单位等情况。

（3）对竞争店或同业态店开展调查，主要调查销售额、商店规模、客流量、商品价格、商品陈列、商品质量等项目。

（4）分析开店市场。分析新建城市、新居民区或新商业区的市场潜力，预测近期或将来发展潜力以及开店后达到盈亏平衡点所需的时间等。通过分析，决定选址与否，避免在竞争激烈的地方或因同业态的商圈重叠造成两败俱伤。

（5）在发展网点时，要坚持区域集中开店原则，为开展组织化、集约化经营创造条件。

（二）新开门店的租金确定和投资预算

（1）考虑租赁网点的租金时，应以门店每平方米销售额的3%左右为标准，同时还要考虑租赁年限。

（2）根据国际惯例，一般2～3年收回投资成本为宜。

（三）新开门店卖场、仓库、办公室配置

（1）合理配置前后台面积。合理规划营业场所、仓库、办公室的比例，尽可能增大营业面积，缩小仓库、办公面积。

（2）前台配置必须做到：整个卖场布局、主次通道设定、设备布局适当，内外装饰设计协调、玻璃透明、灯光明亮、墙壁坚固，地板耐脏、易清洗。

（四）新开店工程进度控制、监督验收

（1）控制好进度，在保证质量的前提下争取早开业。

（2）严格按施工标准进行监督、验收。如验收不合格，一律不能交付使用，特别是水、电的配套工程。

（五）设备采购和维修

（1）采购设备必须本着牢固、耐用的原则，必需的设备有敞开式货架、收银机、空调机等。

（2）定期对设备进行检查、保养和维修。

二、人力资源部的职能

人力资源部具有人员招聘、调配、提升、分配和人才培训等项职能，此外，还应协助其他部门研究企业发展战略。

（一）人员的调配、提升、分配

1. 人员的调任、提升

企业要为每一个人创造提升、加薪的机会。连锁企业网点分散，因此，在用人、提升、调任方面，要有一套考核标准，并严格按标准进行运作。

2. 人员招聘

管理人员的招聘一般指店长、副店长和店长助理的招聘，对他们的基本素质要求（如学历等）必须有统一标准。招聘完毕再进行一段时间的培训、考察，以确定其是否掌握了门店的各种岗位技能，还要考虑其是否具备领导能力和组织经营能力。

一般工作人员等的招聘通常是指对理货员、收银员等的招聘，也应有一套完整的考核标准。

3. 用工分配

根据销售额与利润率、人均销售额等，合理地确定门店用工人数；根据工作量和操作技能，合理调配各部门的用工人数。

（二）人才培训

对各层次人员进行培训，其中包括上岗前的培训和在岗的培训。

（三）参与研究企业发展战略

即协助其他部门制订出企业发展的中、长期计划和经营战略。

三、商品（开发）采购部的职能

根据市场定位，制订商品进货计划和新商品开发计划；根据销售情况、竞争条件和市场变化，调整商品结构。

四、商品配送中心的职能

具体内容详见第五章。

五、企业管理部的职能

企业管理部负责各种规章制度的制定、推行和监督，各种经营活动的组织和策划，门店的经营指导，以及消费者的投诉处理。具体内容是：

（1）负责组织制定各部门的规章制度、门店营业手册、各种岗位职责、对员工的考核规章和管理细则，监督管理实施。

（2）促进各门店经营目标的实现。

（3）组织各类促销活动，设订促销目标，拟订促销计划的要素及实施方式。

（4）开展业绩竞赛活动。

（5）对门店的经营进行指导。总部对门店的经营指导由企业管理者或专职经营指导员（督导员）来完成。经营指导员（督导员）代表总部监督、指导门店，把总部的指令、决策及时正确地传达到门店，把门店的需要、困难及有关经营的各种信息及时反馈给总部。

（6）处理消费者投诉。企业管理部门接到消费者的投诉后，要本着圆满解决和迅速解决的原则处理投诉，目的是最大限度地减少负面影响、增加正面效应。

六、财务部的职能

财务部的具体职能如下：

（1）制订资金运用计划，在主管经理领导下管理和调度资金。

（2）编制和分析各种财务报表、会计报表。

（3）审核进出货凭证、汇总进货原始凭证、处理订货、进货及其他账务。

（4）统计每日营业额。

（5）负责组织各门店商品盘点。

（6）负责审报缴纳税金。

（7）负责编制年度决算报表。

（8）辅导门店会计作业。

七、信息部的职能

信息部负责管理并维护本企业信息系统。

营业方面的信息系统主要包括：

（1）商品管理系统，负责商品采购、进货管理，商品接货、订货管理，商品物流配送管理，商品促销管理。

（2）POS系统，是商店的时点销售数据管理系统。

（3）营业管理系统，负责销售额管理以及对不同部门的利益管理。

管理方面的信息系统主要包括：

（1）会计管理系统，负责会计管理、财务会计、欠款支付、借户管理、货主管理、固定资产管理。

（2）人事管理系统，负责工资管理、考勤管理、人事信息管理。

（3）经营信息管理系统，负责预算管理、顾客管理。

此外，一些企业的管理部还设有专职人员负责法律事务、公关事务。较大规模的连锁超市还将上述部分功能独立出来，设立相应的部门，如法律顾问部、公共关系部等。

本章小结

本章介绍了连锁企业的组织结构，包括小规模连锁店、直线职能制连锁店、大规模多形式连锁企业以及大型跨区域连锁企业的组织结构；还对零售企业组织结构的设置程序和内容、连锁总部的组织结构以及主要部门的工作职能作了简要介绍。

关键术语

组织　组织结构　组织结构设计　部门工作职能

复习与思考

1. 连锁企业应如何设立其组织机构？
2. 连锁企业的总部主要应承担哪些职能？
3. 连锁企业设置管理层次的原则是什么？
4. 设计连锁企业组织结构应遵循什么程序？
5. 连锁企业组织结构设计的内容有哪些？
6. 现代信息技术的发展使连锁企业在组织结构和业务流程上可能会发生哪些变化？

训练项目

1. 选择一家零售连锁企业，画出该企业的组织结构示意图，并对其组织运作状况进行分析。

2. 阅读下列材料，分析并回答问题。

零售业态边缘模糊化，零售商该如何变化？

前段时间，在国标《零售业态分类》修订稿的讨论现场，大家对零售业态的分类问题展开了较为热烈的讨论，诸如标准超市和社区超市怎么区分、小型社区超市和便利店怎么区分，以及大型综合性百货与购物中心怎么区分。如果按照常规的经营面积、目标顾客或者所经营商品等核心的指标来区分，确实已经很难区分开来。

是的，今天的零售业，业态与业态之间的区别已经越来越模糊，业态之间的壁垒或者围墙已经低到可以随意穿越。

以购物中心和便利店这一大一小两个业态为例。目前购物中心的业态组合中，餐饮业和服务娱乐业的占比已经很高，"购物"的概念正在弱化，购物中心这个业态的叫法也开始趋向社区商业中心、城市综合体等新的名词。便利店这个小业态也与以往大不相同：设置就餐区经营餐饮商品、售卖生鲜产品。在日本和美国大行其道的药妆店业态，也是杂货店的主要竞争对手。

以往的购物中心一般要配套主力店和次主力店，而现在的购物中心似乎已找不到所谓的主力店。消费者青睐的品牌，无论业态大小，都可以称为购物中心的主力店。当一个白领发现便利店能够满足她一日三餐的需求，而且简单、快捷、安全时，便利店就成了她的餐厅。这些都是零售业态为满足消费者的需求而做出的变化。

未来商店、高端超市、顺丰嘿客、天虹微喔，从概念到店名，零售业态正在创新，或者说正在发生变化。这种形的变化，刺激着消费者的感官，让消费者有一种体验的快感，但背后的驱动力是消费者的变化，满足消费者永远是零售业的终极目标。

形很重要，但神才是核心；形也许容易做到，但神却难以效仿。今天零售业的模糊化恰恰说明了形其实并不是核心。如何让顾客真正体验到购物的快乐、享受购物的过程，是零售商应该琢磨的重点。

不局限于业态的限制，跨界和混搭，也许能够满足顾客的需求。今天来你超市购买商品的顾客，也许不是因为她所购买的这个商品，而是因为一种体验、一种时尚、一种荣耀。

今后同行见面，不会问“你经营什么业态”这个问题，而是会问“你为顾客提供什么服务”。

资料来源：http://yn.winshang.com/news－271571.html。

问题：

结合上面的材料，通过观察和分析，说明企业经营形态的变化可能会给内部组织带来哪些问题。

第三章

连锁企业战略管理

学习目标

1. 了解什么是企业战略，什么是企业战略管理。
2. 熟悉连锁企业实施战略管理的过程。
3. 学会应用连锁企业战略分析、战略评价等基本方法。
4. 了解连锁企业使命与战略目标的确定。
5. 掌握连锁企业总体战略决策的两种类型。
6. 掌握连锁企业三种重要的竞争战略。
7. 了解连锁企业战略的实施与控制。

案例导入

2011年6月28日，第八届（CCS）全国连锁超市战略发展论坛在安徽合肥隆重拉开帷幕。

论坛以“营在差异，赢在模式”为主题，展开为期两天（2011年6月28—29日）的深入交流与沟通。

差异化不是个新名词，但是落实起来为什么有如近在咫尺却远在天涯？

模式也不是个新话题，然而到了具体运营中盈利模式却永远让零售商们捉摸不透。

业态细分、主题超市、高端超市、精品超市……进行这些尝试有成功者，亦有失败者，探索就是一种创新。竞争已经不再是价格战、购物环境战，零售企业究竟应该如何转型？转型后会有一片新天地吗？

模式是金。差异经营、风险转移、目标集聚、产业延伸、业态互补……手段虽不尽相同，目标却一致，盈利才是硬道理。突破已经成为不二法门，且迫在眉睫，零售企业究竟应该如何实现？模式将成为企业制胜的最终法宝？

面对这些困扰着行业与企业走过20多年发展历程的难题，应广大企业要求，第八届全国连锁超市战略发展论坛期望通过对差异化与模式两个方面主题的探讨，通过对新观念、新思维、新动向进行深入的交流，为企业提升整体人员工作绩效，培养更多的储备人才，从而适应市场的激烈竞争。

本届论坛将邀请行业企业典范、知名专家及业界资深人士，通过与他们的深入交流和沟通，给大家一个答案：如何在创新模式下不断完善自己？如何提升企业在经营上的差异化？如何实现企业在新时期、新环境下的转型与突围？如何提高管理者的领导力、引导力、执行力、平衡力？

资料来源：http://www.linkshop.com.cn/web/archives/2011/166983.shtml。

连锁经营的相关行业竞争愈演愈烈，在这种形势下，连锁企业必须创造出持久的竞争优势，认真地进行战略设计，选择一个适合自己的竞争战略方向，即以连锁企业的未来为基点，为赢得持久的竞争优势而对事关全局的重大事项做出筹划，并始终如一地坚持这一方向，使之得到很好的贯彻执行。这就需要连锁企业进行科学的战略管理。

第一节　企业战略与战略管理

一、战略与企业战略

“战略（Strategy）”一词最早起源于军事活动，其含义是对战争全局做出准确的判断而制定的方略。从发展历史看，其源于古希腊时期，最初为“Strategos”，是“军队”和“率领”两个词意的结合，其意义是指挥军队的艺术和科学，后被解释为领导艺术和统治方法。

在中国，战略作为战争科学的概念在春秋战国时期就出现了。这方面首推我国著名军事家孙武，其在《孙子兵法》中就已对战略作了阐述。他主张在作战前必须认真分析政治和经济形势，强调谋略先于军事力量，并认为除了赢得战争外更重要的是达到政治目的。这种战略观念在欧洲不乏支持者，在18世纪后期的拿破仑战争时期更是受到推崇，战略被认为是赢得一场战争的宏大而周密的计划。

如今，战略是一个在各方面应用得很广泛的概念，除了应用于军事，还应用到政治、经济、外交等各个领域。随着社会经济的发展，战略的思想在企业中得到了广泛应用，因此也就出现了企业战略的相关研究。

企业战略是以企业未来为基点，为赢得持久的竞争优势而做出的事关全局的重大筹划。企业战略强调的是“做正确的事（Do the right thing）”，而不仅仅是“把事情做正确（Do the thing right）”。连锁企业战略则是连锁企业以未来为基点，为赢得持久的竞争优势而做出的事关全局的重大筹划。

二、企业战略管理

企业战略是对全局发展的筹划和谋略，它实际上反映的是对重大问题的决策结果，以及企业将要采取的重要行动方案。而战略管理则不仅是决策方案的制订，而且涉及战略方案的选择、实施和控制，因此战略管理是一个系统工程。

“战略管理”一词最早由美国学者安索夫于1976年在其所著《从战略计划走向战略管理》一书中提出。他认为，企业战略管理是将企业日常业务决策同长期计划决策相结合的一系列经营管理业务。企业战略管理是确立企业使命，根据企业外部环境和内部经营要素设定企业目标，保证目标正确落实，并使企业使命最终实现的一个动态过程。企业战略管理关系到企业长期性、全局性和方向性的重大决策问题，是企业为在复杂多变的环境中求得生存与发展，在充分分析企业外部环境和内部条件的基础上，根据企业外部环境和内部条件，确定企业组织目标，保证企业组织目标落实并使企业使命最终得以实现的一个动态过程。该过程主要包括三个关键部分：一是战略分析，即了解组织所处的环境和竞争地位；二是战略选择，即对可行性战略方案进行评价和选择；三是战略实施，即采取一定措施实现预期战略目标。作为连锁企业，其战略管理同样需要遵循上述过程。企业战略管理的上述过程可以具体化为如图3—1所示的步骤。

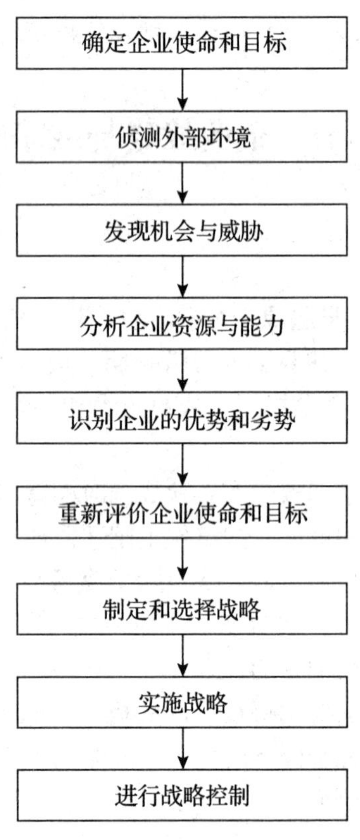

图3—1　企业战略管理步骤

第二节　连锁企业战略分析

战略分析是连锁企业实施战略管理的基础阶段，是制定有效战略的基础和关键环节。连锁企业的战略分析主要从三个方面展开：一是连锁企业宏观环境分析；二是连锁企业的行业环境分析；三是连锁企业内部条件分析。其中，宏观环境和行业环境作为连锁企业的外部环境，既为企业提供发展的机会，同时又为企业带来威胁；而企业内部条件的分析可使企业了解自身的实力，判断其能否很好地应对外部环境带来的机遇与威胁。

一、宏观环境分析

宏观环境是指企业所面对的产业外的外部环境。它是企业的间接环境因素，也是各类企业生存发展的共同空间。对于宏观环境的分析主要采用PEST分析模型，即对政治法律环境（Politics）、经济环境（Economics）、社会文化环境（Society）与科技环境（Technology）这四个子环境进行分析。

（一）政治法律环境

政治法律环境是指企业生产经营活动具有现存和潜在作用与影响的政治力量，以及对企业生产经营活动加以限制和约束的法律、法规，包括企业所在国家或地区的政局稳定状况、政治经济制度与体制、法律法规，以及执政党的路线、方针和政策。政策法律环境也是影响连锁企业发展的重要因素，它缩小了管理者可供决定的范围，限制了可供选择的可行方案。

（二）经济环境

经济环境是指一个国家的经济制度、经济结构、产业布局、资源状况、经济发展水平以及未来的经济走势等。构成经济环境的关键因素包括利率、税率、汇率、通货膨胀率、失业率、可支配收入以及GDP的变化趋势等。这些因素相互结合，并整体影响企业的生存与发展。经济环境对于居民消费水平、社会购买力等都有直接关系，而这些又直接影响连锁企业的生存、发展环境。

（三）社会文化环境

社会文化环境是影响连锁企业战略的一个重要因素。社会文化环境包括社会阶层的形成和变动、人口的地区性流动、人口年龄结构的变化、社会权力结构，以及人们的生活方式、工作方式、价值观、宗教信仰等，这些因素共同作用，影响顾客最终的生活习惯和消费习惯，而对这种生活习惯、消费习惯的研究对于连锁企业而言非常重要，有利于企业针对自己的目标顾客制定正确的发展战略。

（四）科技环境

科学技术在连锁行业的普遍应用，已经成为现代连锁业创造竞争优势的一个重要来源。科学技术的应用使连锁企业的整个供应链条的信息流通更为顺畅，提高了供应链条的管理效率。当今科学技术的发展日新月异，每天都有新的软件和设备向市场推出，连锁企业应当密切关注这些软件和设备的变化，因为这些很有可能会导致企业竞争优势的变化。

二、行业环境分析

行业环境分析的目的在于清晰地判断行业的总体情况，预测行业中所存在的机会和威胁，帮助企业把握行业竞争态势，以便连锁企业获得在行业中有利的竞争地位。行业环境分析通常采用美国竞争战略专家迈克尔·波特的五种因素分析模型，见图3—2。

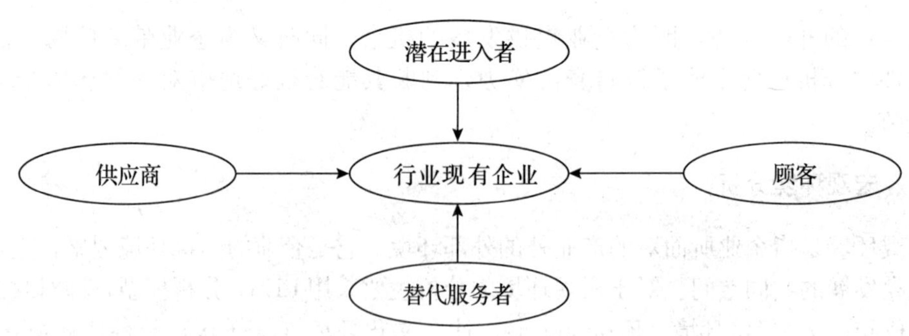

图 3—2 迈克尔·波特行业环境的五种因素分析模型

（一）现有连锁企业之间的竞争

目前连锁企业之间的竞争是非常激烈的，这主要是因为目前多数连锁企业属于餐饮、零售业等服务行业，具有进入壁垒较低、退出壁垒较高等特点。众多势均力敌的大中型连锁企业的竞争决定了行业较低的利润率水平。例如，在我国部分地区大中型零售商密集度非常高，甚至趋于饱和，而且这些零售商的经营布局、经营商品种类、档次甚至服务水平都极其相似，因此竞争手段往往是极其残酷而又两败俱伤的“价格大战”，同时大量对利润率预期较低的小零售商使行业的收益水平进一步恶化，这使得零售业竞争相当激烈。

（二）潜在进入者的威胁

行业潜在进入者威胁的力量同样巨大。对于目前的连锁企业而言，潜在进入者进入该行业不需要太高的资金要求，因此进入相对容易。对于一些国内投资者来说，只要具备了一定的资金和有经验的管理人员，就可以较轻松地进入该行业，这无疑将加剧目前国内连锁企业间的竞争。同时，随着全球经济一体化趋势的加剧，国外的资本同样也会纷纷进入，并与国内连锁企业展开全方位竞争，这对于处于幼稚期的我国连锁企业而言更具有威胁和杀伤力。

（三）替代服务者的威胁

替代服务者的威胁同样不可忽视。替代服务者的威胁主要体现在连锁经营的业态随着社会经济的不断发展，一直在进行着更新。以零售业为例，其发展至今已经历了百货业、超级市场、便利店、仓储超市等经营业态。目前我国把零售业态划分为 17 种，每种业态都是适应当时社会经济发展水平而产生的，在当时的环境下具有竞争优势。例如超级市场的出现，使百货业态在标准化和功能型商品的提供方面丧失了优势，分流了其大批顾客。同样，其他业态如便利店、仓储超市的出现，也分割了一部分百货店、超级市场的市场份额。连锁经营的其他行业也存在着同样的问题。

（四）来自顾客的压力

当前顾客的力量越来越强，给企业带来了巨大的压力。这些压力主要体现为随着顾客自身素质的提高，他们对于商品与服务的要求越来越高。一方面，顾客不但要求企业提供物美价廉的商品，同时也要求服务完美，而且对于个性化的要求同样提高；另一方面，顾客的自我保护意识也显著提高，“顾客就是上帝”的意识已经深深地扎根于顾客心中，他们变得非常"挑剔"，这大大提高了企业向顾客提供满意服务的难度。加上顾客在企业之间进行转换的成本比较低，信息的透明度也比较高，这些都给连锁企业带来了压力。

（五）供应商的讨价还价能力

供应商对连锁企业讨价还价的能力也是影响企业竞争强度的一个方面。相对于单体经营的企业，连锁企业具有更强的讨价还价的能力，现阶段多数供应商还处于相对弱势。当然，名牌产品的制造商讨价还价的能力相对要高。

以上五种力量对于不同的连锁企业甚至同一企业的不同分店来说，影响都可能大不相同，每个企业要根据自己的实际情况进行具体的分析。

三、连锁企业内部条件分析

连锁企业内部条件是相对于外部环境而言的，指企业生存和发展的内部因素。对于连锁企业内部条件的分析，目的在于确定和评价内部战略要素，从而发现其能力与不足，进而结合外部环境的分析确定其应当采取的战略。内部条件分析主要有三个方面：经营资源分析、企业能力分析和价值链分析。

（一）经营资源分析

企业资源是企业竞争优势的根本源泉，是企业参与市场竞争的根本条件。它包括贯穿于企业经营、技术开发、市场营销等各个环节的一切物质的和非物质的要素，可分为有形资源和无形资源。有形资源包括人力、财务、物质、组织等资源；无形资源包括技术与商誉。资源分析用于确定企业的资源状态，发现企业在资源上所表现出的优势与劣势，从而找出在资源使用中所需要进行的变革。其主要分析内容包括现有资源及其利用情况、资源的应变力、资源的平衡性与适应性。其分析步骤如图 3—3 所示。

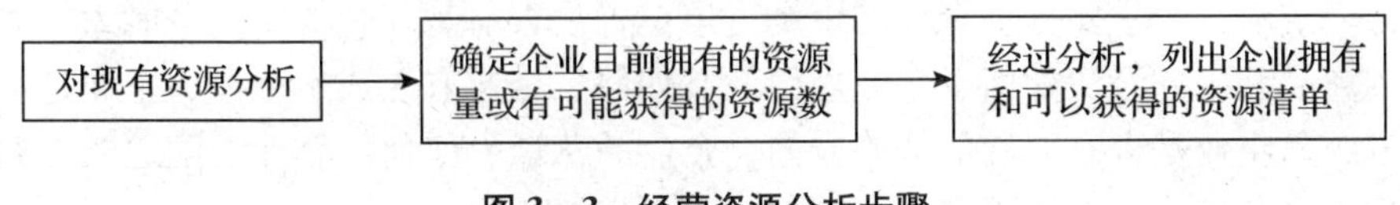

图 3—3　经营资源分析步骤

（二）企业能力分析

企业能力是指企业将资源加以统筹整合以完成预期任务和目标的能力。连锁企业任何一项单独的资源并不能产生实际的能力，必须将各项资源进行有效的整合与配置才能够产生真正的能力，因此能力实际上是各项资源有机组合后的结果和表现。企业能力往往是多样的，同时又是多层次的，存在于企业经营的各个环节或各职能领域。其中有些能力在企业的经营过程中只能发挥一般的作用，而有些能力则在经营过程中发挥了至关重要的作用，能够给企业赢得竞争优势。一般把能够帮助企业赢得持久竞争优势的能力称为企业核心能力。

对于连锁企业而言，其能力分析可以主要集中在以下几个方面：一是公司的管理能力，包括有效的财务控制系统、强有力的领导、各部门的协调能力、企业的文化力、企业的激励机制等；二是管理信息系统；三是研究与开发能力，包括开设新店的能力、引进新产品的能力、开发新的应用技术的能力等；四是门店运营能力；五是分销配送能力。企业能力分析的目的在于了解企业在各个方面的能力，以发现自身的优势与不足。

（三）价值链分析

连锁企业为顾客所创造的价值的大小、满意程度的高低，实际上是由企业的一系列活动共同创造的，包括采购、物流、营销、销售以及售后服务等起辅助作用的各项活动。这些活动共同组成的链条称为价值链。

价值链活动可以分为两大类：基本活动和辅助活动。基本活动是企业经营的实质性活动，这些活动与商品实体的加工流转直接相关，是企业的基本增值活动。对于连锁企业而言，其价值链上的基本活动包括进货、分拣整理、配送、上架陈列、促销宣传、售卖服务、售后服务等。辅助活动是配合基本活动、达到产品增值目的的活动，包括商品采购、技术开发、人力资源管理，以及连锁企业总部的管理、计划、财务、会计、行政和质量管理等活动。

价值链分析是识别和评价企业资源和能力的有效办法。价值链分析主要包括两个方面：一是每项价值活动的逐项分析，属于单项能力分析，用以发现企业在该价值活动环节上存在的优势和弱势；二是对价值链中各项活动之间关系的分析，属于综合能力分析，以判断各个环节之间的流程是否合理。

四、内外部环境的综合分析

在对外部环境和内部条件进行分析后，必须还要将两者综合起来进行分析，这样才能够使制定的战略既考虑到外部环境，同时又兼顾企业的内部条件，使两者达到一种平衡。对于内外部环境的分析通常采用 SWOT 分析法。SWOT 分析法是系统确认企业面临的优势（Strength）、劣势（Weakness）、机会（Opportunity）和威胁（Threat），并据此提出战略的一种有效的方法。

（一）优势与劣势分析

优势与劣势分析主要分析企业的市场竞争位置是否清楚、企业的竞争能力如何、顾客对企业的商品和服务看法如何、企业规模效益如何、企业有无成本优势、企业是否有充足的资金来源、企业是否有明确的战略方向、企业的营销力如何、企业的配送能力如何、企业的管理水平如何、企业是否还具有其他优势和劣势等。

（二）机会与威胁分析

机会与威胁分析主要分析是否存在进入新的市场的机会、是否可以引进新的商品系列、是否存在纵向或横向一体化的机会、外部环境是否发生了有利于本企业的重要事件、市场增长空间如何、主要竞争对手做出了哪些调整、是否出现了新的竞争对手、其他业态的发展情况如何、本行业的竞争强度是否有所增加等。

（三）SWOT 矩阵分析

由图 3—4 可以看出，优势、劣势、机会、威胁可以进行四种不同组合，即 SO 组合、WO 组合 、ST 组合 、WT 组合。

	优势	劣势
机会	SO	WO
威胁	ST	WT

图 3—4 SWOT 矩阵分析模型

对于不同组合，企业可以采用不同战略，具体如下：

（1）SO 组合：利用企业内部优势，抓住外部机遇的战略。

（2）WO 组合：利用外部机遇，改进内部劣势的战略。

（3）ST 组合：利用企业优势，避免或减轻外部威胁或打击的战略。

（4）WT 组合：减少内部劣势或回避外部威胁的战略。

第三节 连锁企业的使命与战略目标

一、连锁企业的使命

管理大师彼得·德鲁克曾说过：使企业遭受挫折的最重要的原因，恐怕就是人们很少充分地思考企业的使命是什么。大量的管理实践证明，那些继往开来一代又一代走向辉煌的企业，都有一个全体员工共同高擎的战略旗帜——企业使命；而那些昨天曾经辉煌却又毁于一旦的企业，则往往缺乏企业使命，或者是对企业使命认识不清。很多连锁企业的发展扩张失败，往往与企业使命、战略目标不清晰、不明确或不稳定有关。

（一）企业使命的含义

每个企业要在社会经济生活中生存发展，都要履行一定的社会责任，满足某种社会需求，扮演一定的社会角色，否则便没有存在的依据，发展更无从谈起。无论何种企业都要回答这个问题，对这个问题的回答就是对企业使命的回答。企业使命的思想是建立在彼得·德鲁克 20 世纪 70 年代提出的一些原则的基础上的。德鲁克认为，问“我们企业的业务是什么”就等于问“我们的任务是什么”，可以依此使一个企业区别于其他类似企业。使命陈述是对企业存在理由的宣言，它回答了“我们的任务是什么”这一关键问题，是企业从事战略管理必须解决的最重要的问题，也是企业不能回避的现实问题。

因此，连锁企业的使命就应阐明其根本性质和存在理由，说明连锁企业经营的宗旨、哲学、信念、原则等。企业使命揭示了企业自身的发展愿景，为企业战略目标的制定提供依据。

知识拓展 3—1

组织的愿景、价值观和使命

愿景是组织所追求的未来状态，它描述了组织正在向何处去，希望未来成为什么或被视为什么。

使命是一个组织的整体功能，它所回答的是组织致力于完成什么。使命通常指组织所服务的顾客或市场、所具有的独特能力或所应用的技术。

价值观是组织及其成员如何做事的指导原则和行为准则。价值观反映并强化组织所崇尚的文化。价值观以适当的方式，支持并引导着每一位员工做决定，帮助组织实现其使命，达成其愿景。

愿景、价值观和使命应当被全体员工、关键供应商和合作伙伴、顾客和其他利益相关方知晓和理解，高层领导应通过组织的领导系统，将其展开到全体员工、关键供应商和合作伙伴、顾客和其他利益相关方。

（二）建立企业使命的作用

1. 明确企业发展方向和业务主题

企业使命可弄清企业目前是怎样的一个组织，将来希望成为什么样的组织，如何体现区别于其他组织的显著特征。它可以规范企业的发展思路，帮助企业界定战略方案选择的界限，排除了某些偏离企业发展方向和业务主题的投资领域或项目，做到发展目标明确、资源投入集中。

2. 协调企业内外的各类矛盾与冲突

企业使命主要是通过经营哲学的形式来明确方向、营造气氛、强化激励、指导企业运行。因此，有效的企业使命必须做到：

（1）使命陈述清楚准确、具有号召力、能为全体员工和社会广泛理解与接受，有助于激发员工的积极性和创造力，在企业内部形成一股强大的凝聚力和向心力。

（2）企业使命的确定要致力于满足企业不同利益主体的利益要求，处理好他们同企业的某些分歧和矛盾，并对这些矛盾起到一定协调和包容作用。

3. 有助于建立企业的共同愿景

企业愿景是指企业员工内心深处对企业的一种愿望与期盼。每个员工都会对企业的未来拥有一个图像式的企盼性描述，如果企业能够勾画出今后的发展蓝图，明确企业的目标，激发员工工作热情并形成一种共识，就会使共同愿景成为指引企业发展方向、汇集力量、推动企业发展的巨大动力。

（三）连锁企业使命的要素

根据美国管理学者金尼斯的研究，建立企业使命应该考虑以下要求：

（1）明确企业生存的目的。

（2）既宽泛地允许企业创造性地发展，又对企业的一些冒险行为有所限制。

（3）使本企业区别于其他同类企业。

（4）作为评价企业现在和未来活力的框架。

（5）清楚明白，易于为整个企业所理解和为公众所接受。

综合起来，企业使命的内容应包含以下三个主要因素：企业生存目的、企业经营哲学和企业形象。

（四）连锁企业使命的陈述要诀

一个良好的企业使命的陈述必须遵循以下两个要诀。

1. 表述应是“需求导向”而不是“产品导向”

立足需求特别是创造需求来概括企业的生存目的，可以使企业围绕满足不断发展的需求来提供众多产品和服务，以获得新的发展机会。如果立足于“产品导向”来陈述企业使命，则往往会使企业过于关注产品，而忽视了能够给企业带来长期发展的需求的满足。

2. 表述范围不能太宽也不能太窄

企业使命表述的难点在于限定业务范围的“宽”与“窄”。表述太宽或太窄都会给企业战略运行带来不利影响。范围太宽，可能在语言上太模糊而显得空洞无物，令人摸不着边际，从而丧失企业特色。范围太窄，会由于语言上的局限而失去指导意义，失去与目标市场相似的领域中的重要战略机会而限制企业的发展。

课堂讨论： 说说你印象深刻的优秀连锁企业的愿景、使命和价值观。

二、连锁企业的战略目标

（一）连锁企业战略目标的概念

对于连锁企业而言，要制定正确的战略，仅有明确的企业使命还不够，必须把这些共同的愿景和良好构想转化为战略目标，这样才能保证战略具有可操作性。连锁企业战略目标是指在一定时期内，根据企业外部环境变化和内部条件的可能，为完成企业使命所预期达到的效果。战略目标是企业战略的重要内容，指明了企业的发展方向和操作标准。

（二）连锁企业战略目标的性质

（1）它是实现企业使命的结果，是衡量企业战略行为的标准。

（2）它是一个体系，虽不能包罗万象，但要突出重点。

（3）它使企业的各类资源发挥最大效能。

（4）它具有挑战性和激励性。

（三）连锁企业战略目标的内容

对于连锁企业而言，其关心的战略目标主要集中在以下几个方面。

1. 企业的盈利能力

获利是企业的终极目的，一个盈利能力强的连锁企业，就能够保证企业获得较多的利润，从而为企业的扩张提供资金的支持。因此，盈利能力是企业制定战略目标时所要考虑的最重要的目标。盈利能力往往用资产利润率、投资收益率、销售利润率三个指标来表示。

2. 市场能力

市场能力是反映一个企业在与竞争对手进行竞争的过程中赢得顾客青睐的能力。能够赢得顾客青睐的连锁企业就能够在市场上占有有利的地位。因此，市场能力是企业制定战略目标时要考虑的另一个重要目标。市场能力往往用市场占有率、销售额或销售量等指标来表示。

3. 公众满意度

任何一个企业都不能把自己的目标仅仅定位在获取利润上。因为企业往往要面对各种公众，这里面不仅仅有股东，还有政府、顾客、供应商、企业员工以及媒体等。要让各种公众满意，就要考虑不同公众对企业的不同期望，要尽可能达到各种公众的期望，这样才能够使各种公众满意。公众满意度往往可以用顾客满意度、纳税额、提供的就业岗位数、及时付款等指标来表示。

4．企业形象

企业形象是顾客、社会人士对企业的评价。好的形象是企业的一笔非常重要的无形资产，是竞争优势的来源，能使顾客慕名而来，生意长盛不衰。因此，获取良好的企业形象也是连锁企业的重要战略目标，其主要表现为高的美誉度和知名度。对于连锁企业而言，其优势之一就是共享效应，企业形象是可以共享的最重要资源。

（四）连锁企业战略目标体系

由于企业内部不同利益主体的存在，战略目标之间不可避免地会出现某些矛盾与冲突，因此，制定战略目标的有效办法是构筑战略目标体系，使战略目标之间相互衔接、相互制约，以达到目标体系的优化。目标体系往往由总体战略目标和主要的职能目标组成。在企业使命的基础上制定总体战略目标，然后层层分解，规定职能性战略目标，这样就能够保证战略目标的实现。企业战略目标体系如图 3—5 所示。

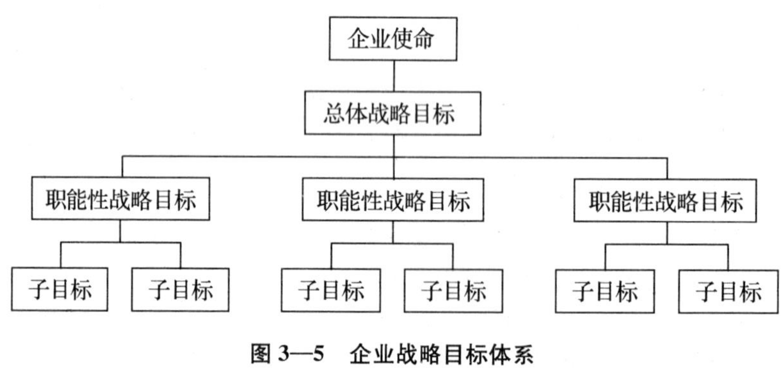

图 3—5　企业战略目标体系

课堂讨论： 你心目中的优秀连锁企业应该是什么样的？

第四节　连锁企业总体战略决策

连锁企业战略是连锁企业整体发展的战略纲领，是企业最高管理层指导和控制企业一切活动的指南。因此，连锁企业战略的研究对象主要是由若干个相对独立的战略事业单位组合成的一个有机组织体。连锁企业总部高层管理者的首要职责是制定企业战略。高层管理者在制定企业战略时必须以提高企业整体绩效为前提，根据内部资源的可能性，权衡各项业务活动对企业发展的需要。连锁企业战略决策通常有两种类型，即增长战略与收缩战略。

一、增长战略

增长战略又称发展战略或扩张战略。其核心是追求企业规模的增长，实现企业在盈利能力、市场占有率、销售额、市场竞争能力等方面的提高。

（一）增长战略的特点

（1）谋求市场占有率的增长或销售额的增长。实施增长战略的连锁企业的增长速度一般比行业增长速度要快。

（2）可能取得超过社会平均利润率的利润水平。成功实施增长战略的连锁企业往往能够获得超过社会平均利润率的利润水平。销售额或市场占有率的增长往往会带来企业规模的扩大，而规模的扩大往往能够使企业获得规模效益，这种效益最终会带来超过社会平均利润率的利润水平。

（3）采用别具一格的战略同竞争者抗衡，如采用非价格手段与竞争对手竞争。

（4）鼓励创新。实施增长战略的企业并不是简单、被动地适应环境，而是倾向于通过创造以前并不存在的事物来影响或改变环境条件，使环境的变化有利于企业自身的发展。

（二）增长战略的类型

1. 密集型增长战略

连锁企业密集型增长战略，是指在原有的产品和服务内，充分利用现有的人员、产品或服务来求得市场增长的战略，主要由市场渗透、市场开发和产品开发构成。

（1）市场渗透。这是指连锁企业的现有产品和服务在原有市场上进一步渗透，扩大销量，是一种稳扎稳打、步步为营的战略。连锁企业可以努力使现有顾客购买更多的现有产品或接受更多的服务，或者通过定价、产品差别化和各种促销手段，把顾客从竞争对手手中抢过来，或者设法吸引从没有来过商场购物的顾客前来购物。当然，市场渗透的难易取决于市场的状况和企业的竞争地位。

（2）市场开发。这是指连锁企业采用现有的经营模式开设新店，或采取新的方法扩大现有店铺的商圈范围，从而实现企业增长。

（3）产品开发。这是指连锁企业采用引进新商品或购进改进的现有商品的方式来增加企业在老市场上的销售量。

2. 一体化增长战略

一体化增长战略是指连锁企业利用自身在市场、技术和服务等方面的优势，沿着所经营商品纵向或横向不断扩大其经营业务的深度和广度，由此扩大经营规模，提高收入和利润水平，使企业不断发展壮大。一体化增长战略又可分为纵向一体化战略和横向一体化战略。

（1）纵向一体化战略。纵向一体化战略是指连锁企业在供应链上向前或者向后或者同时向前后两个方向延伸、扩展的战略，具体包括前向一体化战略、后向一体化战略和双向一体化战略。

1）前向一体化战略。对于连锁企业而言，由于在整个商品供应链条上零售商是销售的终端，直接面对顾客进行服务，因此其前向一体化战略就是向顾客延伸，具体体现为会员制，或者成为顾客的采购代理，使这些顾客成为终身顾客。

2）后向一体化战略。对于连锁企业而言，后向一体化战略就是向供应链的上游环节进行延伸扩张的战略，如开设批发业务，或直接介入某些商品的制造业务等。

3）双向一体化战略。对于连锁企业而言，双向一体化战略是指连锁企业同时向供应链上游和终端延伸扩张的战略。

（2）横向一体化战略。横向一体化战略又称水平一体化战略，是指连锁企业开展某些与当前业务相互竞争或相互补充的活动，如开设新店、购并竞争对手、开设或购并其他业态零售店铺。

（3）一体化战略的利益和风险。一体化战略可以给连锁企业带来诸多利益，如可以使连锁企业有固定的供应渠道和销售对象、可以扩展供应链的服务范围、可以降低交易成本、可以迅速地扩大服务范围、可以使企业获得规模经济等。

正如硬币有正反两面一样，一体化战略在给连锁企业带来利益的同时，也给连锁企业带来了一些不可避免的风险，如增加了企业的运营风险、可能降低企业经营的灵活性、可能提高企业的退出壁垒、可能弱化某些部门和单位的激励等。

3. 多元化增长战略

多元化增长战略又称多样化增长战略，是连锁企业为占领更多的市场，或避免经营单一的风险，而选择进入新的领域的战略。多元化增长战略的一个显著特点是使连锁企业突破某一行业，在多个行业中谋求发展。

（1）多元化增长战略的利益。对于连锁企业而言，多元化增长战略可以帮助连锁企业实现范围经济，分散了企业的经营风险，拓展了企业的增长空间等。

（2）多元化增长战略的风险。对于连锁企业而言，多元化增长战略有可能使连锁企业分散经营资源，可能给连锁企业带来管理的难度，也有可能带来管理运作费用提高等风险。

二、收缩战略

企业的资源是有限的。由于企业采取了某种战略、进入了新的行业或扩大了经营范围，它可能在必要时必须退出某些业务领域；或者由于经营环境的变化，致使现有的一些经营领域已经没有了足够的吸引力，等等，所有这些情况的发生都会迫使企业退出这些领域的经营活动，甚至退出目前的业务或实施公司清算，这就是收缩战略。

（一）收缩战略的基本特征

收缩战略又称紧缩战略，是指企业从目前的战略经营领域收缩或撤退，且偏离战略起点较大的一种战略。收缩战略是一种消极的发展战略，是“退一进二”的缓兵之计，其目的是“以退为进”。收缩战略的基本特征体现为：

（1）对企业现有产品或市场领域实行收缩、调整和撤退战略，放弃某些产品和市场的经营。

（2）严格控制企业现有资源的配置，削减费用开支。这一战略的实施往往伴随企业的裁员及一些大额资产的暂停购买。

（3）收缩战略具有短期性。它是一种过渡战略，是在为今后的发展积蓄力量。

（二）收缩战略的类型

1. 抽资转向战略

抽资转向战略是企业在现有业务领域不能维持原有的市场规模，或发现新的更好的发展机遇的情况下，对原有业务领域压缩投资、控制成本的战略。一般情况下，抽资转向战略的具体方式有：调整组织结构、降低成本和投资、减少资产、加快回收企业资产。需要注意的是，抽资转向战略往往会使企业的经营主方向发生转变，可能会涉及公司使命的变化，这时公司最高管理层必须有明晰的战略意图，即决断是保留现有业务还是重新确定企业使命。

2. 放弃战略

放弃战略是将企业一个或几个部门转让、出卖或停止经营。对于连锁企业而言，可以表现为放弃某些店铺、售卖某些配送中心或者内部的信息技术部门等。当然，放弃战略往往会遭受来自很多方面的阻力，如公司管理层的阻力等。

3. 清算战略

清算战略是指卖掉其资产或终止整个企业的运行。显然，选择这种战略的企业等于承认失败，是感情上最令人难以接受的一种战略，也是企业在无药可救的情况下才采取的一种战略。

三、企业战略的评价与选择

对于一个企业而言，可供选择的战略方案往往有若干个，那么在这些战略中，企业究竟选择哪一种战略或战略组合，这就要涉及战略评价与选择。对于战略的评价和选择，在这里主要介绍两种方法：波士顿矩阵分析法和 GE 矩阵法。

（一）波士顿矩阵分析法

波士顿矩阵分析法是由美国波士顿咨询公司首创的一种被广泛运用于战略评价的方法，也称 BCG 矩阵。它主要是对各经营业务单位的战略方案进行评价和选择。

如图 3—6 所示，波士顿矩阵的横轴表示某类或某个商品的相对市场占有率，纵轴表示该类或该种商品的市场销售增长率。相对市场占有率是指企业某种商品的销售额（量）占本行业最大竞争对手同类商品销售额（量）的比例。市场销售增长率是指一定时期内企业某种商品销售额（量）相对前期增长的比例。一般市场销售增长率超过 10%，称为市场占有率高；低于 10%，视为市场增长率低。相对市场占有率为 0～1，小于 1 表示相对市场占有率低；大于 1 则表示相对市场占有率高。

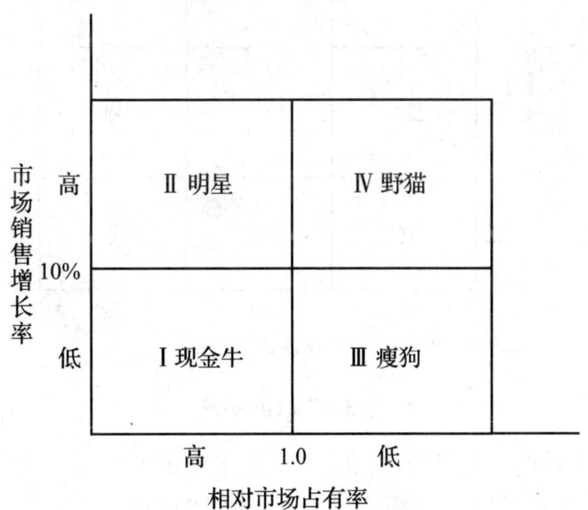

图 3—6 波士顿矩阵分析模型

注：(1) Ⅰ（现金牛）区——高市场占有率和低市场销售增长率。
(2) Ⅱ（明星）区——高市场占有率和高市场销售增长率。
(3) Ⅲ（瘦狗）区——低市场占有率和低市场销售增长率。
(4) Ⅳ（野猫）区——低市场占有率和高市场销售增长率。

通过对各类商品进行波士顿矩阵分析，就可将各类商品归于如图 3—6 所示的四个区。对于处于不同区的商品，应采用不同的战略选择，如表 3—1 所示。

表 3—1　　应用波士顿矩阵的战略选择

区位	战略选择	经营单位盈利性	所需投资	现金流量
Ⅰ(现金牛）区	维持或业务转向	高	少	极大剩余
Ⅱ(明星）区	维持、密集增长	高	多	几乎为零或负
Ⅲ(野猫）区	密集增长、剥离或转向	低或负	非常多或不投资	负值或剩余
Ⅳ(瘦狗）区	剥离或清算	低或负	不投资	剩余

波士顿矩阵分析法提供了一种分析框架，帮助企业经理人确定战略资源的分配优先级，以获取公司总体战略的最大效益。

（二）GE 矩阵法

GE 矩阵法又称“竞争地位—产业吸引力矩阵”，它把波士顿矩阵分析法中的市场增长率转化为“产业吸引力”，把“相对市场占有率”转化为“企业竞争地位”，并对产业吸引力和企业竞争地位给出了系列评估指标，使企业在制定企业总体战略时更切合实际和具有可操作性。评估产业吸引力的指标有市场容量、市场增长率、行业利润率、市场竞争的强度、产业的周期性等。评估企业竞争地位的指标有市场份额、获利能力、企业形象和声誉、企业应对行业环境五种影响因素的能力、企业资源状况等。

产业吸引力可以划分为高中低三档，企业竞争地位也可以划分为强中弱三项，将两者进行结合，就可以把企业业务归到图 3—7 所示的九个象限之中。

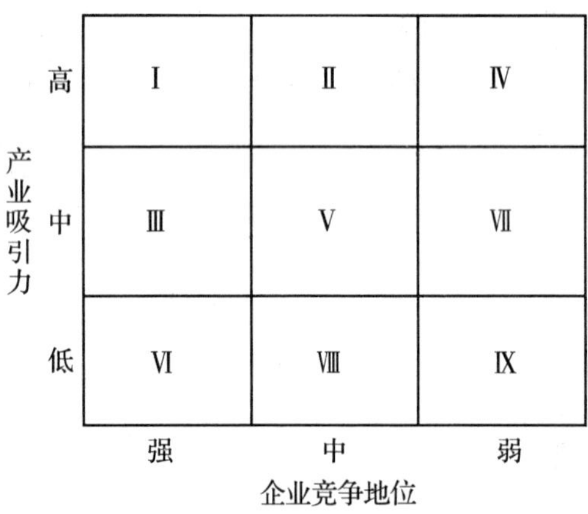

图 3—7　GE 矩阵

从图 3—7 中可以看出，处于Ⅰ、Ⅱ、Ⅲ 象限中的业务单元存在着有利的产业吸引力和竞争地位，因此享有较高的投资优先权，其发展战略应为“增长与建设”，资金需求量最大；象限 Ⅳ、Ⅴ、Ⅵ则享有中等的优先次序，对它们应当进行稳定的再投资，以保持和保护它们的行业地位，如果这样的业务有着不同寻常、富有吸引力的机会，它就可以获得更高投资优先权；而Ⅶ、Ⅷ、Ⅸ象限中的业务应采用典型收割战略或剥离、清算战略。

因此，根据 GE 矩阵法分析，企业应将资源集中于那些有高度吸引力和竞争力的经营业务，精心挑选处于中间地位的业务进行投资，除非有特别的转变潜力，否则企业应将资源从低吸引力和低竞争力的业务中抽走。

第五节 连锁企业竞争战略

竞争战略的一个中心问题是确定企业在其行业中的相对地位。相对地位决定了企业的盈利能力是高于还是低于行业的平均水平。一个地位选择得当的企业，即便行业结构不利、行业的平均水平不高，也能够获得较高的收益率。而要获取较高的获益率，其根本是要有持久的竞争优势，而取得竞争优势的一个关键则在于企业是否选择了正确的竞争战略，从而可以很好地应对行业环境五种影响因素。根据美国竞争战略专家迈克尔·波特的观点，企业的竞争战略主要有三种类型：总成本领先战略、差异化战略和目标集聚战略。

一、总成本领先战略

总成本领先战略是连锁企业常常选择的一种竞争战略，是指通过采用一系列具体措施使企业在本行业中赢得总成本领先。贯穿于整个成本领先战略的主题是使企业总成本低于竞争对手，而同时在质量、服务以及其他方面也不放松。为了达到总成本领先，企业必须在经营管理的各个方面进行严格控制，发现和挖掘所有能够给企业带来成本优势的资源。美国"零售大鳄"沃尔玛就成功地采取了该战略。

（一）总成本领先战略的实施条件

总成本领先战略的理论基石是规模效益和经验效益理论。

1. 规模效益

规模效益是指随着企业规模的扩大，成本不断下降的现象。企业获取规模效益的机理如图 3—8 所示。

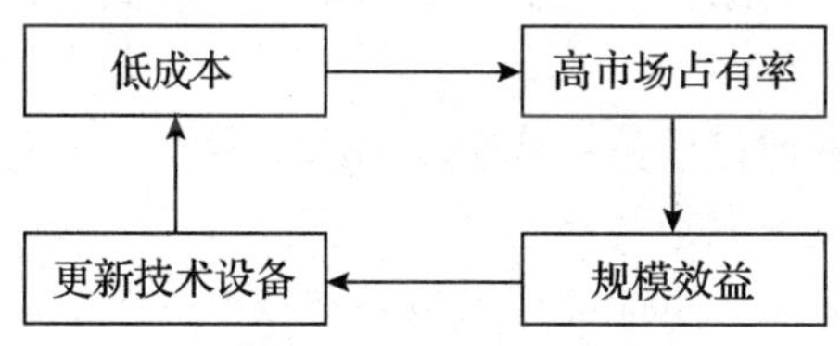

图 3—8 低成本良性循环

企业的低成本可以给企业带来高的市场占有率，而高市场占有率使企业的规模增大，从而获取规模效益，进而更新技术设备，使企业成本的进一步下降，成本的进一步下降又会带来市场占有率的提高。这样周而复始，使企业处于一个良性的低成本循环状态。

2. 经验效益

经验效益又称经验曲线，是指在经营过程中，随着累积产品产量或服务量的增加，单位商品的生产成本或服务成本会下降。经验效益也可以表述为：随着经验的增加，单位产品或服务成本下降。其运行机理如图 3—9 所示。

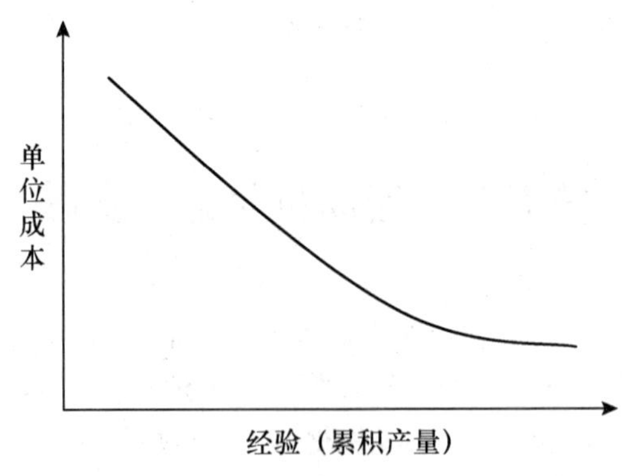

图 3—9　典型的经验曲线

（二）实施总成本领先战略的益处

从世界范围看，在 20 世纪 70 年代，随着经验曲线逐渐被人们所认识，总成本领先战略渐渐为多数企业所采用。实施这一战略的益处在于：

（1）在行业中处于低成本地位的企业可以获得高于行业平均利润水平的利润，在战略上握有更多的主动权。

（2）面对强有力的购买者，处于低成本地位的企业在进行交易时会有更大的机动性，能够有效地防御来自购买者的讨价还价。

（3）当强有力的供应商抬高供货价格时，处于低成本地位的企业可以拥有更大的灵活性以摆脱困境。

（4）当企业已建立起较大的规模和成本领先地位时，就会使欲加入该行业的新进入者望而却步，从而形成强大的进入壁垒。

（5）在与替代品进行竞争时，低成本企业往往比行业其他企业处于更有利的地位。

（三）实施总成本领先战略的风险

（1）由于采用总成本领先战略使企业将精力集中于降低产品成本，易使其丧失预见市场变化的能力。

（2）行业中的新进入者通过模仿，或总结前人经验，或采用更先进的技术，其成本有可能比企业更低，使企业丧失成本优势。

（3）新技术的出现和应用，可能使原有设备和技术的投资以及经验变得无效。

（4）人们极易将成本领先看成简单的价格竞争，企业因而陷入低价竞争的旋涡。

（四）连锁企业获得低成本的具体措施

美国学者巴利·伯曼认为，连锁企业要获得成本领先优势，可以采取以下组合中的一种或几种：

（1）使运营程序更加标准化。

（2）商店布置、规模和经营产品的标准化。

（3）利用次等位置、独立的建筑以及在较老的狭窄商业中心区选址，或者利用其他连锁企业废弃的店址。

(4) 将商店置于劳动力成本低廉、运营成本低的小社区。
(5) 使用廉价的建筑材料，进行简单的装修。
(6) 利用简易的设施和低成本展台。
(7) 加入合作采购和合作广告团体。
(8) 鼓励制造商为存货提供融资。

知识拓展 3—2

“零售轮转（The Wheel of Retailing）”理论

零售创新者通常先以低成本、低毛利、低价格的形态出现并取得成功，因而引起众多企业效法，促使竞争加剧，企业需要增加经营品质更好的商品，以及提供承诺退货退款、送货上门等附加服务，随之商品价位上升。新的创新者则以成本更低的经营形态出现，一种新型低价零售形态又进入低端市场。这就是“零售轮转”。

二、差异化战略

差异化战略是连锁企业可以选择的第二种基本战略。差异化战略是指在一定的行业范围内，企业向顾客提供的产品或服务与其他竞争者相比独具特色，使企业建立起独特的竞争优势。对于连锁企业而言，就是在差异化战略指导下，力求就顾客广泛重视的一些方面在行业中独树一帜，并选择一种独特的地位来满足顾客的需要，企业将因其所拥有的独特地位而获得溢价的报酬。差异化战略并不是说企业可以忽略成本因素，只不过这时的战略目标不是低成本而已。

（一）差异化战略的实施条件

一个企业要想成功地实施差异化战略，必须具备以下条件：
(1) 具有很强的研究开发能力。
(2) 具有商品质量、技术或服务领先的声望。
(3) 在这一行业具有悠久的历史。
(4) 具有很强的市场营销能力。
(5) 各个部门之间有很好的协调性。
(6) 具备吸引优秀人才的物质条件。

（二）实施差异化战略的益处

连锁企业可以通过差异化战略获得稳固的竞争地位，从而获得高于行业平均水平的收益。实施差异化战略的益处主要表现在以下几个方面：

(1) 建立起顾客对产品或服务的认识和信赖，降低顾客对产品或服务价格发生变化时的敏感性。

（2）顾客对商标的信赖和忠诚形成了强有力的行业进入壁垒。

（3）差异化战略产生的高边际收益增强了企业对供应商讨价还价的能力。

（4）使得顾客缺乏与之比较的产品选择，降低了顾客讨价还价的能力。

（5）有助于建立起顾客对本产品的信赖，使得替代品很难在性能上与之竞争。

（三）实施差异化战略的风险

对于连锁企业而言，实行差异化战略同样存在着风险。其风险表现如下：

（1）连锁企业服务成本有可能较高。

（2）顾客会变得更加精明，他们会降低对产品或服务差异化的要求。

（3）竞争对手的模仿缩小了顾客感觉到的产品差异，这是随着行业成熟而发生的一种普遍现象。

（四）实施差异化战略的具体措施

一个连锁企业要想成功形成自己的差异化优势，可以从不同方面塑造自己的差异化形象，例如：与众不同的商品组合、别具一格的购物体验、胜人一筹的服务方式。

三、目标集聚战略

目标集聚战略是连锁企业可以选择的第三种基本竞争战略。与总成本领先战略和差异化战略所不同的是，目标集聚战略不是在整个行业范围内取得竞争优势，而是围绕行业中某个或某组特定目标市场开展战略经营活动。它要求连锁企业着眼于行业中一个狭小空间来做出选择，为这一狭小空间市场顾客"量体裁衣"并开展服务。其战略逻辑是：企业比竞争对手更能有效地为较窄范围的目标顾客群服务。在总体行业市场上，目标集聚战略也许不能取得成本领先或差异化优势，但它却能在较窄的市场范围内取得成本方面或差异化方面的竞争优势。

（一）实施目标集聚战略的益处

实施目标集聚战略的益处主要表现在以下几个方面：

（1）便于企业集中精力更好地服务于某一特定目标。

（2）能够使企业更好地"知己知彼"。

（3）战略目标集中明确，经济成果易于评价，战略管理过程易于控制，从而带来管理上的简便。

（二）实施目标集聚战略的风险

实施目标集聚战略的风险主要体现在：

（1）由于企业将全部精力和资源集中于某一特定市场，当顾客偏好发生变化或替代品出现时，企业就会受到冲击和威胁。

（2）当竞争者打入企业选定的市场，并采取优于企业的服务方式时，企业面临的风险非常高。

（3）当市场销量减少，生产成本增加时，企业集聚战略优势削弱，甚至难以为继。

综上所述，三种竞争战略各有各的益处和风险，各有各的适应环境。企业应当根据自身条件和外部环境的形势来选择符合自身情况的竞争战略。在企业选择竞争战略时，最忌讳的一种情况就是在这三种战略之间摇摆不定，这样会使企业陷入困境之中。

案例分析 3—1

基于 SWOT 分析　看中小型连锁超市的战略选择

一、我国中小型连锁超市优势分析

（一）本土文化优势

我国中小型连锁超市诞生于地方，有着多年的地方零售运作经验，对当地消费者的价值观念、购买心理、购买行为、购买习惯等消费文化与地方文化非常熟悉，非常清楚地知道当地消费者需要什么、不需要什么，对相关商品的供应商情况非常熟悉，信息成本低。

（二）政策优势

在处理与银行、政府等相关行业部门的关系时，我国中小型连锁超市得心应手，因此在获取其支持时相对来说要容易得多。不仅如此，它们还受到地方政府的商业规划及相关政策的保护，当然这种保护是有限度的。

（三）网点与地段优势

在近几年的"圈地运动"中，我国中小型连锁超市没有错过"天时、地利、人和"的机会，销售网点遍布当地的二、三级市场，甚至是一个城市有多个网点，店铺地理位置优越，好的店址几乎被我国中小型连锁超市瓜分。这些黄金地段的黄金位置上的店铺对后来进入的大型连锁超市或国际零售商来说，则是要付出高昂的租金成本的。

（四）忠诚顾客群优势

我国中小型连锁超市在零售经营过程中，通过数年的积累，已经具备了较高的知名度与顾客认同，培养了一大批忠诚顾客群，实行会员制的连锁超市更是与顾客建立了良好的客情关系。

（五）后发优势

虽然我国中小型连锁超市在超市运作经验与管理技术等诸多方面具有劣势，但它们能够就近向外资连锁超市学习先进的管理技术和手段，学习物流管理、计算机信息管理等现成的管理模式，跨越外资连锁超市所走过的漫长的道路而直接进入发展现代零售业的高级阶段。"师夷长技以制夷"，善于模仿的、聪明的中国人通过学习，在提升了竞争力后，必将发挥出其后发制人的优势。

二、我国中小型连锁超市劣势分析

（一）资金实力不够

由于母公司缺乏较强的资金实力，自有资金少，运转资金主要来自贷款和其他借入资金，故我国中小型超市的连锁经营在连锁过程中主要源于政府的推动，大部分分店依靠租赁、开发和改造网点而形成，而无法实现收购，连锁处于自由连锁状态。

（二）战略策划能力有欠缺

我国大部分中小型连锁超市都是由原来的百货店、食品店、杂货店、粮油店转化过来，很多连锁店的管理者经营理念比较落后，还处于等客上门的产品推销阶段，他们没有明确的细分目标市场，不主动去了解顾客的真实需求和欲望，对企业的发展方向缺乏把握。

（三）经营商品缺乏特色

目前我国大部分连锁超市仍然是日用百货店（或杂货店）的形式，其商品结构与其他业态形式差别很小，各连锁超市之间商品雷同，商品结构不合理，经营特色不突出。

（四）信息管理与数据分析落后

我国连锁超市的信息管理系统（POS 前台收款系统、DOS 电子订货系统、EDI 电子数据交换系统、VAN 增值网络系统）还没有完全实现联网，导致连锁店铺不能及时地采购和补货，供销脱节。深度数据分析的数据挖掘技术更是无法提上议事日程。

（五）物流配送发展滞后

我国连锁超市业发展中最突出的障碍是物流配送。由于物流配送技术整体的差距与发展滞后，第三方物流还没有在全国范围内形成气候，我国中小型连锁超市已有的配送中心规模普遍较小，布局普及或者技术还没有完全掌握或者使用不够，很多收银机仍是傻瓜机，操作时会产生人工误差，连锁店铺无法与总部和配送中心进行分散，信息技术不发达，总部、分店和配送中心之间难以及时进行信息反馈和商品的配送、调剂，经常出现供货、配货不及时现象，影响连锁店的正常经营。

（六）人才缺乏

我国中小型连锁超市在快速发展过程中的最大难题是经营管理人才的缺乏问题，尤其是缺乏知识全面、能独当一面的店长。很多连锁超市往往因为缺乏店长而不得不放缓发展步伐。

三、我国中小型连锁超市机会分析

（一）城市商业从中心区域向社区与城市边缘扩散

近几年来，随着城市规模的扩大，城市商业中心正在悄悄地发生改变，消费者购买商品不再集中在闹市区购买，消费者需要更多的便利，因而在一些并不起眼的居民区和一些交通便利的郊区，中小型连锁超市生意十分红火。

（二）消费需求对商业细分化提出更高要求

消费需求的多样化要求商业功能、商品经营品种和商业服务形式更加细分化、丰富化、多元化。以沃尔玛、家乐福和麦德龙为代表的外资超市，在我国主要是以销售日用品为主的大型综合超市和大型仓储式超市，在其他超市形式上的竞争还未展开，特别是专业连锁超市发展前景看好。

（三）中小城市与乡镇市场空间大

中国超过 60%的人口分布在农村地区，从这个意义上说，只有占领了农村市场才是真正占领了中国市场，而且农民购买力的提高是一个必然趋势，农村市场的潜力是无限的。

（四）外资超市的涌入为我国中小型连锁超市提供了学习机会

我国中小型连锁超市可以面对面地向外资超市学习其先进的管理技术，信息技术，物流技术，成熟的管理经验，规范的运作模式，先进的经营理念和系统的人才选拔与培养模式等。

四、我国中小型连锁超市威胁分析

（一）竞争压力加大，处于夹击之中

从 2004 年 12 月 11 日起，外资超市业不再受股权、数量、地域限制，投资比例可以进一步扩大，甚至可以进入农村市场。外资连锁超市以其雄厚的资本实力、强大的技术支持、成熟的管理经验、规范的运作管理、先进的经营理念和优秀的人才对我国中小型连锁超市形成了巨大的冲击。

（二）利润减少，在传统市场领域生存与发展艰难

外资超市与我国大型超市具有规模采购优势，商品进价低，加之其连锁店铺多，营运成本相对较低，故其价格具有优势，单品利润空间较大，商品价格战的承受能力较强。我国中小型连锁超市在与它们面对面的市场争夺战中，特别是价格战中处于劣势。

（三）可能面临被收购的局面

外资超市要在中国市场上取得较好的市场地位，实施扩张战略成为必要。外资超市企业下一阶段最有效的扩张办法将是大规模兼并、收购内资零售企业，这可以帮助它们获得既得的商业网点，节省了解当地消费习惯和进入市场的时间，节约资金，并充分利用当地政府资源等。

五、我国中小型连锁超市战略发展方向

通过对我国中小型连锁超市的SWOT分析，笔者认为，在将来的发展方向上，我国中小型连锁超市有四条道路可供选择：

(1) 组建大型连锁超市，走“大而强”之路。

(2) 发展社区超市或便利超市，走“方便”之路。

(3) 发展专业化连锁超市，走“专业”之路。

(4) 开拓农村市场，走“延伸”之路。

试分析：

1. 文中的优势、劣势、机遇、挑战的分析哪些还存在？哪些发生了较大的变化？
2. 结合你熟悉的企业，对其开设的新连锁分店进行SWOT分析。

第六节 连锁企业战略实施与控制

当连锁企业制定了自身的发展和竞争战略后，就要付诸实施，这样才能够实现企业的战略目标。当然，由于在实施战略的过程中，企业的外部环境和内部条件都在不断地变化，因此需要对整个战略实施过程进行监督控制，以便进行必要的信息反馈和调整。

一、战略实施

实践证明，战略实施并不是轻而易举的，战略实施较之战略分析和战略选择来说，涉及面可能更广，面临的问题也可能更多。

（一）战略实施涉及的因素

战略实施涉及的因素很多，只有当战略实施的各种因素相互匹配时，战略实施才会成功。这就意味着，为实现战略目标，成功的管理者必须取得战略与其内部因素之间的匹配，这些因素越是相互适应和匹配，则战略实施越有效。

根据麦肯锡公司的研究，战略实施与6个重要因素密切相关，由此构建了著名的“麦肯锡7S模型”，如图3—10所示。卓越的企业非常重视这7个管理因素的协调，即战略（Strategy）、结构（Structure）、制度（System）、作风（Style）、人员（Staff）、技能（Skill）和共同价值观（Shared Value）。将上述“7S”因素在组织中相互结合，形成一个互补互助的管理体系，才能够保证战略顺利实施。

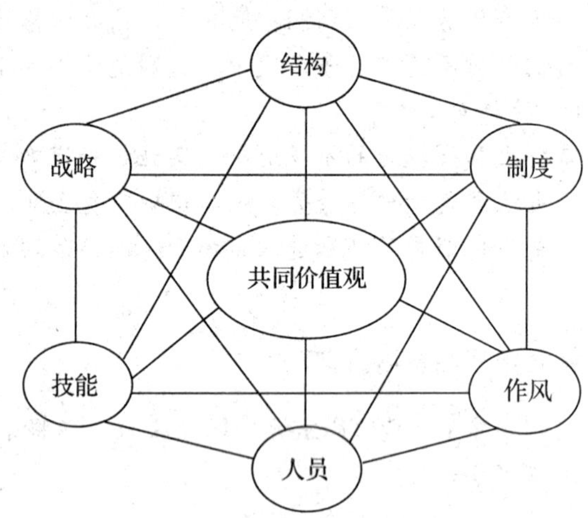

图3—10 麦肯锡7S模型

注：（1）战略：企业为取得竞争优势的长远发展筹划。
（2）结构：组织结构。
（3）制度：规定的制度和例行程序，如会议方式、业务流程、财务预算系统等。
（4）作风：主要领导人为实现组织目标所采用的方法、技巧，以及企业的传统作风。
（5）人员：企业内部人员的分工与安排，尤其是重要员工的分工与安排。
（6）技能：主要人员或整个企业的独特能力。
（7）共同价值观：企业长期形成的经营宗旨、经营哲学等。

（二）战略实施的内容

1. 建立完成战略计划的组织结构

根据企业战略的要求，建立与之相适应的组织结构，并通过合理分工来执行与战略要求相一致的各种短期计划。

2. 围绕战略目标有重点地配置资源

按照战略的要求，进行合理的资源分配，使企业将有限的资源集中用于战略实施上。为此要搞好部门战略项目规划及预算。

3. 创造良好的战略实施环境

战略的实施必须具有良好的实施环境，只有这样才能保证战略的顺利实施。为此应当建立和调整企业文化，与战略要求相适应，从而保证战略能在和谐有序的内部气氛中得到彻底贯彻。同时也倡导追求卓越的精神，并要保证薪酬制度与战略业绩紧密结合。

4. 设置战略管理支持系统

制定有助于战略实施的政策和程序，建立战略信息报告系统，以及完善内部控制机制，以保证战略方向不偏离预定目标。

5. 发挥战略实施领导作用

在战略实施的过程中，企业领导要发挥重要的领导作用，坚定不移地推动战略的实施，同时要协调内部各类关系，挖掘员工的潜力。

二、战略控制

(一) 战略控制的含义

战略控制是指企业根据战略决策的目标对战略实施的过程进行的控制，它是监督战略实施过程，及时纠正偏差，确保战略有效实施，使战略实施结果基本符合预期计划的必要手段。之所以要进行战略控制，主要是由于内外部环境在不断变化，致使原有的战略不太符合实际；或是由于企业战略本身有缺陷或比较笼统，在实施过程中难以贯彻，偏离了战略计划预期目标；或是在战略实施过程中，受企业内部某些主客观因素变化的影响，偏离了战略计划预期目标。

(二) 战略控制的程序

1. 制定控制的定量和定性标准

控制标准是企业进行战略控制的关键项目，这类项目需要采用定量和定性相结合的方式，体现出企业一定的期望。

2. 测量执行过程中的实际效果

实际效果是企业在执行战略过程中实际达到的水平。企业一般通过信息渠道把各种战略目标执行情况汇集起来进行整理。为了确切衡量实际效果，企业必须制定具体的衡量方法以及衡量范围。

3. 比较控制标准和实际效果的差异

由于企业本身是一个开放、动态的系统，企业内部条件和外部环境因素是不断在变化的，因此也就有可能导致实际的结果与预期目标之间出现差异。为此就必须将实际效果与控制标准进行对比，确认两者之间的差异程度。对于其中差异度大的，尤其是影响到战略总目标的差异，要分析差异出现的真实原因。

4. 判断差异情况，采取纠正措施或维持现状

企业将实际结果与控制标准进行比较，可能出现三种情况：

(1) 实际效果达到或超过控制标准，但在合理范围内，属于正偏差或强弱偏差，反映了企业战略执行正常，企业则可按原计划继续执行。

(2) 实际效果尚未达到控制标准，但仍在合理范围内，属于弱负偏差，如果判断是具体战略计划执行中出现的问题，则一般采取战术纠正措施，以确保战略目标的顺利实现。

(3) 实际效果如果偏离控制标准较大，应判断是外部环境引起的还是原先制定的战略目标不当，对具体情况进行综合分析，必要时采取战略纠正措施，或调整目前的战略目标。

三、战略检讨和调整

连锁企业应建立战略检讨和调整机制，这包括定期的和临时的两种情形。定期的战略检讨和调整依据连锁企业战略的策划周期而定，临时的战略检讨和调整是在连锁企业的内外部经营环境发生较大变化时，对变化进行评估，确定对战略的调整。

连锁企业战略检讨和调整可以参考图 3—11 进行，即通过对连锁企业概况分析、外部

环境分析、内部环境分析、战略制定等步骤实施战略调整和管理。

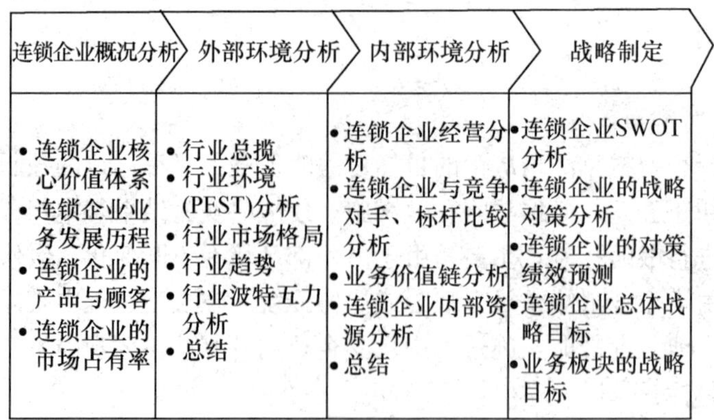

图 3—11　连锁企业战略检讨和调整实施过程

（一）连锁企业概况分析

（1）连锁企业核心价值体系：包括连锁企业的使命、愿景和价值观等。

（2）连锁企业业务发展历程：描述连锁企业的发展历程。

（3）连锁企业的产品与顾客：描述连锁企业的产品和分析顾客要求。

（4）连锁企业的市场占有率：分析连锁企业近几年的市场占有情况。

（二）外部环境分析

（1）行业总揽：分析行业总体情况。

（2）行业环境（PEST）分析：进行经济环境、政策环境、社会环境及技术环境分析。

（3）行业市场格局：分析行业成熟度。

（4）行业趋势：分析行业的未来发展趋势。

（5）行业波特五力分析：分析新进入者、购买者、替代产品、供应商及行业竞争者。

（6）总结：在完成外部环境分析后，总结连锁企业所面临的机会（O）和威胁（T）。

（三）内部环境分析

（1）连锁企业经营分析：分析连锁企业的经营情况，包括连锁企业的资产规模、主营业务收入等财务指标。

（2）连锁企业与竞争对手、标杆比较分析：分析和比较竞争对手和标杆的净资产、净利润等主要财务指标。

（3）业务价值链分析：分析连锁企业的业务价值链情况。

（4）连锁企业内部资源分析：分析连锁企业内部的资源情况，包括连锁企业的财务资源、人力资源及其他资源等。

（5）总结：完成内部环境分析后，总结内部环境分析的结果，包括连锁企业的优势（S）和劣势（W）。

（四）战略制定

（1）连锁企业 SWOT 分析：对根据前面的外部环境分析得出的连锁企业所面临的机会

(O) 和威胁 (T)，以及内部环境分析得出的连锁企业的优势 (S) 和劣势 (W) 进行汇总分析。

(2) 连锁企业的战略对策分析：通过上面的 SWOT 汇总分析完成后所得出的结论，确定连锁企业的战略对策，并进行对策分析。

(3) 连锁企业的对策绩效预测：根据连锁企业所确定的战略对策进行绩效预测。

(4) 连锁企业总体战略目标：确定连锁企业的总体和长、短期战略目标。

(5) 业务板块的战略目标：基于连锁企业的总体战略目标确定连锁企业各业务板块的战略目标。

本章小结

本章主要介绍了企业战略、企业战略管理等基本知识，连锁开展企业战略管理的过程，三种重要的竞争战略理论，以及战略分析、战略评价等基本方法。主要知识点包括：连锁企业宏观环境分析、行业环境分析、企业内部条件分析、内外部环境的综合分析；连锁企业使命与战略目标的确定；连锁企业的增长战略与收缩战略；企业战略的评价与选择；企业战略的实施与控制。

关键术语

战略　企业战略　企业战略管理　增长战略　收缩战略　成本领先战略　差异化战略　目标集聚战略　波士顿矩阵分析法　GE 矩阵法

复习与思考

1. 连锁企业战略管理包括哪些步骤？
2. 连锁企业战略分析主要分析哪些内容？有哪些方法？
3. 连锁企业增长战略包括哪些具体战略？
4. 连锁企业收缩战略包括哪些具体战略？
5. 总成本领先战略有哪些益处与风险？
6. 差异化战略有哪些益处与风险？
7. 目标集聚战略有哪些益处与风险？
8. 连锁企业战略实施的具体内容有哪些？
9. 阐述战略控制的程序。

训练项目

阅读下面的背景资料，并回答问题。

单体酒店如何在夹缝中求生

一位业内人士曾用“哑铃”来形容国内酒店业的发展态势：哑铃的一端是洋品牌主导下的高档酒店，另一端则是近年来跑马圈地、风头正盛的经济型连锁酒店，而最为“单薄”的中间，是占据了酒店市场将近半壁江山的中档单体酒店。

作为最为传统的酒店形式，单体酒店一直以单独、分散的形态存在于各个城市和地区，它们不属于任何酒店集团，也不以任何形式加入任何联盟。其中，尤以中档（三星酒店为主，包含少量四星）单体酒店数量最多。相对于连锁酒店的集团化和连锁化，单体酒店在采购成本、人员培训、配送中心、全球网络以及客房预订等多方面都没有竞争优势。在“哑铃”两端的双重夹击下，单体酒店的处境日益艰难和尴尬。它们如何在夹缝中逆境求生呢？

焦点一：如何让酒店产品差异化？

问题：与连锁酒店集团拥有强势品牌、管理技术、人才库、知识库等相比，单体酒店往往品牌力较弱，多依赖于经验管理，且人才流失严重，管理技术创新不足，表现在产品上，就是单体酒店的产品和服务较弱，对客户缺乏吸引力，很难与连锁酒店相抗衡。

支招：单体酒店必须对自身的产品线有足够的认识和规划，要更有针对性地面向本地消费群体；加大销售团队力量，扩展当地客户的占有量，通过灵活的营销策略，赢得当地消费群体的认可。

焦点二：如何实现“抱团取暖”？

问题：面临两端市场的威胁，单体酒店是继续单打独斗还是依托一定的联盟“抱团取暖”，抑或被连锁品牌酒店所收购？这些对于单体酒店经营者而言，都是一个需要考虑清楚的问题。

支招：单体酒店想要突围，依托一定的联盟“抱团取暖”才是真正出路，而加入品牌联盟和连锁经营是单体酒店比较容易采取的办法；联盟酒店间只有真正实现“资源共享、客源互通”，单体酒店才能在不丧失自主经营权的同时，获取实际意义上的客源。

焦点三：如何摆脱高成本困境？

问题：星级酒店须配备与其星级标准相符的客房、前台、餐饮、商务、娱乐、停车场等场所及配套设施，其投入运营的成本费用较经济型酒店要高很多。单体酒店在采购成本、规模效应方面并不占优势，因此，如何利用技术手段降低成本、提升效率是非常考验单体酒店的成本控制与科学管理功力的。

支招：降低成本是酒店管理的关键所在，这就要求酒店对员工进行培训教育，提高其服务意识，并制定科学有效的管理制度；从细微处入手，控制好餐饮和客房成本，堵住更多的管理漏洞，实现利润最大化；加入酒店联盟，通过集中采购降低运营成本。

“抱团”才能守住蛋糕

在过去的七八年间，国内酒店市场的战火主要集中在高端豪华酒店与经济型酒店领域。在高档领域，酒店集团品牌有近 30 个，比如香格里拉、洲际、喜来登、希尔顿等；而覆盖低端的经济型酒店则有如家、7 天、汉庭、锦江之星、格林豪泰等品牌。

相比之下，中档连锁酒店市场还存在着不小的市场空白，除了现有的星程、维也纳、假日快捷等少数几家之外，尚缺乏有影响力、覆盖面广的连锁品牌。

国内的这一状态与美国的情况大相径庭。20 世纪四五十年代，美国酒店业以单体酒店为主，直至 20 世纪 80 年代末，大量单体中低端酒店经整合后开始结盟。如今，美国 80%的中端酒店集中在少数酒店集团品牌旗下，单体酒店基本上丧失了生存空间。

国内中档单体酒店也将会走这样一条类似的道路。从目前的市场情况来看，经济和豪华两端的酒店市场已经完成了品牌化、连锁化的转变，使得广大的单体三、四星级酒店备受压力，而在消费者层面，他们对住宿要求也有着越来越高的需求趋势。

华美酒店顾问机构首席管理专家赵焕焱对此更是笃定。他认为，在市场压力下，数量众多的单体酒店将会向中档经济型酒店演变，而加入品牌联盟和实现连锁经营是单体酒店比较容易寻求到的生路之一。

来自业界的可靠消息称，除星程外，多家具有外国背景的跨国酒店管理机构正有意加大力度推进中档酒店的扩张步伐。“中档酒店市场的品牌化、连锁化尚处于起步阶段，以规模率先破百的星程为代表，正试图提速拓展疆域，以此保持行业领跑地位。未来 1～2 年将是中档市场格局成型的关键时期。”酒店业业内人士如是分析。

不难预见，随着酒店业品牌化进程逐步转移至中档酒店市场这块“最后的蛋糕”上，广大的单体酒店如何尽快寻找到适合自己的“组织”，抱团求生将是其未来考虑的重点。

资料来源：李娟：《单体酒店如何在夹缝中求生》，载《中国经营报》，2011-09-17。

问题：

结合上面的资料，选择你身边的一家单体经营酒店，分析其经营的优势和劣势，试为其发展提出建议。

第四章

连锁分店选址

学习目标

1. 了解连锁分店选址的基本规律和条件。
2. 熟悉商圈的基本概念及商圈设定的方法。
3. 掌握连锁分店选址的调查与分析的方法。

案例导入

如今，肯德基在中国已有超过 4 800 家门店，而麦当劳的门店虽然稍逊一筹，也超过了 2 000 家。这对看似竞争的“冤家”，市场表现无论是好还是坏，总被人们同时提及，就好像你会经常发现，一条街上，一个麦当劳旁边必定有一个肯德基。这只是一个偶然的现象吗？背后有着怎样的商业逻辑？

看似竞争销量却不低，这里面的理论是一种商圈理论。麦当劳、肯德基、汉堡王如果开在同一条街上，就会构成一个小型的快餐商圈。

大众往往对于“哪里有吃的”这个问题较为敏感，而对于“哪里有麦当劳或肯德基”这个问题就没有那么上心了。而这三家共生的小的商圈恰好会给大众一个印象：“我们这里卖吃的，而且有很多家卖吃的！”

于是大众在想要吃饭的时候，第一时间就会想到那条街，想到那条街上有好几家店。

这不但不会使彼此产生竞争，使对手销量降低，反而会使二者的销量多于各自开店的销量。麦当劳和肯德基总开在一起，首先源于它们对于商圈划分的“英雄所见略同”。

第一节　连锁分店选址条件

一、连锁分店选址的城市商业条件

选址首先应从大处着眼，把握城市商业条件，包括下述方面。

（一）城市类型

从城市的地形、气候等自然条件，到行政、经济、历史、文化等社会条件，来判断该城市是工业城市还是商业城市，是中心城市还是卫星城市，是历史城市还是新兴城市，这些条件均影响连锁分店的规模和特色。

（二）市政设施

学校、图书馆、医院、公园、体育馆、旅游设施、政府机关等公共设施能起到吸引消费者的作用。因此，了解城市设施的种类、数目、规模、分布状况等，对连锁分店选址是很有意义的。

（三）交通条件

在城市条件中，对店铺选址影响最直接的因素是交通条件，包括城市区域间的交通条件、区域内的交通条件等。

（四）城市规划

城市规划，如街道开发计划、道路拓宽计划、高速公路建设计划、区域开发规划等，都会对未来商业产生巨大的影响，应该及时捕捉、准确把握其发展动态。

（五）消费者因素

要考虑的消费者因素包括人口、户数、收入水平、消费水平及消费习俗等。

二、连锁分店的区域选择

不同的业态、不同的分店规模、不同目标的市场定位，应选择不同的商业区。

（一）市级商业区

城市商业中心区域的顾客流动较大，旅游观光顾客占一定比例，不适合发展规模较大、网点较密的超级市场，可建立适合于流动性顾客和旅游观光者需求的购物中心、百货店、特色专卖店等。

（二）区级商业区

城市中的地区性商业中心是常住居民的汇集地，适合发展大、中型超级市场。大型城市的区级商业区则可考虑发展百货店或街区性购物中心。

（三）街道商业区

沿某条街道而形成的小型商业中心靠近居民区，租金便宜，适合发展超市。

（四）居民区

在纯粹的居民区附近通常没有商业区或商店，可以独立地设立大、中、小各种规模的超市，超市规模应依据居民区购买力情况而定。大型的居民社区如果居住的人口众多，也可以开设百货店。

（五）购物中心

购物中心是聚集各种零售业态的场所，聚客力较强，一般设置一至两家大中型超级市场。

卖场面积及结构完全标准化的店铺往往难以找到，所以可以同时设定几种业态模式，作为选址的基本依据。

课堂讨论： 你会经常舍近求远到非邻近的商场购物吗？为什么要“舍近求远”？

案例分析 4—1

连锁药店选址术

一、选址决策要谨慎

大家都知道，零售企业在价值链中的核心因素是地点，经营者能否成功很大程度上取决于店铺店址的选择。在选择连锁分店时，店址的选定与消费者状况、地域性因素密切相关。

(1) 店址选定后，就会有大笔资金投入分店开发，如等开张后再更改店址，则成本极高。

(2) 分店经营的效益受所在地市场状况的影响，很多别的方面的优势并不能弥补选址失误对企业造成的影响。

(3) 店址的选择要有前瞻性，要对所在地的发展前景做出评估，要密切注意环境的变化，特别留心城市建设的发展会带来什么样的变化。例如一家药业连锁企业在大连市某街道刚开设分店还不到 4 个月，就接到该街道要改造的通知，人员、装修等费用的损失之大可想而知。

二、分店的立地条件受制于业态

不同的业态有着不同的立地条件。连锁药店的立地条件为便利，且应与超市、购物中心等业态融为一体，要互相协调，形成互补、互用。可以想象，在一条五金店铺林立的街道上开设一家药店，效益会怎样。

三、注意大环境的变化及位置潜力

与其选择现在被各商家看好的药店位置，不如选择不久的将来会由冷变热、而目前尚未被看好的店铺位置。这样的店铺位置费用低，潜在的商业价值大。因此，应特别留意城市建设、政府政策等会带来什么样的变化。

四、开店方位有讲究

方位是指药店正门的朝向，这与当地气候有关，并受到风向、日照程度、日照时间等因素的影响。在南方城市，面向西的药店会有日晒，在夏季若无空调，会因炎热而不利于顾客进店购物，而安装空调无疑又增添了开支，唯有在店外设立拱廊建筑或遮阳篷布，改善店内通风条件，才能减少不利影响。在北方城市，面向西北的药店较容易受到寒风的侵袭，也不利于顾客进店购药。这些因素都会给药店经营带来很大影响，在选择药店地理位置时要充分注意。

五、拐角的位置较理想

拐角是指位于两条街道的交叉处，设店于此可以产生“拐角效应”。拐角效应的优点是：可以增大橱窗陈列的面积，两条街道的往来人群会聚于此，有较多的过路行人光顾；可以通过两个以上的入口缓和人流的拥挤。但由于药店面临两条街，选定哪一面作为药店的正门则成为十分重要的问题。一般的做法是：选择交通流量大的一面作为药店的正门，即店面；交通流量小的一面则作为侧门。

六、三岔路口是个好位置

药店设在三岔路的正面，店面十分显眼，同样被认为是十分合理的药店位置。处在这一位置的药店应注意尽量发挥自己的长处，对药店正面入口处的装潢、店名招牌、广告招牌、展示橱窗等要精心设计。抓住顾客的消费心理，将过往的行人吸引到药店中来。

七、应慎选的店面位置

店面位置处于以下情况应慎选：店面前的地面与路面不平，店面处在斜坡上，门前有障碍物（例如树木、立交桥、广告牌等），处在快车道旁，店面光线暗淡，地势偏低等。

八、三角形店址选择法

但凡是连锁企业，开设分店很少有不提及三角形店址选择法的。开设连锁药店当然也不例外。所谓三角形店址选择法，是指在一个地区开设三家分店并按三角形结构进行布局。此种开设方法首先要测量该地区商圈的范围（可以是一个，也可以是多个，如果是一个商圈，范围必须足够大，消费潜力及能力也足够大，有开三家连锁药店的价值。如果是多个小商圈，各个商圈之间要求相距不能太远，这样可以彼此接应），然后确定店址。

连锁药店选址是个操作性、经验性与科学性都极强的工作，具体实施时需要科学地分析，并且需要大胆决策。

资料来源：马玉国：《连锁药店选址术》，载《中国药店》，2002（11）。

试分析：

1. 文中就连锁药店选址提到了哪些环境因素？
2. 连锁药店选址与其他业态如便利店相比，有哪些特殊的地方？

案例分析 4—2

扣对第一颗纽扣：服装店铺选址秘籍

正确选择服装店铺地址的重要性，就像早上起床穿衬衫时必须系对第一颗纽扣一样，否则，下面的纽扣无论系得如何认真、准确，整件衬衫的纽扣仍然都是错位的。

服装店铺的成功经营涉及多种要素，这些要素环环相扣，缺一不可。但在其中最重要也是首当其冲的是选址。如果这个首要环节做得不好，即使在后续各方面做得非常好，也很难达到目标销售业绩。

选址的准确可以有效地帮助企业经营获得成功。当然，选址需要掌握一些技巧。

秘籍一：你的“心上人”在哪里？

通常情况下，服装店铺在选址的过程中，经营者总希望找人流集中的地方，认为人流量越大越好，甚至有些人看租金，认为租金越贵店铺就越好。其实这些认识都是比较片面、笼统的，找店铺仅仅看地段和租金很有可能把你带入一个陷阱：租金贵、成本高、客流量大，但就是进店率低、成交率低、利润低。这“三低一高”现象就会明显使你“入不敷出”。

因此，人流量固然重要，但更重要的是，该地段的人流量是不是所经营服装品牌的有效人流量，即目标消费群聚集的地方。服装品牌的定位是有着一定区域范围的，依据顾客的年龄、职业、社会角色、经济收入、文化背景等要素，区分目标消费群。例如，休闲风格、低价位的品牌一般适合学生和刚参加工作且收入不高的群体等，而时装风格、高价位的品牌一般适合参加工作时间长、收入较高的群体，这两部分顾客的服装选购场所也自然形成了差异。

要把选择店址当作选“心上人”一样，不但要用心，还要采用一些技巧，即选址中专业的“人流活动路线”测算工具。带上秒表、笔、笔记本以及具备洞察能力的“火眼金睛”，站在你要选择的店铺前，如实地记录过往的人流、车流、通过的时间、目标消费群的数量、竞争品牌的进店率等数据，最后进行汇总分析，用科学的数据帮助你做出决策，从而有效地避免选址上的感性与冲动，避免经营中的“致命陷阱”。

秘籍二：考量店铺的外观形象

店铺的外观就像人的脸面，是给顾客基本印象并让顾客决定要不要进入店铺的重要因素。

首先，店铺的建筑外观，包括门头尺寸、橱窗尺寸、门口尺寸等。如果服装店铺门头和橱窗狭小、污损、混乱，建筑外观也破损不堪，不能与所销售的服装品牌定位相吻合，那么大多数顾客也不会进入该店铺，因为这样外观的店铺直接给了顾客不可靠和不安全的信号。

其次，橱窗属于服装店铺中的“脸面”，在给顾客的外部感觉中起着非常重要的作用。很多著名的服装品牌均在橱窗上“化妆”，着力在这张“脸面”上传达个性特色与品牌内涵，从而吸引顾客的眼球，并激发顾客的购物兴趣。国际服装品牌 PRADA 的橱窗经常展现的就是其品牌目标消费群的典型生活方式，并通过情景方式“活灵活现”地传达出来。

因此，综合来看，在店铺选址中，店铺的外观形象也是非常重要的考量要素，即店铺的门头尺寸、橱窗尺寸、门口尺寸应尽量宽敞，容易展示品牌 LOGO 和展现品牌文化，店铺的建筑色彩与外观造型也要尽量与本品牌的定位和主流风格相吻合。

秘籍三：留意店铺的周边环境

人脸上的“斑点”与“瑕疵”自然会影响给他人的印象，而店铺的“斑点”同样也会影响顾客对店铺的判断，从而影响其进入店铺的兴趣。选址的时候，要考虑到店铺的周边环境是否有“斑点”一样的东西，是否影响了顾客的购物情绪。

例如，很多商铺楼上住户存在乱扔杂物的习惯，这样无形中让进出店铺的顾客心存不安。店铺选址时，还要考虑顾客进出店铺的方便程度，如门口台阶是否过高或过低？门口道路是否阻碍顾客的行走？店铺旁边是否有公厕、垃圾桶等不洁气味源？同时也需要分析店铺的地形特点，宜选择不被周边建筑物、广告牌、树木等遮挡的地点建店。

资料来源：郭凤：《扣对第一颗纽扣：服装店铺选址秘籍》，载《中国市场》，2009（21）。

试分析：

你身边的服装店店址情况如何？店址选择的优缺点有哪些？

第二节　商圈与商圈的设定

一、商圈的基本概念

按照我国行业标准《连锁经营术语》（SB/T10456—2008）的定义，商圈（Trading Area）是指以店铺所在地点为中心，沿一定的方向和距离扩展，那些优先来该店消费的顾客所分布的地区范围，即店铺吸引其顾客的地理区域，形成商圈。

商圈的设定就是划定连锁分店商圈的范围，也称商圈的测量，是商圈分析中基础的工作。商圈设定的范围是否适合，直接影响连锁分店的选址。在商圈设定工作中，重点是要确定商圈轴心点，并在此基础上画出商圈半径。

商圈轴心点是店铺所在的位置。店铺位置一旦确定，商圈轴心点就相应地得到了确定。

无论是商业区还是居民区，都需要对商圈轴心点（即店铺地点）环境进行具体描述。因此，目标市场的有效范围以店铺位置为轴心，通过半径准确地画出各层商圈，这个半径就是商圈半径。

商圈包括核心商圈、次级商圈和边缘商圈三部分，如图 4—1 所示。

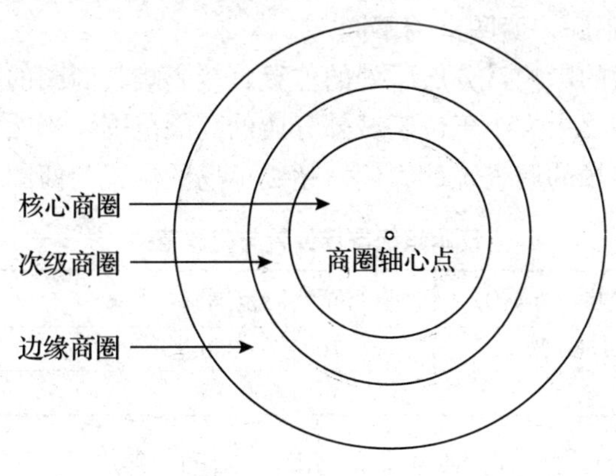

图 4—1　商圈示意图

二、商圈经验设定法

连锁分店由于所处位置、规模、销售方式及对象购物频率的不同，有不同的商圈范围，需要进行具体的分析。

(一) 商圈的习惯划分标准

以店铺位置为轴心，以习惯性的一定距离为半径，划出商圈。国内外企业习惯用的商圈划分标准如表 4—1 所示。

表 4—1　商圈划分标准

商圈层次	交通工具特征	距离（半径）	时间	时速
核心商圈	徒步	600 米	10 分钟	4 千米/小时
次级商圈	自行车	1 300 米	10 分钟	8 千米/小时
边缘商圈	汽车	6 000 米	10 分钟	40 千米/小时

实际商圈的确定可以根据店铺位置的具体情况，对上述划分标准进行具体调整，最终描述出每个商圈的实际范围。

对于地区性商店来说，核心商圈的顾客占 55%～70%；次级商圈的顾客占 15%～25%；其余为边缘商圈的顾客所占比例。对于居民区类店铺来说，常常没有边缘商圈的顾客。对于商业中心区类店铺来说，核心商业圈的顾客较少，次级和边缘商业圈的顾客较多。

(二) 影响商圈大小的因素

1. 业态不同，商圈的范围不同

不同的业态引起商圈的辐射范围区别很大。如超级市场与百货店、购物中心等业态相比，商圈偏小，来店单程时间约为 10 分钟。超市奉行小商圈主义，地处社区或居民区，商圈人口 7 万～12 万；以经营食品为主的超级市场的商圈更小，商圈人口仅为 3.5 万～5 万。相关调查表明，人们对肉、鱼、蔬菜、水果的经常性购物距离不足 2 千米，而服装、化妆品、家具、耐用消费品购物距离为 4 千米～5 千米。连锁店的每个小型商圈又互相连接，形成由点及线、由线到面的销售网络，占领市场的能力还是很强的。

2. 分店所处位置不同，商圈范围不同

受交通条件等因素的影响，分店所处的位置直接影响其商圈的范围。一般来说，位于都市中的分店商圈范围要大大小于位于城郊分店的商圈范围，当然这还要考虑竞争店位置等因素。以日本超级市场的调查统计为例，超级市场的位置与商圈范围如表 4—2 所示。

表 4—2　日本超级市场位置与商圈范围

位置	徒步商圈范围（半径）	自行车商圈范围（半径）	小汽车商圈范围（半径）
市区	300 米～500 米	700 米～800 米	—
郊外	500 米	1 500 米	3 000 米

3. 单店的规模不同、连锁企业知名度不同，商圈范围不同

一般单店的规模越大、连锁企业知名度越高，商圈范围越大；反之则越小。以法国超级市场的调查统计为例，超市规模与商圈范围如表 4—3 所示。

表 4—3　　法国超级市场规模与商圈范围

规模	面积（平方米）	商圈范围
小型超市	120～399	步行 10 分钟之内
中型超市	400～2 499	步行 10 分钟或开车 5 分钟
大型超市	2 500	驱车 20 分钟左右

4. 顾客购物出行方式不同，商圈范围不同

出行方式越现代化、机械化，商圈范围越大；反之则越小。例如表 4—2 所反映的日本情况，郊外超级市场的徒步商圈范围为 500 米，自行车商圈范围为1 500米，而小汽车商圈范围达 3 000 米。

5. 顾客购物频率不同，商圈范围不同

受收入水平及消费习惯的影响，居民购物频率显示出不同的特征，即使是对同一种商品也会出现购物频率的差异。这种差异会影响连锁分店的商圈范围。一般来说，顾客购买的频率越高，商圈范围越小；反之则越大。顾客购买频率与超市商圈范围如表 4—4 所示。

表 4—4　　顾客购买频率与商圈范围（半径）

购买频率 / 商圈位置	每天购买	每周 3 次～4 次	每周 1 次
市区	300 米	500 米	700 米～800 米
郊外	500 米	700 米～800 米	1 500 米

三、商圈的测量方法

西方一些零售业专家对商圈理论进行了长期的研究，总结出一些法则。这些法则对于我们评价店址有着十分重要的意义。

（一）赖利法则

赖利于 1929 年提出的商圈描绘方法被称为零售引力的赖利法则（Reilly's Law of Retail Gravitation)。该法则的目的在于确定两个城市或社区之间的无差异点，进而分别确定商圈。所谓无差异点（Point of Indifference)，是指两个城市（或社区）之间的地理分界点，位于这里的顾客去两个城市（社区）中的任何一个采购都无所谓。根据零售引力的赖利法则，许多顾客都被吸引至大城市或大社区，因为那里商店多，商品种类多，即便路途上花的时间长也值得。

零售引力的赖利法则可以用公式表述如下：

$$D_{ab}=\frac{d}{1+\sqrt{p_b/p_a}}$$

式中：D_{ab}——城市（或社区）a 商圈的范围（以英里计，以与城市（或社区）b 的边界处为基准)；

d——城市（或社区）a 和 b 主要干道之间的距离（以英里计)；

P_a——城市（或社区）a 的人口数量；

P_b——城市（或社区）b的人口数量。

按照这一公式，与10万人口的城市B相比，90万人口的城市A能吸引3倍远处的顾客。如果两座城市相距20英里，城市A的商圈为15英里远处，而城市B则为5英里远处。具体计算如下：

$$D_{AB}=\frac{20}{1+\sqrt{10\,000/90\,000}}=15(\text{英里})$$

$$D_{BA}=\frac{20}{1+\sqrt{90/10}}=5(\text{英里})$$

零售引力的赖利法则的假设前提是：(1) 两个竞争性区域的交通同样便利；(2) 两个城市的商店竞争力相同。其他因素如人口分布状况等或视为不变，或忽略不计。

零售引力的赖利法则对商圈研究具有突出贡献，主要体现在该公式计算方便、简单实用。当其他数据无法收集或收集成本太高时，这一法则尤其适用。将赖利法则与其他方法结合使用，零售企业基本上可以找到最优的商圈。

尽管实用，但零售引力的赖利法则仍存在两个主要缺陷：首先，距离的计算依据是主要干道，没有考虑小马路。实际上，许多人通过穿行小马路可以缩短路途距离。其次，实际距离与顾客心理感受的距离往往并不一致。例如，一家环境舒适的商店和一家服务差、走道拥堵的商店，尽管位置相近，但在顾客心目中，后者必定比前者远。

（二）科亨·阿普波姆法则

科亨·阿普波姆法则的创新性在于两点：一是把两地的销售场地面积作为影响因素之一，舍弃了人口方面的影响因素；二是将两地间的距离换算为小汽车行驶时间，更符合现代社会的特点。科亨·阿普波姆法则的公式是：

$$D_{ab}=\frac{D_a+D_b}{1+\sqrt{p_b/p_a}}$$

式中：D_{ab}——两地到商圈分界点的时间距离（小汽车行驶时间）；

D_a+D_b——两地之间的时间距离（小汽车行驶时间）；

P_a——a地的销售面积；

P_b——b地的销售面积。

（三）赫夫法则

20世纪60年代，赫夫分离出几个与商圈范围相关的变量（赖利只考察了一个变量）。顾客吸引力的赫夫法则（Huff's Law of Shopper Attraction）从不同地区商品的种类、顾客从家庭住所到购物区所花的时间以及不同类型顾客对路途时间不同的重视程度三个方面出发对商圈进行分析。商品种类以商业区各商店某类商品的总销售面积（以平方英尺为单位）来测算。在考察顾客对路途时间的重视程度时，购物类型既包括购买目的（大量采购还是选购），也包括购物内容（家具、服装或杂货等）。

赫夫法则以公式表述为：

$$P_{ij}=\frac{\dfrac{S_j}{T_{ij}{}^{\lambda}}}{\sum\limits_{j=1}^{n}\dfrac{S_j}{T_{ij}{}^{\lambda}}}$$

式中：　P_{ij}——消费者从住所前往商业区的可能性；

S_j——某类商品在商业区内的总营业面积（以平方英尺为单位）；

T_{ij}——消费者从住所到商业区所需花费的时间；

λ 指数——衡量顾客因购物类型不同而对路途时间的重视程度不同，λ 需要通过实际调研或运用计算机程序加以确定；

n——不同商业区的数量。

该法则具体应用举例如下：假设一家百货商店在考虑三个选址位置。在这三个区域，男士香水的总营业面积分别为 20 平方米、30 平方米、50 平方米。潜在顾客群的住所距离这三个区域的路程分别为 7 分钟、10 分钟和 15 分钟。通过调研，顾客对路途时间的重视程度为 2。因此，在区域 1，顾客购买的可能性为 43.9%；在区域 2 为 32.2%；在区域 3 为 23.9%。具体计算如下：

$$P_{i1}=\frac{20/7^2}{20/7^2+30/10^2+50/15^2}=43.9\%$$

$$P_{i2}=\frac{30/10^2}{20/7^2+30/10^2+50/15^2}=32.2\%$$

$$P_{i3}=\frac{50/15^2}{20/7^2+30/10^2+50/15^2}=23.9\%$$

假如有 200 名男士居住在离区域 1 有 7 分钟路程的地方，那么，约 88% 的人会前往该地区购买男士香水。

在应用赫夫法则时应注意：

（1）为完整描述地区 1 的商圈，应分别对距离商店 5 分钟、10 分钟、15 分钟、20 分钟路途的顾客进行同样的分析，并加以汇总。这样才能全面估计区域 1 内各商店的市场规模、商圈范圈及各类商品的核心商圈、次级商圈和边缘商圈。如果在该地区内特定商品种类新增加了零售空间和设施，不同距离处都会有更多的顾客前来选购。

（2）顾客前来选购的可能性很大程度上取决于商品种类。因为商品种类不同，顾客对路途时间的感受也不同。在上例中，如果商品品种多且更重要，如男士西服，那么顾客对路途时间的重视程度便有所下降。此时 λ 取值为 1，结果就会变为区域 1 的顾客购买可能性为 31.1%；区域 2 的顾客购买可能性为 32.6%；区域 3 的顾客购买可能性为 36.3%。由于商品种类不同，区域 3 的吸引力会有较大变化。

（3）绝大多数变量都很难量化，为了制图方便，路途时间应转换为以英里为单位的距离。此外，路途时间也随交通方式的不同而不同。

（4）顾客每次光顾时购买的商品都不完全相同，这意味着商圈处于不断变化之中。

四、问卷调查商圈设定法

在实际运作中，连锁企业可以通过问卷调查的方法来进一步确定商圈。具体步骤如下所述。

（一）顾客调查

顾客调查的主要项目有：住址；来店频率（次/周、次/月）；大型店利用频度；竞争店利用频度。

（二）绘制商圈

将 100～150 份问卷所收集的住址在地图上标示画线，就会使商圈的范围自然展现。

（三）计算商圈内的住户

商圈确认后，利用住户资料算出商圈内户数。

（四）预算销售额

户数乘以每户每月生活费用支出（食品、饮料及日用百货），即为一家连锁分店的店铺预计营业额。

（五）划分商圈层次

商圈的范围一般可按销售额、市场占有率等指标分为三个层次，即：核心商圈的市场占有率在 30% 以上，销售额占本店销售总额的 75%；次级商圈的市场占有率在 10% 以上，销售额占本店销售总额的 25%；边缘商圈的市场占有率在 5% 以上，销售额占本店销售总额的 5%，如表 4—5 所示。

表 4—5　商圈层次划分

商圈层次	市场占有率	占本店销售额
核心商圈	30% 以上	70%
次级商圈	10%～30%	25%
边缘商圈	5%～10%	5%

知识拓展 4—1

商圈咽喉：选址要找集客点

（1）店址所在商圈能否吸引大量人/车流？店址接近或位于大型商业街中心区域、政府机关集中办公地区、休闲娱乐及商业活跃地区等，集客能力就较强。

（2）商圈外部人/车流能否便捷进入？以店址为中心的周边交通网络密集，道路通畅，且附近有大型停车场等，集客能力就较强。

（3）商圈内部人/车流是否能方便到达店址？店址周边住宅或商务楼的人群，从任何角度都能轻松到达连锁店，就如到达一把扇子的轴心部分，那这个位置就是最具集客能力的地方。满足以上三个条件的，就是一个可选择的集客点。

事实上，选择一个好的集客点远非如此简单，在实际工作中还需要做大量的工作。首先要完整地评估不同的商圈，其次要建立一套集客点选址评估方法，最后才能得出结论。

资料来源：徐重九：《商圈咽喉：选址要找集客点》，载《销售与市场》（渠道版），2007（10）。

课堂讨论：在电子商务飞速发展的今天，连锁分店的选址还那么重要吗？选址的因素是否发生了变化？

第三节　商圈调查与分析

一、商圈调查的目的

商圈分析（Business Zone Analysis）是指对商圈的构成情况、特点、范围以及影响商圈规模变化的因素进行实地调查和分析，为选择店址、制定和调整经营方针和策略提供依据。

对拟开设的新的连锁分店而言，进行商圈调查与分析主要是为了达到以下三个目的：

(1) 了解建店的基本条件是否具备。应了解的内容包括：分店是否具备未来性，可持续经营10年以上？是否有足够的集客能力？卖场及停车场是否容易进出？

(2) 确定建店的三要素是否具备。建店的三要素包括：户数、人口数（至少拥有支持一家店的人口数）；道路及交通工具情况，包括可抵达店铺购物的方法；卖场面积大小，以及吸引顾客的能力。

(3) 确定估算的营业额是否准确度高、误差小。

二、调查资料的来源

为了能为连锁分店选址提供准确、有效的依据，对调查资料来源的选择非常重要。市场调查资料的常见来源如表4—6所示。

表4—6　　市场调查资料常见来源

资料类别	资料来源
城市布局、发展规划资料	城市政府或城建管理部门
人口数、户数资料	城市政府、户籍管理部门或居委会
竞争分布图	实地调查、行业协会、工商部门
竞争店销售业绩	实地调查、行业协会、工商部门
商业业态与格局的未来变化	城市政府、行业协会

三、商圈调查与分析的内容

商圈调查与分析具体可从商圈潜力、城市结构与商圈竞争店三方面着手。

(一) 商圈潜力调查与分析

商圈潜力调查，就是调查该地区内消费者生活状态的资料，了解商圈范围内有多少人口、多大的潜在消费额、人们的消费行为习惯等，以确定其发展前景如何。一个连锁分店的生存和发展，依赖于商圈范围内有供其吸收的充足购买力。没有理想的购买力，连锁分店将难以发展。

1. 商圈人口调查与分析

划定商圈后，首先要进行商圈人口调查。一般可以通过户籍管理部门或居委会或城建管理部门得到较为准确的数字。

人口调查一般包括：人口数量、户数、平均每户人口数等人口总量；依行业、教育程度、年龄等进行分类的人口结构情况及结构变化情况。具体调查内容如下：

（1）人口数量，包括常住人口数和流动人口数（以及流动人口的来源及目的）。商圈拥有一定数量的人口是开店的基本条件。

（2）人口密度。了解每平方公里有多少人，占该地区第几位，画出有关图表。

（3）人口职业构成。了解第一、二、三产业各占多大的比例，再按职业细分，用圆形比例图说明。不同的职业通常有不同的消费方式。

（4）家庭规模。了解一共有多少户，平均每户有多少人。家庭规模不同，通常生活方式也不同，如单身打工族集聚地、2～3人的家庭和有老人的家庭，消费需求是不同的。

（5）男女性别比例。

（6）人口年龄比例。了解各占多少百分比，画出比例图。

（7）教育结构，画出消费结构比例图。

（8）小区规模，了解现有住户数以及每年住户增加数。

在商圈人口调查过程中要注意以下三点：一是连锁分店所要求的商圈人口数量依店铺规模、设店地点、行业竞争情况的不同而有所不同，分店的规模越大，要求的人口越多；二是空间障碍因素，例如河流、沟壑会阻止部分顾客；三是竞争店因素，竞争店会瓜分市场占有率。

在商圈人口调查过程中，要注意分析有没有人口增加的潜力，在一个人口逐渐增加的新区开店较易成功，而在一个人口逐渐减少的老区开店较易失败。

2. 商圈客流量调查与分析

除固定商圈内的居民以外，流动的消费者也是分店的重要客户来源。随着交通的便利和生活方式的改变，流动人口的消费比例有所增加。如果所选择的店址交通便利、人员来往频繁，无疑会给分店带来可观的经济收益，所以商圈客流量调查不容忽视。例如：深圳罗湖区吸引香港过境人员购物的人数逐年增加，据不完全统计，平均每天出入罗湖海关的人数达10多万人，节假日超过50万人。位于深圳火车站南端的罗湖商业城日客流量达2万多人，节假日高达7～8万人，顾客中90%是香港同胞，这给罗湖区商业的繁荣创造了得天独厚的条件。

3. 潜在消费额调查与分析

潜在消费额是在对人口调查的基础上，进一步调查消费者的收入水平和消费者的消费水平后测算出来的。收入水平主要是指居民平均收入水平在全国或城市中处于什么水平。由收入水平可以推知消费的可能性，并将每个人或每一家庭的收入与其他地区进行比较，以便作更进一步的分析。消费水平资料是消费地区消费活动的直接指标，也是开店最重要的指标。借此我们可以了解每个人或每一家庭的消费情形，并针对消费内容依商品类别分别预测各种商品的消费额，作为商品结构决策的最重要参考。

一个连锁分店究竟需要多大的潜在消费额，应根据连锁分店规划及利润目标来决定。最低标准是：商圈潜在消费额必须大于连锁分店的规划销售额，并且潜在消费额应剔除连锁分店不经营的商品部分。

4. 顾客消费倾向调查与分析

选址时仅对商圈内人口、收入、支出进行一般分析还不够，要在此基础上具体分析顾客的消费倾向，从而选定连锁经营的目标市场。这主要包括三方面内容：

（1）消费者行为调查与分析，包括：顾客购买的动机与购买习惯；购买的时间与次数；购物地点和去购买时所用的交通工具。

（2）消费意愿调查与分析，包括：了解顾客感兴趣的商品与服务；对未来商店有何期望；希望在该地建何种规模和类型的商店。

（3）耐用品拥有率调查与分析，主要指小汽车、电冰箱、微波炉等的普及率，这些耐用品的普及率可以直接反映出当地居民的消费习惯。

对于消费者购买行动的调查，可以由消费者购买商品时的活动范围、购买某项商品经常到何商店购买入手展开调查，由此可获悉消费者购物活动的范围、消费者选择商品的标准与习惯。

（二）城市结构调查与分析

城市结构调查与分析即对该地区的设施、交通状况、活动空间等环境和将来的发展计划作调查与分析。

1. 地域

对地域与其腹地的大小都要调查了解，此外，对于气候的特殊性也要稍加研究，因为零售商店的经营状况与气候因素有相当的关系。

2. 交通

一般来说，商店的位置以交通要冲之处为较好，因为交通网密布的地方往往是人口集中或流量特别大的地方，自然是开店的理想地点。所以在调查时，对于交通路线与车辆往来班次、载客量都要考虑在内。

3. 繁华地段

繁华地段往往是商店集中之处，所以商家选择繁华地段开店是当然的，但是繁华地段的地价及租金都较高，因此，在投资成本提高的状况下，如何更有效地运用地段的优势，是在繁华地段开店必须要考虑的事项。

4. 各项城市机能

一般商店位置若为行政、经济、文化活动等集结之处，那么便可能充分利用上各项城市机能。对于人口流动究竟是以上下班通勤的人口为主体，还是以购物、社交、娱乐的流入人口为主体，都是调查时应关注的。

5. 城市发展计划

除了城市结构的现状外，城市将来的发展计划如交通网的开发计划、社区发展计划与商业区的建设计划等，对于将来商圈变动有很大的影响，因此也是商圈调查与分析所必须考虑的重点。特别是连锁分店以连锁经营的方式发展，不仅要考虑单店的选址，还要考虑连锁网点的发展。

（三）商圈竞争店调查与分析

对商圈竞争店的调查与分析是商圈调查与分析的重要内容。

1. 商圈竞争店调查

竞争店调查主要立足于商圈范围内，重点是调查那些具有相关竞争性的店型。连锁分店如果做好立项开店前的竞争店调查，就可以做到心中有数、正确决策。这类调查包括以下内容：

（1）综合调查。由公司高级负责人对竞争店的情况进行综合调查，包括选址、用地、店铺构造、商品策略、店铺计划、运营管理等内容。如果调查证明它是一个没有竞争力的店，可不用再进行具体调查。如果调查证明它是一个威胁性很大的竞争店，则必须再深入地进行具体调查。

（2）商品能力调查。商品品质高、结构优是连锁分店成功的重要影响因素，也是竞争店拥有竞争力的法宝。商品能力调查包括两部分：

1）商品综合力调查。由采购员和部门负责人对竞争店每一部门经营商品的品种、占店面积、货源等情况进行调查，以便进行市场定位，或与自己的同类品种进行比较，找出双方的差异，以求改进。

2）A 类商品能力调查。对竞争店中的商品，通过 ABC 分析法找出 A 类商品，进行种类、陈列长度、商品价格、商品数量、商品质量的调查，为分店的定位做参考，或将其结果与分店情况进行比较，并做出必要的调整。

（3）店铺调查。店铺调查包括调查竞争店店址环境、店铺设计及店堂陈列布局等。其中，竞争店店址环境调查主要包括竞争店选址、用地、停车场及商品搬入口的调查。店铺设计调查主要包括对竞争店的店铺形象、构造、建筑、电气设备、器具等每一个专门领域均进行调查。店堂陈列布局调查主要包括对竞争店的楼面构成、平面布局、面积分割、商品陈列等方面的调查。

（4）店铺运营管理调查。店铺运营管理调查主要包括对促销、补货、陈列及清扫等店铺运营管理方面的调查。

2. 商圈竞争店分析

竞争店分析是开店前的必要准备工作，是业态选择和形象定位的重要基础。竞争店分析主要立足于商圈范围内，重点分析那些具有相关竞争性的店型。

（1）店型确定前的竞争环境分析。如果连锁企业还没确定自身的业态，也没有相应的意向选择，那么对竞争店的分析就要着眼于商圈内的整体商店布局情况，考察各种业态的情况或商店饱和度情况。商圈商店饱和度可通过两种方法来计算：一是每个零售店服务的人口数。如果商圈内该数字超过标准平均数，就意味着未达到饱和；反之则认为实现了饱和。二是每平方米销售面积的营业额。如果商圈内该数字超过标准平均数，就意味着未达到饱和；反之则认为实现了饱和。

（2）店型确定后的竞争店分析。如果连锁企业已有店型选择意向，就要进行直接竞争店和间接竞争店的分析。

直接竞争店是指那些与待建店铺类型相同的店铺。例如，某公司拟定开一家超级市场，那么商圈范围内的超级市场就成为其直接竞争店。

间接竞争店是指那些与待建店铺类型不同，但却经营着某些相同商品的店铺。例如，某公司拟开一家名牌时装专卖店，那么商圈范围内的百货商店就属于间接竞争店。国外有些专家认为，快餐店也是超级市场的间接竞争店，种种迹象表明，去快餐店的人多了，去超级市场买食品的人就少了。

无论是对直接竞争店还是对间接竞争店，都需要列出竞争店情况表进行详细的分析。竞争店情况分析表格式见表 4—7。

表 4—7　　竞争店情况分析表

竞争店	营业面积	目标顾客	商品构成	价格策略	促销活动	店堂陈列

3. 商圈饱和度分析

商圈饱和度分析是在竞争店分析的基础上，通过进一步的消费调查，计算出商圈范围内饱和度，并判断开店的有效性。

商圈饱和状况的分析有以下两种方法：

（1）商圈容量法。通过计算市场规模，确定所能容纳的零售企业卖场面积。日本店铺专家长谷政弘在《商店管理》一书中用实例说明了商圈容量的具体计算方法，进而确定商圈内可容纳的市场规模。

假如某家连锁公司想开一个连锁分店，其商圈情况如下：商圈范围内共有6 000户，其中核心商圈有 1 000 户，次级商圈有 2 000 户，边缘商圈有 3 000 户。

据调查，每户每月平均支出额为 10 万日元，食品占 30%，那么商圈内每户食品支出额为 30 000 万日元。则：核心商圈食品支出额＝30 000×1 000＝3 000（万日元）；次级商圈食品支出额＝30 000 ×2 000＝6 000（万日元）；边缘商圈食品支出额＝30 000×3 000＝9 000（万日元）。

接下来计算公司待开的连锁分店将取得的市场占有率及销售额。其市场占有率由各商圈吸收率来体现。假设核心商圈的吸收率为 35%，次级商圈的吸收率为 10%，边缘商圈的吸收率为 5%，那么，核心商圈销售额＝3 000×35%＝1 050（万日元）；次级商圈销售额＝6 000×10%＝600（万日元）；边缘商圈销售额＝9 000×5%＝450（万日元），该连锁分店预计销售额＝1 050＋600＋450＝2 100（万日元）。

最后推算该商圈能容纳的新增加店铺的平方米数。假如某地区平均每平方米的营业额为 4.5 万日元，那么，该地区能容纳的新增店面积＝2 100÷4.5＝ 466（平方米）。因营业场所和仓库、办公室的比例为 8 ∶ 2，那么，待开连锁分店总面积＝462＋116.5＝578.5（平方米）。这是商圈的饱和数，如计划开 1 000 平方米的连锁分店就会失败。

（2）饱和指数法。通过计算商圈饱和指数，评价有无再开店的市场空间。饱和指数法同样是以上述分析方法为基础的。它是先计算出饱和指数，然后再分析新建分店对这一指数的影响，如指数过低，达不到平均水平，则应放弃开店或缩小规模。

饱和度分析是先根据成本效益法推算出每平方米必须实现的最低销售额，然后利用饱和度分析法推算出能达到此指标的地区。

饱和指数指现存商场每平方米营业额，新建商场可能使这一指数降低，因此一定要考虑待建的和正在施工的商场面积。如果饱和指数理想，可选择在该地区设店。该计算公式为：

$$IRS=\frac{C\times RE}{RF}$$

式中：　IRS——饱和指数；

C——某地区购买某类商品的潜在顾客数；

RE——某地区每位顾客平均购买额；

RF——某地区经营同类商品的商店营业总面积。

四、连锁分店开设的投资回报率预测

赢利与否是连锁分店开设与否的最终决策标准。因此，商圈分析的核心部分就是投资回报率分析，其他分析都是为其服务的。

连锁分店的投资回报率分析包括：销售额预测、投资预测、各项经费预测、盈亏均衡点分析和投资回收预测。

（一）新建分店销售额预测

新建分店销售额的预测有多种方法，为了使其较为准确与科学，一般是几种方法同时采用，然后取折中的数据。

1. 购买力估算法

购买力估算法源自美国，被称为最原始的销售额预测法，具体可分为以下四个步骤：

（1）划定商圈。关于连锁分店商圈的划定方法，我们已在前面进行了详细的说明，这里不再赘述。

（2）调查商圈内人口数或居民户数。统计人口数或按户数都可以，但要注意单位的一致性。

（3）计算出商圈内相关商品的总支出额。通过调查或分析，了解平均每户居民家庭在食品及日常用品上的支出额，用此乘以商圈内总户数，就可得出该地区相关商品的购买总额。

（4）新商场所能实现的销售额。通过分析与类比，推算出新商场所能实现的市场占有率百分比，用此乘以该地区的购买总额，便可得出新开分店预计的销售额。

2. 商店业绩类比法

商店业绩类比法也称控制商店法。该方法是依据本公司已有分店店面的市场占有率情况推算新开分店的市场占有率，进而推算新店铺的销售额。具体分为三个步骤：

（1）确定相似的店铺。根据待开店铺的环境情况，寻找一家本公司已开业一段时间的相似店铺作为样本店铺。

（2）分析样本店铺的商圈。首先划定样本店铺商圈，然后通过调查数据求出商圈内购买力总金额，方法是用平均每人购买力乘以商圈总人口，最后用样本店铺实现的销售额与之相比，算出市场占有率。

（3）类比新店铺。将样本店铺的市场占有率视为待开店铺的市场占有率，进而可以推算出待开店铺的销售额。

3. 商店业绩类比法

该法比购买力估算法要准确些，但也有缺陷，主要是忽视了商圈内一些因素的不同。例如，竞争因素不同，即旧有店铺的竞争店数量与新开店的竞争店数量不同，而新开店的市场占有率按旧有店铺占有率指标推算，显然不够科学。

4. 卖场面积比较法

卖场面积比较法是美国超级市场专家J. 凯恩提出的，是以样本店铺的面积比例、市场占有率来推算待开店铺的市场占有率，进而推算出待开店铺的销售额的一种方法。其比较可参考下列公式：

$$\frac{\text{样本店的面积比例}}{\text{样本店市场占有率}}=\frac{\text{新店的面积比例}}{\text{新店市场占有率}}$$

（二）新建分店的投资预测

开办连锁分店是一种投资，投资需要回收并带来一定的利润。因此，在开办连锁分店之前，一定要对投资规模进行预测。

1. 列出投资项目明细，计算总投资

连锁分店的投资一般包括建筑物、内外装潢、设备、开发费等方面的成本费用。预测时应列出投资项目明细，计算出总投资。

2. 参考其他连锁分店单位面积的投资来计算总投资

(1) 国外新建连锁分店的投资额预测。例如，美国新建连锁分店每平方英尺投资在21美元以上，每平方米约合2 000美元；日本每平方米投资额为32.51万日元。

(2) 我国新建连锁分店的投资额预测。从我国的实际情况看，连锁分店现代化设备并没有一步到位，一般为每平方米1万元人民币。

（三）新建分店的费用预测

连锁分店的费用包括人工费、房租、促销费、水电煤气费等。由于连锁分店的具体环境不同，会有不同的费用水平，最为准确的预测方法是分项计算，然后进行累加。

（四）新建分店的盈亏均衡点分析

盈亏均衡点又称为保本点，是待建连锁分店必须实现的最低销售额。如果达不到该指标，就表明该连锁分店没有建立的必要，必须放弃或另择地点，否则必须使销售额增加或使费用率下降。

1. 盈亏均衡点分析公式法

盈亏均衡点可由公式求出，其常用公式为：

$$\text{盈亏均衡点销售额}=\frac{\text{固定费用}}{1-\dfrac{\text{变动费用}}{\text{销售额}}}$$

2. 盈亏均衡点分析图解法

用图解方法来显示盈亏均衡点更为清晰，也很常用。一般用横坐标表示总收益，纵坐标表示总费用。根据“总收益＝固定费用＋变动费用＋利润”，盈亏均衡点分析图如图4—2所示。

图4—2中的盈亏均衡点是个分界点，达不到该收益点，表明亏损经营，超过该点才会有利可图。

3. 经营安全率计算法

经营安全率是衡量连锁店各门店经营状况的重要指标，一般测定的标准为：安全率30%以上为优秀店；20%～30%为优良店；10%～20%为一般店；10%以下为不良店。计算公式如下：

$$\text{经营安全率}=\left(1-\frac{\text{盈亏平衡点销售额}}{\text{预期销售额}}\right)\times 100\%$$

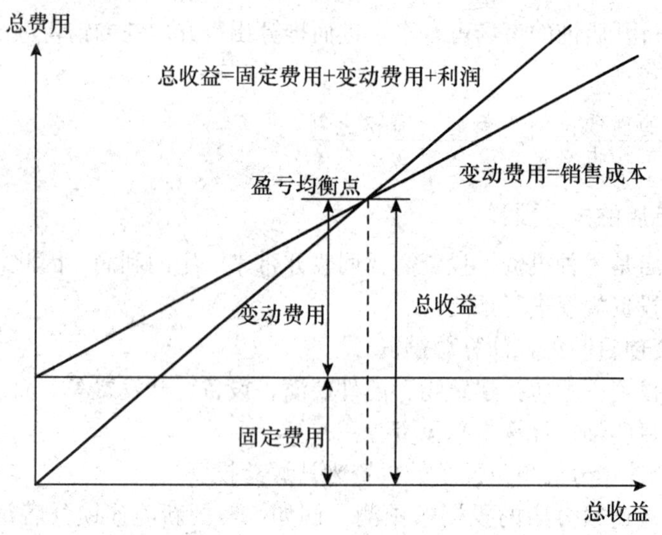

图 4—2　连锁分店盈亏均衡点分析图

（五）新建分店的投资回报预测

一般情况下，不仅要考虑费用与利润之比，还要考虑投资的回收。当然，建立连锁分店不是暴利投机行为，不能指望一两年就把投资全部收回，而要进行较为长期的分析。从日本的情况看，一般两三年后才有利润，平均 7 年才能收回投资。我国一般要求 2 年～3 年收回投资，但这将会越来越困难。

投资回报率的预测方法是将开业后若干年的销售额、费用、利润等情况列表，制定投资回收计划，评估投资是否理想。

知识拓展 4—2

常见业态连锁店的选址基本特点和要求

各业态具有不同的特点，其选址也有不同的要求和标准。

一、百货店

（1）选址在城市繁华区、交通要道。

（2）商圈范围大，一般以流动人口为主要销售对象。

（3）商店规模大，在 6 000 平方米以上。

（4）商店设施豪华，店堂布置典雅、明快。

（5）目标顾客为中高档消费者和追求时尚的年轻人。

二、超级市场

（1）选址在居民区、交通要道、商业区。

(2) 商圈范围较窄，以居民为主要销售对象。

(3) 商店面积在 6 000 平方米以下。

(4) 目标顾客以居民为主。

(5) 有一定面积的停车场地。

三、大型综合超市

(1) 选址在城乡结合部、住宅区、交通要道。

(2) 商圈范围较大。

(3) 设有与商店营业面积相适应的停车场。

(4) 实际营业面积一般在 6 000 平方米以上。

(5) 目标顾客为购物频率高的居民。

四、便利店

(1) 选址在居民住宅区、主干线公路边以及车站、医院、娱乐场所、机关、团体、企事业单位所在地。

(2) 商圈范围窄小，一般设定在徒步购物 5～7 分钟能够到达的范围内。

(3) 商店营业面积在 100 平方米左右，营业面积利用率高。

(4) 目标顾客主要为居民、单身者、年轻人。80%的顾客为有目的的购买。

五、专业店

(1) 选址多样化，多数店设在繁华商业区、商店街或百货店、购物中心内。

(2) 商圈范围不定。

(3) 营业面积根据主营商品特点而定。

(4) 目标市场多为流动顾客，主要满足消费者对某类商品的选择性需求。

六、专卖店

(1) 选址在繁华商业区、商店街或百货店、购物中心内。

(2) 商圈范围不定。

(3) 营业面积根据所经营商品的特点而定。

(4) 目标顾客以中青年为主。商店的陈列、照明、包装、广告讲究。

七、仓储商店

(1) 选址在公路边、交通要道，或利用闲置设施。

(2) 主要的商圈人口为 5 万～7 万。

(3) 商店营业面积大，一般在 6 000 平方米以上。

(4) 商店设施简单。

(5) 设有一定规模的停车场。

八、家居中心

(1) 选址在城乡结合部、公路边、交通要道或消费者自有房产比率较高的地区。

（2）提供一站式购物和“一条龙”服务。

（3）营业面积在6 000平方米以上。

（4）有一定规模的停车场。

九、汽车服务连锁店

（1）汽车美容养护经营场地无须在市中心繁华地段，但必须靠马路，有车辆通行。车流量大的相对适宜，如城郊公路旁、环城路边、城市主干道交叉路口。

（2）门前道路允许车速低于35千米/小时，允许随时停车。门面前必须有3个以上的停车位，以便车子能开进来。

（3）水电必须正常，220V照明电即可。一般汽车用水可直接排入下水道，油污较多的水要设置废油收集装置，以免污染土壤和水源，破坏生态环境。

（4）门面开阔，有水泥硬化停车场以便停放更多的车辆。为便于以后扩大规模，最好是周围有成片房屋待租，这样可随时租房，有利于发展。

（5）连锁店所在地周边有固定车流（如有居民区、大型商业组织、机关），过往车流大并不一定有客源。

（6）特殊情况的，可以将地图及店面所在具体位置告诉总部，在选址方面可提供适当建议，必要时总部可派专人上门帮助选址。

案例分析4—3

“30天就倒闭书店”深圳开张　开张就为了倒闭

在深圳，有一家书店的开张就是为了倒闭——这家店只开30天，运营再好也不多开；这家店每天都有一个不一样的店长，每天都有全新的公共话题。2011年10月24日上午，“30天就倒闭书店”在华侨城OCT创意产业园区低调开张。

作为首日店长，南都记者全程见证了“30天就倒闭书店”开门第一天的故事。“欢迎光临，促进倒闭！”这家为了倒闭而开设的书店，吸引了不少路过的嗜书达人和文艺青年。

利用免租权开起倒闭店

10月24日上午10时50分，“30天就倒闭书店”的发起人“坚果兄弟”和朋友们将最后一批书籍和物品运至创意园内的F1-104号店铺。这个铺位隶属雅库艺术空间，在“书店”落地前，曾是个私藏、艺术品的展览地。通过朋友，“坚果兄弟”获得了在此一个月的免租权，而书店内所有的书籍，则是由该活动的协办方“与木书房”所提供。

架起一块刻有“30天就倒闭书店”的木质招牌，这家书店就算正式开门迎客了。除了店长以外，还有市民报名做第一天的“店小二”。戴起中学生的红领巾，店小二Sunny和店长开始在门口吆喝：“30天就倒闭书店，首日开张，欢迎光临！”

首日讨论心目中的理想书店

在网购发达的今日，是否还需要实体书店？市民想要怎样的书店？针对此，“30天就倒闭书店”的首日讨论话题设为：你心目中的理想书店。

“应该是个社交的场地，能让喜欢一类书的人形成一个圈子”，开张首日上午，Aimee和朋友一同来到书店。据Aimee介绍，她和朋友都是深圳一家名为“四叶草读书会”的会员，读书会里有不少爱书的妈咪，她们平时在一起看书，也喜欢一起交流读书心得。Aimee希望能有一个更符合妈妈群体的书店，提供绘本、育儿教材、励志类书籍。

有自制的咖啡，有Wi-Fi，有阳光，有音乐，有软软的沙发……在首日前来的顾客中，不少爱书人都交流了各自心中理想书店的模样。Benee认为好的书店要装修比较怀旧，能有喜爱的音乐；Lucky认为书店好坏的关键在于选书的品位，也有顾客留言说，书店一定要有饮料、能够上网。

日入5 000元，仍难活得了？

前来“30天就倒闭书店”的读者都认为：实体书店是现代社会的必需，关键的问题是书店如何定位自己，市场的细分或许是条出路。

一位来自北京的女孩给在场不少工作人员留下了深刻印象。在挑选了半个多小时的书籍和物品后，这位顾客突然说：“能不能帮我把东西快递到北京？太重了拿不回去，快递可以到付。”更令所有人惊讶的是，快递员尚未抵达，这位姑娘结完600余元账单后留了一句“我相信你们”就走了。

负责收银的阿木头一回碰上这样的顾客，“对一家肯定要倒闭的书店来说，这种信任很可贵。”同样有趣的情节还有发生，两个身着深圳中学生校服的男孩走进店里，问书籍能否外借？在最后租金和还书日期还没有确定的情况下，两个男孩付了押金后就高兴地离开了。

有着如此高的人气和噱头，这样一间“倒闭书店”每天能赚多少？据收银员阿木透露，首日的营业额“收入五千多，毛利一千多”。这样一笔看上去并不少的收入，阿木认为对现实中维持一家实体书店来说，仍是举步维艰。

“首先一般书店的房租就要接近一万元，如果每天只赚一千元，一个月只能赚三万元，剩下两万元要担负所有的水电、人工”，阿木说：“书店员工的工资都不能发三千元以上，而且还请不起很多人。”

资料来源：张舟逸：《“30天就倒闭书店”悄然开张》，载《南方都市报》，2011-10-26。

试分析：

开设一家连锁店的主要成本来自哪些方面？要注意哪些风险？

案例分析 4—4

一个市区常住人口22万左右的三线城市，拥有永辉、大商、丹尼斯等多家大型超市和商业综合体，在零售业经营下滑的大环境下，被认为是一个饱和的市场，新的零售企业将很难存活。

在这样一个商业环境下，2013 年 7 月 18 日，河南大张集团盛德美济源店开业，成为济源市又一家商业综合体。

经过近两年时间的考验，盛德美从一个备受员工、顾客争议的外来企业门店，变成了即使位于城区西北近郊、日均客流仍达 8 000 人次以上的门店，不仅员工干劲儿十足，家属还会督促员工为之努力。

“我们这个店的定位就是以生鲜作为大张利剑拉动人气，以超市商品结构的厚重、深度来带动利润。”据店长王锐锋介绍，济源店在开业之前曾对当时已有的几家卖场进行了详细调研和分析，结合大张自身做超市的优势，将商品结构定位为“比大众超市略高一点，又容纳大众元素，侧重于中高端消费”的大卖场。

盛德美济源店总建筑面积 1.1 万多平方米，超市营业面积 4 500 平方米。大张公司总部给该店的评价是“商品结构好，品类管理全，员工服务到位，执行力好”。

记者了解到，每次例行检查时，该店各项指标在完成度上都名列前茅。2015 年各月销售额较 2014 年各月同比增长平均在 20%左右。

济源店内 98%以上的商品为自营商品，仅少数品牌类商品为联营，如品牌内衣等。门店采用“田”字形分割，三条主动线可以让消费者“进退”随意。小家电、百货被放在入口处，干货、副食陈列在门店中央部位，生鲜则位于收银台旁。

“按照顾客购物方便性要求来说，生鲜区靠近收银台好一些，顾客总觉得拿着生鲜逛超市不太舒服。”济源店门店店助冯海波说。超市内各类商品陈列位置的选择是以“消费者”为核心，参考商品存储条件等因素陈列，尽可能为消费者打造一个自由、舒适的购物环境。

与众多大卖场一样，济源店也采用了高 280 厘米，宽 120 厘米的货架，同样将货架顶端用于商品的储存。不同的是，货架端头的顶层绝不会出现整箱货物，货架顶层整箱商品的摆放也是整齐划一。

《超市周刊》、龙商网记者看到食品冲调区的一个端头上，从下到上摆了 13 层规格相同的酱料。冯海波说：“如果上面放的不是商品而是整箱的库存，给顾客的感觉就会比较压抑，我们这样做一方面起到储存商品的作用，另一方面给顾客一种视觉冲击力。”

“济源店超市没有吊顶，顶部与地面距离较高，货架高不会形成压抑的感觉，如果说卖场完成了吊顶，就不能再使用这么高的货架了，不然会有压抑感。”冯海波进一步解释了济源店之所以采用高货架的原因。

济源店背后就是济源钢铁（集团）有限公司，向西过铁路就是零落散布的村庄了。通过长期观察统计，冯海波发现济源店客流有这样几个规律：周一到周四济源店的客流量均在 8 000 人次左右，周五在 9 000 人次以上，周六、日超过 10 000 人次；客流高峰期主要集中在上午 9:00—11:30，下午 16:30—18:00，晚间 20:00—21:30；年轻的客户主要集中出现在下午和晚间。

根据这样的规律，在客流高峰期，冯海波就让员工把主要工作放在商品的供应、维持购物秩序等方面；在客流低谷期，就让员工们多注意陈列细节、多做创意陈列，以吸引消费者眼球，同时降低损耗。

《超市周刊》、龙商网记者到达济源店的时间是周四上午 11:30，刚好错过高峰期，店内有不少的创意陈列。百货区中，有用吹风机、剃须刀陈列出的机器人，床单堆砌的房屋，毛巾组合成的花蝴蝶，内衣拼凑的花朵，主通道的堆头上还有风车和绿叶，告诉消费者夏天来了。

在生鲜区，记者看到黄瓜头尾一致地被排列到堆头上；冰台上的草虾纵横有序；芒果也是蒂朝下头朝上，一个个昂首挺胸地站立着。青椒不仅首尾一致、大小长短均匀，而且所有的蒂都被剪去了。

“尖椒容易坏的地方就是尖和蒂，早上刚到货就要将蒂减去，以减少青椒的损耗。蒂被减去以后，方便顾客也方便销售，购物袋不容易被划破，顾客回家也方便储存。”记者环视四周，发现青椒堆头做得虽然细致，但在店内却算不上特别，其他果蔬堆头同样各有特点，很容易让人产生购买欲。

“在上货之前，我们会把所有的残次品挑拣出来，这样让消费者看着舒服，购买时也不会胡乱扒拉产生更多的额外损耗。”冯海波告诉《超市周刊》、龙商网记者说，大张公司的统一配送、对果蔬的分级处理以及门店的精细操作，让门店果蔬区毛利损耗一般在百分之零点几，遇到下雨或者温度特别高等特殊天气，门店果蔬损耗为1%左右。

盛德美济源店的商品结构“全”，从大的品类上自是不必多说，百货、干副食、生鲜等一应俱全。

从消费者的角度来说，除了日常消费品，非日常消费品也琳琅满目、品类齐全。单只说家电，除了剃须刀、吹风机、电饭锅、豆浆机、电磁炉等常用小家电外，空气净化器、面条机等也能在这个三线城市的门店里找到，众多品牌的电视机、洗衣机、冰箱等大家电，门店也从不缺货。

从货源地来说，通过“四方联采”，全国商品已尽收门下。以苹果为例，仅国内产地的，门店内就出售来自山东、陕西、辽宁三省多个市县的多个品种。

如今，超市采购的触手已向全球展开，进口商品的品类不断增多。有消费者表示，早些年想在济源买到进口商品不大现实，现在超市里的进口商品已是随处可见。在盛德美济源店表现最为明显的一点是，原先特别为进口商品设置的“进口商品区”被取消了。

“现在进口商品品类多了，进口商品区的功能已经不明显了。”据冯海波描述，随着经济发展、人们消费水平提高，进口商品品类增多、销量提升，进口商品已不再是“稀罕物”。水果、蔬菜、海鲜、肉类、饮料、食品、洗化、家居百货等各个品类中都有许多进口商品，如果该品类商品有货源地是国外的，在对应品类的货架上就能够拿到，消费者也不需要特意到进口商品区去取。

随着全球商品的纳入，门店内出现了一些当地消费者从来没有见过，也没有加工处理过的商品。为了协助消费者顺利消费掉所购商品，该门店在货架上贴了一些温馨小提示，标示出商品的加工处理过程。

“我们采购的东西来自天南海北，很多商品顾客看到后会有一种新鲜感，但如果购买后不会处理，许多人就会选择放弃购买。”冯海波说，小提示的设置一方面让消费者了解了商品的处理过程，另一方面也刺激了销售。

在团队建设方面，大张公司推崇“家”文化，这在总部所在地洛阳早已被员工和顾客所接受，大张的好口碑就是证明。但在济源市，大张属于外来企业，盛德美济源店在刚开业时曾出现过“水土不服”现象，受到消费者和员工的质疑，前三个月员工流失率比较大。

在与当地顾客、员工接触的过程中，店长王锐锋开始留心当地的风土人情和人的脾气秉性。根据每个员工不同的性格特点，王锐锋要求老员工因材施教，在日常工作中逐步引导，从公司的理念、发展历程、未来展望等方面着手，给员工塑造一种愿景，让他们了解自己所在的是一个什么样的公司以及自己未来的发展空间有多大。

不像一些公司领导只是给员工画出一个虚拟的“大饼”，王锐锋给员工的鼓励总是实实在在的。在刚进入济源市场时，考虑到济源竞争环境激烈，大张集团给盛德美济源店员工定下的工资比洛阳平均高出200元。开业初期连续几个月的亏损，私下里员工开始讨论公司是否会按照原计划发工资、会不会降低工资、拖欠工资等问题。

“员工们也会算账，前期利润微薄的时候，他们会算利润是多少，大家工资是多少。”王锐锋回忆说，在公司亏损的情况下，员工们每月都按时领取到了原定工资以及工作奖金时，他们逐渐开始信赖大张了，相信公司不会欺骗他们，不会拖欠他们的工资。

济源店开业之初，还发生过这样一件事。因为店铺位置相对较偏，许多员工都是骑电动车来上班。当时各方面事务比较繁忙，员工的停车位置、秩序等问题还没有“归置”好，出现过员工的电动车、电瓶丢失的现象。对此，员工及家属心中难免有些不满，开始发牢骚。

为了尽快解决这一问题，王锐锋让后勤经理亲自监督落实给丢失电动车、电瓶的员工配备电动车的事宜。事后，有员工表示，他们当时就是“嘟噜嘟噜”，并没想到公司会给自己买电动车，新电动车到手时自己也很吃惊。许多员工家属看到丢了旧电动车，公司却配给他们新车子，都觉着不可思议，还有许多人到店里表示感谢。

“开到外地的企业刚开始员工会有很多的不理解，需要时间让我们用心去对待他们。”王锐锋相信，只要公司真诚对待每一位员工，员工是能感觉得到的。就像开业时，店内工作多，许多工作没做完王锐锋就会让员工回家休息，现在工作多的时候大家会自动把工作做完再走。看着员工现在的精神面貌，王锐锋深感欣慰，表示会努力做一家让顾客满意、员工满意、企业满意的大张门店。

资料来源：http://www.vccoo.com/v/275e69。

试分析：

这家商业企业应用了哪些办法改进自己的商圈和成功地吸引顾客？

本章小结

连锁分店开设成功与否，店址选择非常关键，不同业种、业态的连锁分店店址选择的标准和方法不同。本章介绍了连锁分店选址的基本规律和条件、商圈的概念以及商圈设定的方法、连锁分店选址的调查与分析的方法等内容。

关键术语

选址　商圈　商圈调查　商圈分析

复习与思考

1. 应从哪几个方面确定连锁分店选址的标准?
2. 什么是商圈? 连锁分店商圈的设定方法有哪几种?
3. 在进行商圈设定时，根据经验可以从哪几个方面设定商圈?
4. 开设分店应调查分析竞争店的哪些情况?
5. 商圈调查的资料有哪些来源?
6. 新开设分店的经营业绩可以用什么方法推测?

训练项目

1. a 与 b 两地之间的距离为 3 600 米，a 地区有 20 万人，b 地区有 80 万人，试测算商圈分界点距 a 地多少米。

2. 两地时间距离为 30 分钟，a 地商场面积为 1 000 平方米，b 地商场面积为4 000平方米，试测算商圈分界点到 a 地的时间距离。

3. 某连锁分店选址在一居民区，试进行实地的商圈调查与分析，并进行投资回报分析，判断是否可以开新店。

4. 阅读下面的案例，并回答问题。

开店选址先看顾客定位

一、宜家走了为何生意一落千丈

“原来我们这里的生意很好的，一天就可以卖掉十几个床垫。后来宜家搬走了，这里的人流量就少了，生意也随之减少了。”

上海梦乡床垫有限公司专卖店的姚女士向《每日经济新闻》诉说了她们的经营故事：三年前，这里都是卖家居商品的店，一般消费者去了宜家以后，就会到这里来寻找一些和宜家里面的产品相似但更加便宜的商品。像这样的床垫，宜家的价格大约在 2 000 元，而这里都是 1 000 元左右，更加实惠。

自从宜家搬家后，该地区大部分的家居店都搬走了，只剩下几家服饰店和餐馆，显得有些冷清。而在一街之隔的宜家，却又是另外一种景象：除了人群熙熙攘攘之外，商家还应景地把自己店铺的关门时间推迟到了晚上 9 点，以配合宜家的关门时间。姚女士表示：“公司不是没想过把专卖店再搬到宜家旁边，只是因为周围的租金偏高，而且店面也少，所以才迟迟没有作决定。看来地段还是很重要的。”

二、地段好不代表利润高

在繁华地段的商家也有自己的烦恼。蔡小姐在港汇边的时尚搭配店开张了两个月后就关门了，“每个月的租金要2万元，女孩子又喜欢讨价还价，实在支撑不下去了。”蔡小姐说。

时尚搭配店其实就是一家服装店，所不同的是消费者可以在这家店里根据蔡小姐的建议选择适合自己气质的服装搭配。

“我不知道为什么每个人来我的店都要讨价还价，事实上，除去2万元的租金和每次进货的钱，基本上就不能再挣什么钱。这两个月来，我已经亏损了上万元。”目前蔡小姐的店里正在5折甩卖商品，但仍然有不少顾客认为商品价格过高，希望蔡小姐可以降低一些价格，这使得蔡小姐非常生气。尽管地段很好，但过高的租金却是她承受不了的。

三、摊位小不代表生意少

人民广场的迪美购物中心是上海知名的青少年聚集地，因此以高地租出名。“我们的商品价格一般都报得比较高，可以接受还价，但即使还价了我们仍然可以挣到50%的利润。”一位常年在迪美的商家告诉《每日经济新闻》的记者。

在迪美购物中心，一条项链开价78元，而记者还到了35元，但那位商家表示，35元的价格仍然很高，这条项链的实际进价大约不到十元。“把价格开高，然后给消费者还价的空间，他们只要砍去一半的价格心理上就会非常满足，这样既让消费者过一把还价的瘾，我们又可以挣钱，何乐而不为呢?”

据了解，迪美购物中心的一家店面的租金平均为3万元，但一个摊位的租金却便宜得多，迪美购物中心的一个普遍现象就是摊位的人气要比店面高很多。“所以只要租一个摊位，租金少生意又好。”那位商家表示。

资料来源：袁田恬：《开店选址先看顾客定位》，载《每日经济新闻》，2006-07-19。

问题：

在分析商圈时，除注重调查和数据统计分析外，还要考虑哪些方面的因素？

第五章

连锁企业商品采购与配送

学习目标

1. 了解连锁企业的统一采购机制，掌握商品结构确定的基本原则和方法。

2. 熟悉商品采购业务，掌握商品采购的主要业务流程和操作技能。

3. 了解连锁企业商品配送的常见模式，熟悉配送中心的组成、配送业务流程及配送作业管理。

4. 根据自己的需要重点掌握配送方面的基本知识与技能。

案例导入

菜鸟网络科技有限公司

2013年5月28日，阿里巴巴集团、银泰集团联合复星集团、富春控股、顺丰集团、三通一达（申通、圆通、中通、韵达）、宅急送、汇通以及相关金融机构共同宣布中国智能物流骨干网（简称“CSN”）项目正式启动，合作各方共同组建的菜鸟网络科技有限公司正式成立。

计划首期投资人民币1 000亿元，希望用5～8年的时间，努力打造遍布全国的开放式、社会化物流基础设施，建立一张能支撑日均300亿元（年度约10万亿元）网络零售额的智能骨干网络。

利用先进的互联网技术，建立开放、透明、共享的数据应用平台，为电子商务企业、物流公司、仓储企业、第三方物流服务商、供应链服务商等各类企业提供优质服务，支持物流行业向高附加值领域发展和升级，最终促使建立社会化资源高效协同机制，提升中国社会化物流服务品质，打造中国未来商业基础设施。

事实上，在菜鸟网络之前，阿里巴巴集团已经在电商物流方面做过多种尝试，比如在2010年初入股星辰急便等快递企业；2011年初，其又正式推出“物流宝”，通过接入第三方快递、仓储的信息，为卖家提供入库、发货、上门揽件等方面的信息调配服务。

在阿里巴巴集团内部，定位于数据化分析、追踪的物流宝的代号是“天网”，而涉足实体仓储投资的菜鸟网络是“地网”。

2013年5月28日，马云在深圳再次强调：阿里巴巴集团永远不做快递，菜鸟网络的“智能骨干网”建立起来以后，不会抢快递公司的生意，“因为我们没有这个能力，中国有很多快递公司做快递做得比我们好，但这张网可能会影响所有快递公司今天的商业模式”。

第一节　连锁企业的统一采购

实行集中统一的商品采购是实施规模化、集约化经营的主要手段。统一采购、大批量进货，有利于提高连锁企业在与供应商谈判中的议价地位，得到更好的进货价格；同时，集中统一采购也有利于连锁企业节约人力物力资源，降低商品采购成本；集中统一的采购还有利于企业完善采购组织机构建设，进行有效监控，规范企业采购行为。总之，正是由于集中统一的采购，连锁企业才能得到优惠的进货价格、可靠的商品质量、畅销的商品品种和优质的服务等方面的充分保证，使连锁企业在激烈的市场竞争中处于相对有利的地位。

一、连锁企业的统一采购机构

统一采购机构是连锁企业的重要业务部门之一，其主要职责是保质、保量、经济、高效地采购企业需要的各类商品，满足企业商品销售的要求。其主要职能包括以下几点。

（一）常规商品的补充采购

常规商品的补充采购即日常销售的商品的补货采购。这类商品已有确定的供应渠道，有些商品连锁企业已与供应商签订了供货合同，采购部门只需要执行或续签已经与供应商签订的供货合同，即可完成商品的补充订货。目前，一些企业的信息系统已经能够根据实时的销售情况，按照事先规定的缺货警戒线自动完成日常销售商品的补充订货，很多企业的电脑系统还可以自动生成补货单。采购部门的工作就是根据补货单向供应商确认并执行，以保证企业不出现断货。

（二）开发新商品，寻找新的供应商

开发新商品与寻找新的供应商，指的是采购部门寻找相对于连锁企业而言没有销售过的商品或没有合作过的供应商，这是采购部门的一项重要职责。只有不断更新商品，满足消费者不断变化的消费需求，才能保证连锁企业的正常经营。同时，新产品能够给企业带来比老商品更高的毛利率，这也是新产品、新供应商开发之所以重要的另一个原因。

（三）控制采购费用、降低成本

低价格策略是很多零售企业通常采取的营销策略，而低价是以低成本作保证的。集中采购可以有效地控制采购费用，降低商品进货成本，如通过对进货方式、付款条件、采购数量及次数的选择和严格控制来降低整个采购费用，通过规范企业采购行为防止“人情”采购等。

（四）控制进货渠道，保证商品质量

连锁企业经营的商品少则几千种，多则几万种。对于如此众多的商品，在质量控制上

需要借助生产厂家、供应商的力量。选择良好的进货渠道、控制好进货渠道，是控制和保证商品质量的重要手段之一。统一采购为企业控制进货渠道、保证进货商品质量提供了良好的条件。

（五）滞销商品的淘汰，不良供应商的淘汰

连锁企业不仅要开发新的产品、新的供货渠道，同时也要注重对滞销商品、不良供应商的淘汰。这是商品结构优化、进货渠道优化的前提。关于滞销商品、不良供应商的淘汰问题，后面还要进一步探讨。

（六）处理与供应商的关系

供应商与消费者一样，都是连锁企业的"顾客"，企业视消费者为上帝，同样也应视供应商为上帝。连锁企业与供应商是一种合作竞争关系，良好的合作能够达到企业与供应商"双赢"的效果。如果没有供应商的配合与合作，连锁企业很难立足于激烈竞争的市场。与供应商的良好合作关系是连锁企业的核心竞争力之一，为此，连锁企业要改变传统观念，特别是采购部门，要处理好与供应商合作竞争的关系。

二、统一采购机构的合理设置

连锁企业的统一采购职能中，日常商品的补充采购、新商品的开发是基本职能，其他职能则体现或结合在上述两项职能中。

鉴于连锁企业采购部门的上述主要职能，在采购组织的设置上就要充分考虑完成这些职能的需要，并结合连锁企业的规模、经营品种和数量，合理设置统一采购机构。多数连锁企业是按商品类别，如按生鲜食品部、一般食品部、百货杂品部、电器部等，分别设立各类商品采购人员和采购机构的。在此基础上，企业可根据自身规模以及商品结构妥善进行细分或组合。这样的机构设置往往要求每名业务人员分工负责一部分商品品种，从日常补货、新商品开发以及滞销产品、不良供应商的淘汰都由一人负责。这种机构设置的优点是可以进行专业化分工，便于业务人员业务能力和工作效率的提高，但往往因为缺少相应的制约机制，容易产生不良采购行为。为此，一些企业将日常商品的补货与新产品的开发机构分设或由不同的业务人员负责。

有些具备先进 POS、MIS 系统的企业已经实现了日常补货的自动化，即每日营业结束后，企业的 MIS 系统可以根据预先设置的警戒线，自动生成补货订单。补货工作由合同管理部门监督执行。也有些连锁企业，特别是大规模的连锁零售企业，通过设立商品采购委员会来规范企业的采购行为。这种采购委员会由采购部门、财务部门、营运管理部门以及各连锁分店的有关负责人组成。

第二节 连锁企业经营商品结构的确定与优化

一、连锁企业经营商品结构的确定

经营商品结构的确定是连锁企业目标市场定位的一个重要组成部分，也是确定商品采购计划、进行采购工作的前提。

（一）商品群的确定

商品群是商品结构战略中的一种战略单位，地位非常重要，意即依照商品观念所集合成的商品群体。商品群由主力商品、辅助商品、附属商品、刺激商品构成。

1. 主力商品

主力商品是塑造个性及差异性的主要商品群，其内容的充实与否对整个商店的商品结构有决定性的影响。

（1）主力商品的构成。连锁分店主力商品的构成，尤其在商品的齐全性、质量水平、新鲜程度等方面，都要比竞争商店的更具有优越性。其重点为：1）感觉的商品：即在商品的设计上、格调上均要重视。2）季节的商品：配合季节需要，能够多销的商品。3）选购性的商品：与竞争店相比较，易被选择的商品。

（2）主力商品应具备以下五个条件：1）能事先设定商圈及顾客层；2）每天要有大量的销售额；3）能期待一定时期内有大量的销售；4）消费频率较高的商品；5）利润较高的商品。

原则上，主力商品不能缺货，要有最低库存量。一些连锁企业对主力商品按计划大量采购，以降低进货价格，保持主力商品在价格上的优势。

2. 辅助商品

辅助商品是与主力商品具有相关性的商品，其特点是在销售力方面可能较主力商品更强。其重点为：

（1）价廉物美的商品：在商品的设计上、格调上可不必太重视，但是对于顾客而言，却是价格上较为便宜而且实用性强的商品。

（2）常备的商品：对于季节性方面可能较不敏感，但不论在性能或种类上，必须与主力商品具有关联性，而且容易被顾客接受的商品。

（3）日用性的商品：即不需要到处挑选、随处可以买到的一般性的商品。

3. 附属商品

附属商品是辅助商品的一部分，也是易于购买的目的性商品，其重点为：

（1）易接受的商品：即在卖场中，只要顾客看到，就很容易接受而且立刻想买的商品。

（2）安全性的商品：具有实用性，而与设计上、格调上、流行上并无直接关系的商品，它即使卖不出去亦不会成为不良的滞存品。

（3）常用的商品：即日常所使用的商品，也即顾客在需要时可以立即指名购买的商品。

4. 刺激商品

为了刺激顾客购买欲望，可以从上述三类商品群中选出重点商品，必要时挑出某些单品，以主题的方式，在卖场上显眼的地方大量地陈列出来，以带动整体销售。其重点为：

（1）战略性的商品：即配合战略需要，用来吸引顾客，在短期间内以一定的目标数量来销售的商品。

（2）开发的商品：为了考虑今后大量的销售，商店积极地加以开发，并与厂商配合所选出的重点商品。

（3）特选的商品：利用陈列的表现或加以特别组合，具有强烈的吸引力且易使顾客冲动购买的商品。

商品群的确定可以参照表5—1进行。

表 5—1　　确定商品群的标准

分类	说明	名称	重点
主力商品（群）	是一家商店在经营形态方面塑造个性及差异性的主要商品群，其内容的充实与否可能影响整个商品的魅力。其在商品收集的齐全性、质量水准、内容新鲜度等方面，都要比竞争商店更具有优越性。	感觉的商品	在商店的设计上、格调上均要重视的商品。
		季节的商品	配合季节需要，能够多销的商品。
		选购性的商品	与竞争店相比较，易被选择的商品。
辅助商品（群）	是与主力商品具有相关性的商品，其特点是在销售方面可能较主力商品更强。	价廉物美的商品	在商品的设计上、格调上可不需太重视，但是对于顾客而言，却是价格较为便宜而且实用性高的商品。
		常备的商品	在季节性方面可能较不敏感，但不论在功能或品种上，必须是与主力商品具有关联性而且容易被顾客接受的商品。
		日用性的商品	即不需要特地到各处去挑选，而是随处可以买到的一般目的性的商品。
附属商品（群）	是辅助商品的一部分，对顾客而言，也是易于购买的目的性商品。	易接受的商品	即展现在卖场中，只要顾客看到，就很容易接受而且立刻想买的商品。
		安全性的商品	具有实用性，而且与设计、格调、流行等因素并无直接关系的商品，即使卖不出去也不会成为不良的滞存品。
		常用的商品	即日常所使用的商品，也即顾客在需要时可以立即指名购买的商品。
刺激商品（群）	为刺激顾客购买欲望，可以从上述三类商品群中选出重点商品，必要时挑出某些商品来，以主题系列的方式，在卖场上显眼的地方大量陈列出来，借此提高整体销售效果。	战略性的商品	即配合战略需要，用来吸引顾客，在短期内以一定的目标数量来销售的商品。
		开发的商品	为了考虑今后大量的销售，商店积极地加以开发，并与厂商配合所选出的重点商品。
		特选的商品	利用陈列的表现或加以特别组合，具有强烈的吸引力，而且易使顾客冲动购买的商品。

（二）主力商品的选择与保证

主力商品是连锁企业经营的重点商品。实践表明，它在商品结构中占20%～30%，但创造整个连锁企业 80%左右的销售业绩。这也是经济现象中“20/80 原则”在连锁企业经营中的一个表现。任何连锁企业都必须正确挑选和重点保证主力商品。

1. 主力商品的选择方法

（1）经验法。参照连锁企业同期历史的销售统计资料，在总的商品品种中选择出销售额排名靠前的 20%的商品作为主力商品。经验法依靠人工统计，工作量大，主要适宜于尚未建立 POS 系统的、规模较小的连锁企业。按经验法来选择主力商品一定要注意统计资料时间上的一致性，严格按季节进行。

（2）竞争店调查法。如果连锁分店刚成立，同期历史销售统计资料缺乏，可采用竞争店调查法选择主力商品。即派遣采购人员于 12：00—13：00 或 20：00 以后到竞争店卖场去观察“磁石点”货架（如端头货架、堆头、主通道两侧货架、冷柜等，这些位置一般陈列主力商品）上的商品出样率，因为这一时段通常是营业高峰刚过，理货员来不及补货的空隙。通过主力商品主要陈列货架商品空缺情况的调查，可以初步得出结论：如果陈列货架商品空缺多，就说明该商品销售良好，可列为主力商品的备选目录。这种方法简便易行，但调查容易受到竞争店店员的阻挠，且带有一定的偶然性。

（3）信息统计法。这是指采购人员根据本企业 POS 系统汇集同期历史销售信息来选择主力商品。这些信息资料主要是：销售额排行榜；销售比重排行榜；周转率排行榜；配送频率排行榜。这四个指标密切相关，核心指标是销售额排行榜，连锁企业可根据销售额排行挑选出 20%的商品作为主力商品。

2. 主力商品的保证

主力商品在连锁企业销售中占有举足轻重的地位，是经营管理的重点。为了使主力商品真正得到保证，必须在制订采购计划和促销计划、履行采购合同及日常经营管理中，做到以下“六个优先”：

（1）采购计划优先。在制订采购计划时，将主力商品采购数量指标的制定和落实作为首要任务，要保证主力商品供货的稳定足量，保证主力商品在所有门店和各个时间都不断档缺货。

（2）资金优先。要求商品供应商足量、准时供货的同时，连锁企业也要向主力商品供应商承担足额按时付款的义务。只有足额按时付款，才能与主力商品供应商建立良好的合作伙伴关系，才能保证充足的畅销货源，才能与供应商分享市场占有率提高的利益，才能有效地增强对供应商的控制力。

（3）储存库位的优先。在配送中心，要将最佳库存位置留给主力商品，要尽可能使主力商品在储存环节中物流线路最短，这不仅是连锁企业降低物流成本的需要，也是保证主力商品指导思想在储存环节上的体现。

（4）配送优先。在主力商品由配送中心到分店的运输过程中，连锁企业应要求配送中心优先充足地安排运力，根据分店订货、送货的要求，保证主力商品准时、准量、高频率配送。

（5）陈列优先。货架管理员应该在商品配置图中将卖场最好的区域、最吸引顾客的货架留给主力商品，并保证主力商品在卖场货架上有足够大的陈列量。主力商品一般应配置在卖场中的展示区、端架、主通道两侧货架等“磁石点”上，并根据其销售额目标确定出样位置和出样数量。

（6）促销优先。促销计划的制订及实施都应围绕主力商品，主力商品的促销应成为连锁店卖场促销活动的主要内容，各种商品群的组合促销也应突出其中的主力商品。切忌采用传统小商店经常让处理商品作为促销活动“主角”的做法，这会因小失大，违背了销售额应向主力商品集中的“20/80 原则”。

为加强对主力商品的管理，应为主力商品编制目录，以便上述各项保证工作的落实。同时也必须注意到，主力商品选择后也不是一成不变的，由于主力商品自身的特点和市场需求的变化，主力商品也必须进行适时调整，如季节的变化、供应商的变化、市场流行因素的影响、消费需求的变化等都会对主力商品产生影响。主力商品调整的同时，主力商品的目录也应同时进行调整，这也是对主力商品进行管理的一项基础性工作。

知识拓展 5—1

五步找到本店“重点商品”

第一步：找出有潜力或者有问题的购物篮类别。

根据“20/80 原则”找到属于门店的 20 重点购物篮（客单价层）。

第二步：找出重点购物篮最关心的品类。

从重点消费群体中找到 20 品类和共性品类，并找到关联购买的品类，从而提高门店客单价。

第三步：找出重点品类和共性品类中最敏感的商品。

从门店重点品类中找到 20 单品和共性单品。把不同消费层次的共性单品作为提升销售量的重点单品，进行重点管理。

第四步：对重点购物篮、重点品类、重点单品进行营销。

(1) 找出客单价高的顾客群在门店所购买的目的性商品，也就是找到让他们到门店而不是竞争店的关键和竞争点；找出他们在购买了这些目的性商品之后的关联购买品类（冲动性购买的商品），也就找到了让门店提升客单价、提升毛利率的竞争点；结合运用驱动品类、冲动元素、生活提案化等方法，有效提升重点购物篮的客单价，达到提升整体销售额、毛利率的目的。

(2) 通过社区顾客营销活动吸引真正有效的顾客，做差异化促销，做有效单品的自主促销。

第五步：找到门店各类别销售发展指数。

(1) 计算出门店与公司整体的各大类的销售额发展指数，找到门店的强势类别与弱势类别。从弱势类别中细化单品，找到在各类别中整体发展趋势好，但在本门店没有经营好的单品，调整好本门店的单品结构；

(2) 通过核算季节性指数，找到本门店季节销售高峰时间段。加快季节性商品的反应速度，包括订货、陈列、氛围营造等。

二、连锁企业商品结构的调整与优化

连锁企业商品结构的调整与优化应以经营商品的品类和品牌优化、货架优化为基础，并相互协调。商品结构的优化，首先要改变“经营品种必须多而全”的老观念，特别是连锁企业更要走出“品种越多，就会吸引越多的顾客，销售量就会越大，效益就会越好”的思想误区。前面提到的“大量销售有限的品种”的成功，已经为我们提供了一个新的思维方式。而连锁企业则必须根据自身的特点、消费者群体等方面的不同，在科学的市场细分、市场定位的基础上，不断对经营品种进行科学的调整和优化。具体要求如下所述。

(一) 运用现代化技术手段对各类商品的综合业绩进行科学评定

已经具备了 POS、MIS 系统的连锁企业应充分运用现代化的技术手段，细化商品分

类，对每个品种、类别、品牌、规格进行销售量、利润率、供应保证等进行全方位的综合评定，同时也可以将某一商品通过不同规格型号的组合、不同地点、不同陈列方式等的变化来评定其业绩的变化，为商品结构的进一步优化提供更有力的依据。当然，上述综合评定还应包括价格、质量、服务、企业的整体定位等多方面因素。

（二）商品结构的优化要和卖场科学合理布局、现代商品陈列技术结合起来

对商品结构的优化应该结合卖场的布局同步进行。连锁企业可将经营的商品分为：目标性商品，即代表企业经营特色和形象的、销售业绩好的商品；一般性的商品，即相对于目标性商品次要一些的、满足大部分消费者需要的商品；季节性、节日庆典类商品以及方便性商品。对于以上四类商品，应该结合商场的合理布局，对于目标性商品突出、重点陈列，将方便性商品放于消费者易于拿取的地方，对于季节性、节日庆典类商品应突出其特点并结合相应的促销手段。

（三）商品结构的优化应包括对货架的优化

连锁企业要视货架为有限的资源，对其进行合理的安排，使有限的货架发挥最大的效益。要通过对各商品大类、品牌、规格、型号、款式的科学评价，在对商品进行合理布局的同时对货架进行优化，包括对商品品种、规格、型号、款式的合理选择和搭配。

（四）商品结构的优化应与连锁企业的价格策略及促销策略和手段结合起来

沃尔玛在深圳开设了五家分店，不同的分店根据顾客群体的不同，商品的结构、价格并没有因为追求死板的“统一”而完全一致。位于居民区的分店不仅生鲜、冷冻类商品数量、品种、陈列面积胜于其他分店，而且在价格上也略低于其他分店。对好的商品进行促销，给消费者一个超值的概念，更是这些企业的常用手段。

（五）商品结构的优化应与企业规模的扩大结合起来

随着企业规模的扩大，连锁经营过程中商品品种的增加与商品结构的优化一定要同时进行。

案例分析 5—1

中国超市货架上的空白背后商机无限

由于家人在美国生活的缘故，我经常往返于中美之间。每次到了美国，与游客出没在纽约第五大道或者洛杉矶日落大道不同的是，我通常出没在超市和各种卖场。这对于做市场的我来说是个好机会。不忙的时候，我甚至可以在大型超市里逛三四个小时，仔细看每一个货架。我不是为了购物，只是想从货架上发现和感受两个市场的区别。

稍微对比一下美国和中国的市场就会发现，我们可以“借鉴”的不仅仅是互联网的创业构想。就算只是走进美国的沃尔玛，再走回中国的沃尔玛，也会立刻发现商机无限——在那些琳琅满目的商品背后，有巨大的类目差别，以及类目中具体单品的差别。每一个差别，都暗示着两个市场互相借鉴的机会。而相对服务业来说，商品消费对文化的依赖性更低，可以对此做出清晰的对比和有价值的借鉴。

一个明显的差异是：在美国市场的众多商品品类中，有更多用于提升生活品质的“弹

性产品”，而中国的市场则更多提供满足“刚性需求”的生活必需品。这根本不是什么秘密或者重大的发现，因为谁都知道两国居民可支配收入的差异十分巨大。所谓可支配收入，就是扣除生活必需品开支后可以用来改善生活的收入，也就是我们常说的“闲钱”。

过去，我们将主要的收入用于柴米油盐，扣掉这些必需开支后，就几乎没有闲钱了。所以，很多国人都无法理解为什么会有人为了提高那么一点点的品质，愿意多支付很多张钞票。不过，如今的可支配收入从无到有、从少到多，逐渐积累了起来。

2010 年，中国城镇居民人均可支配收入为 19 109 元。特别要注意的是，中国城镇居民收入最高的 20%和收入最低的 20%，其可支配收入比达到了 5.4 : 1。也许这个中国“特色”让人讨厌，但是我们却没必要对此视而不见。这个数据加上其他一些数据，就意味着在沿海和中西部某些高收入地区，可能有 1 亿人的可支配收入达到或者超过每月 5 000 元。商家的目标就是让消费者掏出这 5 000 元来。下面几个品类，都是值得特别留意的。

更舒适和更精致

新兴市场的一个特点是年轻人整体收入水平高于他们的父辈。同时，他们负担轻、消费更自我，也更愿意模仿国外的消费方式。如果给他们每月 5 000 元的零花钱，他们一定不会考虑太久，就会把这些钱花得一干二净。这就是为什么中国大中城市的酒吧价格比国外还贵，但是年轻人又众多。所以，满足这些人的需求，是商家的一大机会。

家纺产品是这个领域的代表。国外的大型商超里，家纺拥有的销售面积远大于国内的沃尔玛，产品也远比国内丰富。在国外的大型百货商场，也会看到很多像 Calvin Klein 这样有一定知名度的服装设计师参与到家纺产品的设计中。在国内，以罗莱和富安娜为例，它们的产品并不比国外同类产品便宜很多，销售却节节高升，而且罗莱推出了一系列面向不同消费者的品牌，业务增长更是迅猛。

在前不久淘宝“光棍节”的大促销中，富安娜和罗莱的销量也都处在所有品类商品的前列，当天销售均达到千万元级别，这无疑折射出消费者对这一品类产品的巨大需求。不过，在国内，大牌设计师还没有积极参与到家纺产品设计中，预计在不久的将来这种状况会有所改变。

除了家纺，各种家居用品和厨卫用品也是一个快速发展的市场。年轻人越来越倾向于消费更精致的家居用品，他们仔细挑选每一个台灯、相框、椅子和抱枕，尽量做到少而精，绝不会在这些地方省钱。

他们也愿意在厨房里配备更西式的工具，做出一些他们的父辈不愿意吃甚至从没见过的东西来。他们买不起大的房子，但是会把自己的小窝布置得富有生活气息。

但是，除了宜家之外，还没有哪个地方可以集中满足他们在这方面的需求。所以，你总是能看到宜家人满为患。而在国外，则有无数选择，甚至去趟沃尔玛就可以发现很多想象不到的产品，满足你很细节的需求，比如厨具货架。

拿钱买命

毫无疑问，没有一个国家的消费者会像今天的中国消费者一样关注食品安全问题。

不过，最重视食品安全的不是年轻人。食品安全的高度关心者是那些收入颇丰的 30 岁到 50 岁的人，他们收入更高，可支配收入甚至远远超过每月 5 000 元，但更愿意把钱花在“本质上”，而不是“表面花哨”。

自建农业合作社也许并不是解决粮食问题的根本途径，产业化的大生产最终还会是永恒的主导。在这一点上，所有人都发现了巨大的商业机会，并把眼睛瞄向那些收入丰厚的中年和壮年人士。商家不断地告诉这些消费者：挣钱就是为了花的，特别是拿钱买命，值！

有机、绿色和无公害食品是很大的一块市场。美国的 Whole Foods 超市是有机食品专卖超市，5 年前门口的停车场还一片萧条惨淡，如今已经是车满为患。

在国外的沃尔玛，食品货架上经常可以看到"有机货"，价格已经降到只比普通农产品贵 30%左右。从全球市场看，有机食品市场增长并不算特别迅猛，每年保持着 20%～30%的总体增长。但是，由于国内巨大的市场落差，以及各种众所周知的原因，尽管这一市场还面临着鱼龙混杂的乱象，但是这个产业在近期会超高速发展是必然现象。

一个更有趣的现象是，在国外，有机已经不仅限于食品了。实际上，我刚买了一条有机的牛仔裤以及一块有机的香皂、一把有机的梳子和几瓶有机的精油。总之，你可以在超市里发现任何有可能和身体接触的产品都被"有机"了。这也将是未来在中国有可能发生的现象，至少对服装、洗浴用品、草本化妆品都是有可能的。

除了有机食品，人们恐怕会忽视一个巨大的市场：营养保健食品。谁说只有中国人吃营养保健品，我可以负责任地说，美国超市里出售的营养保健品数量绝对远超中国超市，货架上各种瓶子一应俱全。

据不完全统计，全球营养保健食品市场 2010 年已经超过了 3 000 亿美元，是有机食品的 3 倍！仅安利一家，销售额就突破了 92 亿美元，而营养保健品是安利的主打产品。

就在一些公益组织转移矛盾，把鲨鱼贸易的矛头指向鱼翅的时候，西方世界却在积极地消费着鲨鱼软骨素，这已经成为一些运动员和老年人保护关节的重要药品。在营养保健品领域，中医在中国市场的价值将变得至关重要，甚至有可能影响全球市场。

更专业和精致的母婴产品

在过去，老人们都用"把孩子拉扯大"这样的词。这是一个可悲的词，充满感情色彩却非常沉重。不过，Baby R Us 和 Toys R Us 却突然闯入中国人的生活。在大中城市，从国外代购奶瓶、奶嘴、奶粉、吸奶器、各种小器具甚至婴儿车，已经蔚然成风。

不过，如果你真的去 Baby R Us 和 Toys R Us 逛一圈，一定会为这里丰富的商品感到震惊。更让人震惊的是，很多商品上写着 Made in China，在中国却从来都没有出现过。其实，如果你要在北京找到一家商品比较齐全的母婴用品商店，还真是很困难。

仅仅是中国的母婴市场，全年市场规模保守估计也在 2 000 亿元人民币以上，母婴产品已经造就了红孩子这样的电商渠道。但是，由于在实业界还缺乏强有力的竞争者，中国的母婴市场还没有被催化起来。从另一个角度讲，这又是很巨大的一片蓝海！

其实，母婴市场揭示了中国消费市场一个普遍的现象：过于重渠道，而轻品牌。可能是很多商家对市场缺乏持久的信心，不愿意投资在品牌上。但是，在弹性市场中，渠道不是王道，品牌和扎实的客户关系才是王道。用一句通俗的话讲：既然消费者购买弹性需求产品的目标就是要改善自己的生活品质，当然要认牌子！多花点儿钱都不怕，还怕多跑点儿路吗？

所以，无论是家纺产品、家居用品、化妆品，还是有机食品、营养保健食品、母婴产品，真正要想把这个市场做起来、做成熟，品牌和扎实的客户关系必不可少！

资料来源：习熠：《中国超市货架上的空白背后商机无限》，载《销售与市场》，2012-02-22。

试分析：

结合自己的认识，观察身边大型超市是否存在文中的情况。如何解决文中提出的问题？

第三节　连锁企业商品采购业务

连锁企业商品采购业务主要包括确定需求、发掘商品、选择供应商、交易条件谈判、订立合同、监督供货、处理有关纠纷等。良好的采购行为不仅应该做到质量优良、数量准确、价格优惠，而且在货源、时间、交货方式等方面应有一定保证，以满足市场需要，保证连锁企业的利益。

一、连锁企业采购业务流程

连锁企业商品采购业务主要有日常商品补货，寻找新商品、新供应商，以及滞销商品、不良供应商淘汰等。业务不同，其流程也不尽相同。典型的商品采购流程如下所述。

（一）采购前的准备工作

为了使采购的商品在质量、数量、价格、供应时间上都有保证，在采购商品前必须完成一定的准备，特别是相关信息的收集与分析、判断工作。其中应收集的信息主要包括：

（1）市场的总体信息和当地的市场信息。主要内容包括：对商品质量和市场需求量进行调查；对供应商的销售情况和价格政策做出正确判断；与本连锁企业同类商品的销售进行类比分析；对竞争对手同类商品经营策略进行研究。

（2）商品品种类别、数量和价格水平等信息。

（3）对企业自身的销售能力有正确的认识和评价。

这些信息有些来自企业外部，需要业务人员平时注意收集，对于重要商品的采购则应进行必要的市场调查。有些信息来自企业内部，可以由企业的POS或MIS系统提供，或由有关部门提供。

除信息的收集、整理、分析、判断外，商品采购前还应对与供应商谈判做充分的准备，如谈判知识、专业知识以及谈判的方式、地点、场所、时间等方面的准备及安排。

（二）新商品开发

1. 对产品与新商品的理解

从市场学的角度看，产品是一个整体概念，包括：产品核心，即顾客所追求的基本效用和利益；产品形体，即产品实体与外观，如品质、颜色、式样、品牌名称、包装；附加利益，即向消费者提供的运送、维修、安装、使用保证、付款优惠等服务项目。只要是商品整体概念中任何一部分的创新、变革和调整，都属于新商品的范畴，如新发明产品、革新商品、改进型产品、新品牌产品、产品的市场再定位等。对连锁企业来说，应该把新产品分为四个层次来理解：一是对制造商和供货商来说是新产品；二是对本地市场来说是第一次引进的新产品；三是对公司来说是第一次引进的产品线、增补产品线中的某些产品项目或将原有产品经过重新组合形成新的“商品群”（如礼品商品群、烧烤食品商品群、微波炉食品商品群等）；四是对消费者来说是新产品，能给消费者以新的认识、效用和利益。新产品开发能否成功，最终将取决于消费者是否认可，因此，一定要把握“能给顾客带来新的效用和利益”这一基本原则。

2. 新商品开发的流程

根据连锁企业商品的市场目标、定位和结构调整需求，企业应有计划、有目的地不断开发新商品。新商品的开发主要包括以下几方面的工作：

(1) 编制年度新产品计划：对新年度的新产品开发项目做系统的规划，内容包括增加新分类、增加品项数、增加商品组合群、确立每一分类的利益标准、季节性重点商品计划、自行开发商品计划等。

(2) 新品初评：企业开发的任何新商品在质量方面必须符合要求，即符合行业标准规定以及有关法律、法规规定等。不论是供应商主动报价或基于市场需求而由零售业者主动询价，采购人员都应就新品的进价、毛利率、进退货条件、广告宣传、赞助条件等项目予以初评，如表5—2所示。

表5—2　　新产品开发引进评估表

品名：　　货号：　　厂商：

项目				得分
毛利率	*酒类 8%以下 □……1分 8%～10% □……2分 10%～15% □……3分 15%以上 □……4分	*一般商品类 15%以下 □……1分 15%～20% □……2分 20%～25% □……3分 25%以上 □……4分	*特殊商品类 20%以下 □……1分 20%～25% □……2分 25%～30% □……3分 30%以上 □……4分	得分 分
进退货	*进货 自行配送 □……1分 自行订货 □……2分 指定配送（协议厂商） □……3分 直接配送（统仓） □……4分	*退货 不可退货 □……1分 有限退（换）货 □……2分 可换货 □……3分 可退货 □……4分		得分 分
市场竞争力	*超市差价幅度 −10%以下 □……1分 −10%～0% □……2分 0%～5% □……3分 5%以上 □……4分	*一般零售店差价幅度 −5%以下 □……1分 −5%～0% □……2分 0%～10% □……3分 10%以上 □……4分	*便利商店差价幅度 −5%以下 □……1分 −5%～0% □……2分 0%～10% □……3分 10%以上 □……4分	得分 分
广告	*媒体 宣传单 □……1分 广播 □……2分 报纸 □……3分 电视 □……4分	*预算 10万元以下 □……1分 10万～50万元 □……2分 50万～100万元 □……3分 100万元以上 □……4分	*时间 不定 □……1分 1～2周 □……2分 3～4周 □……3分 5周以上 □……4分	得分 分
赞助能力	*年度销售折扣 1%～2% □……1分 2%～3% □……2分 3%～5% □……3分 5%以上 □……4分	*商品陈列费 1 000元以下 □……1分 1 000～5 000元 □……2分 5 000～10 000元 □……3分 10 000元以上 □……4分	*其他赞助金(周年庆，新店开张) 1 000元以下 □……1分 1 000～5 000元 □……2分 5 000～10 000元 □……3分 10 000元以上 □……4分	得分 分
总分				
说明：1. 30分以下，不考虑进货。 2. 30分以上，同意进货试卖。		主办：　　主管： 日期：　　年　月　日		

(3) 新品复评：采购人员初评之后，还需要由具有商品专业知识的人员组成的采购委员会进行复评，对拟引进的品项进行筛选。复评的项目除初评项目外，还包括商品的口味、包装、售价及市场接受程度等项目，以防止不符合标准的商品流入本企业。

(4) 新品试销：对连锁企业而言，贸然将新品引入风险很大，通常选择部分门店先进行试销，再就试销结果做出是否推广到所有门店的决策。

(5) 更新卖场商品陈列表：若新品试销效果良好，则采购人员应配合进货，并制作新的商品陈列表。

(6) 通知门店：新品全面引进门店之前，需要事先以书面或其他方式告知门店，并给予前置时间，要求门店限期做好新品引进的各项作业。

(7) 跟踪管理：新品导入卖场后要对销售量进行观察、记录与分析。

3. 接受报价与评价——引进新产品的重要步骤

接受报价、进行议价是连锁企业引进新产品的重要步骤。

接受报价应注意以下几点：

(1) 制定规范化的报价单，要求厂商按统一的报价单来报价，以利管理。

(2) 分类报价，即将不同类的商品分类处理。

(3) 详细规定厂商在报价时应提供的资料。

(4) 要求厂商在报价时提供实物样品，作为商品实物标准。

议价即就价格及交易条件进行谈判，涉及付款方式及条件、交货期及逾期交货赔偿条件、品质检验及不合格品的赔偿条件、数量及数量折扣、保险费支付、包装、运输方式及费用支付、税项负担、售后服务等。

进行议价时应注意以下几点：

(1) 议价与谈判的基本原则是要使己方做出最少让步而获得最大收益，又能使对方同意及执行。

(2) 议价前要做好充分的准备，如明确己方的责任及可承担的极限，明确要达到的目的，分析对方的有利条件和不利条件，认清对方应承担的责任，了解对方的要求，了解对方谈判代表的背景等。

(3) 选择对己方有利的谈判地点、谈判环境和谈判时间。

(4) 要灵活运用谈判技巧等。

知识拓展 5—2

商品标准

商品标准是指对商品质量和有关质量的各方面所做的技术规定，核心内容主要包括适用范围、引用标准、术语、符号、代号、商品分类、技术要求、试验方法、检验规则、标志、包装、运输和贮存等方面。商品标准是商品生产和商品流通的一种共同技术依据，是商品质量评价和质量监督检验以及商品使用和维护等的依据和准则，对保证和提高商品质量，提高生产、流通和使用的经济效益，维护消费者和用户的合法权益等，都具有重要作用。对于企业从事商品采购的业务人员来说，商品标准是了解商品的质量要求、订立合同中的相关质量条款的重要依据。商品标准可以引入合同，并作为对商品质量争议做出仲裁的依据。

（三）滞销商品的淘汰

为保证企业的销售业绩，连锁企业通常要淘汰相当数量的滞销品，有些企业甚至做了每年必须淘汰多少个滞销品种的规定。

1. 滞销品淘汰程序

（1）对销售数据进行分析：根据滞销品标准，进行数据分析。例如：以销售额排行榜最后3%为淘汰基准，以每月销售量未达到50个单位为基准，以商品品质为基准，等等，找出销售不佳、周转慢或品质有问题的商品作为淘汰品。

（2）确认原因：采购人员应了解商品淘汰的真正原因，是商品不佳，还是人员作业疏失，如缺货未补、订货不准确、陈列定位错误等，然后再确认是否淘汰。

（3）告知分店：淘汰滞销品之前，总部应至少在10天前向门店告知滞销品的项目及退换货作业程序。

2. 滞销品形成的原因

（1）供货商所提供的商品有质量问题，顾客买后退货，造成店铺商品积压而成滞销品。

（2）供货商供货不及时，延误了销售时机。

（3）进价及采购成本过高，影响商品畅销度。

（4）未掌握商品的畅、滞销状况。

（5）贪图厂商搭赠或数量折扣，贸然大量进货。

（6）市场供求量发生变化，以致畅销品成为滞销品。

（7）商品库存分类不清，门店陈列定位不准，或促销方式不佳。

（8）总部对分店存货及销售量没有准确把握。

连锁企业应对滞销品产生的原因进行分析，分析的目的主要是改革销售工作。

3. 控制滞销品产生的方法

尽可能控制滞销品的产生，具体办法有：

（1）树立“退货也须付出成本”的观念，进货退回是不受供应商欢迎的，退货过多会影响公司的商誉及与供应商之间的关系，而且也会增加商品进、销、存的费用，所以要强化销售力，尽量做到不退货。

（2）依商品类别及厂商类别将商品归类，制作商品目录和商品订货表，加强存货及陈列的定位管理。

（3）把握各类商品总部库存及分店库存总量，不能光凭总部库存来决定采购。

（4）制定门店每次最后订货量及最大存货量。

4. 淘汰作业的处理步骤

（1）列出淘汰品清单，确定淘汰日期和淘汰品的数量。

（2）查询有无货款可抵扣，如有，可将滞销品退回供货商，若无，则不可将产品退给厂商。无法退回给厂商的商品（如进口商品、远距离采购的商品或一次性买断的商品），可降价销售，或者作为促销的奖品送给顾客。滞销品如退给厂商，应及时通知厂商取回退货，如要分店处理，总部应将处理方式及时告知分店。

（3）淘汰作业结束后应做好淘汰商品的记录工作，整理成档案，以避免重新将滞销品引进。

二、采购时间与数量的确定

（一）定量订货法

定量订货法，即当某种商品的库存量减少到预先规定的规模时，发出追加订货通知的订货制度，也称“起订点法”。图 5—1 是定量订货法的图解。从中可以看出，两个订货量点之间的订货周期是不定的，主要是依销售状况而定。

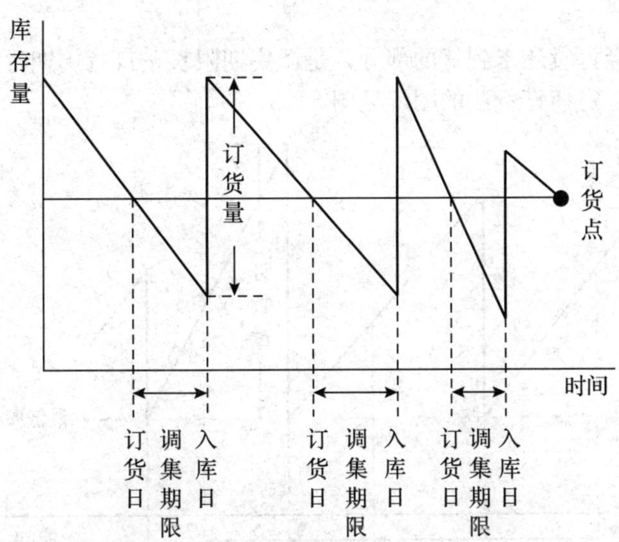

图 5—1 定量订货法图解

定量订货中的订货周期由以下公式决定：

$$订货点=商品的最大调集期限\times平均需要量+安全系数\times\sqrt{最大调集期限}\times需要量偏差$$

该公式的适用条件是标准偏差在日平均销售数量的 1.3 倍以内，即：

$$\frac{需要量偏差}{平均需要量}\leqslant 1.3$$

商品的最大调集期限，即以发出订货通知起，包括商品入库、标价、在店铺陈列完毕的期限。平均需要量指每天的平均销售量。安全系数指把需要量的偏差看作正态分布时与商品脱销率相对应的一定系数。通常情况下，脱销率为 5%时，安全系数是 1.65。使用最大调集期限的正平方根是因为调集期限的变动概率与其长度不成正比，而由与平方根的关系引起。需要量偏差指把需要量看作正态分布时的标准偏差。

假如销售状况和商品调集都顺畅，就可以把平均需要量乘以第一项最大调集期限的乘积作为订货点。但是在现实中，因需求变动而引起脱销的概率是较大的，因此，应该通过改变第二项安全系数来降低脱销发生率。

（二）定期订货法

定量订货法是向库存求订货点，而定期订货法是向订货周期求订货量。定期订货法计算订货量的公式是：

订货量＝调集期限＋订货周期×日平均销售预测量

　　　　－订货余额－现有库存余额＋最低库存量

该公式的适用条件是：

$$\frac{\text{需要量偏差}}{\text{平均需要量}} \leqslant 2$$

订货余额指已经订货还未到货的部分，是调集期限长于订货周期时发生的状态，在普通商品上不常见到。定期订货法的图解见图5—2。

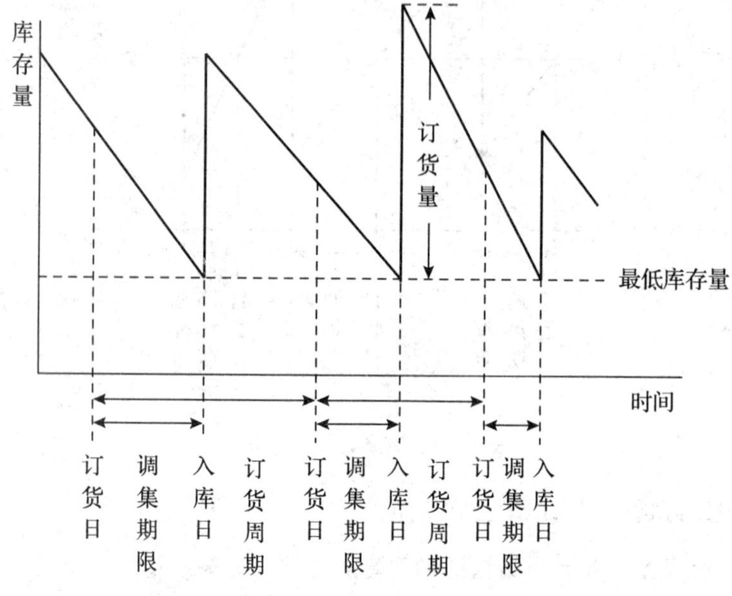

图5—2　定期订货法图解

三、供应商管理

供应商是企业的资源，良好的供应商和与供应商良好的合作关系是连锁企业提高竞争能力的基础。连锁企业往往拥有几十家甚至几百家供应商，而且由于商品淘汰更新，供应商的变动也比较频繁，这就需要对供应商进行统一的管理。供应商管理应着重做好以下七个方面的工作。

（一）对供应商进行分类与编号

一般可按商品种类来划分供应商，如果蔬菜类供应商、主副食品类供应商、日用品类供应商、一般食品类供应商、熟食类供应商、文化用品类供应商、家用电器类供应商、针纺织品类供应商、成衣类供应商、烟酒类供应商、玩具类供应商、日用百货杂品类供应商等。厂家分类最好能与公司的商品分类或业务部门的组织结构相一致，以便于管理。对供应商分类后，应给每一个供应商一个代码，以利电脑管理。有些企业还在分类、编码后发给供应商一个代码卡，供应商可以利用该代码卡查询自己产品的销售情况、货款的结算情况等。

（二）建立供应商档案

将每一个供应商的基本资料归档，包括公司名称、地址、电话、负责人、资本额、营业证件号、营业资料等，供应商的档案要进入企业的电脑系统，有关人员可以方便地根据需要查询某一商品的供应商档案。

（三）建立供应商商品台账

对每一个供应商所供应的商品都要建立台账，包括商品的序号、代码、名称、规格、单位、进货量、售价、进价、毛利率、销售额、供货供应商代码等。

（四）统计分析销售量

对每一供应商所提供的商品数量、销售金额要按一定时期进行统计，并列出供应商销售数量排列表，作为议价谈判的重要依据。

（五）对供应商进行评价

管理供应商需对供应商进行评价，可按一定的标准，将供应商分为 A、B、C、D 四级，并实施分类管理，如 A 级供应商由采购主管管理。供应商评价表如表 5—3 所示。

表 5—3　　供应商评价表

项目	评价				
	A	B	C	D	得分
商品畅销程度	非常畅销（10 分）	畅销（8 分）	普通（6 分）	滞销（2 分）	
缺货率	2%以下（15 分）	2%～5%（10 分）	5%～10%（6 分）	10%以上（2 分）	
配送能力	准时（15 分）	偶误（10 分）	常误（5 分）	极常误（2 分）	
供应价格	比竞争店优惠（20 分）	与竞争店同（12 分）	略差于竞争店（8 分）	差距大（2 分）	
促销配合	配合极佳（15 分）	配合佳（10 分）	配合差（5 分）	配合极差（2 分）	
商品品质	品质佳（10 分）	品质可（8 分）	品质差（6 分）	时常出现坏品（2 分）	
退货服务	准时（10 分）	偶误（8 分）	常误（6 分）	极常误（2 分）	
供应商经营能力	潜力极佳（10 分）	潜力佳（8 分）	普通（6 分）	潜力小（2 分）	

注：（1）半年评价一次，一年两次，求平均得分。
（2）得分 70 分以上为 A，60 分～70 分为 B，50 分～60 分为 C，50 分以下为 D。
（3）A 级供应商年度应适当奖励。

（六）对采购合同的管理

连锁企业可事先制定一份规范的合约书供采购人员使用，同时制定包括合约签订、审核、记载、检查、处理等内容的合约管理细则，并配备专职或兼职管理人员统一负责采购合约的造册登记和存档，随时掌握采购合约的履行和注销情况。

（七）建立商品及服务检查制度

采购人员应定期抽查，或从门店了解供应商所提供的商品品质、销售量、供应商服务保证等问题，及时向总部汇报，并与供应商及时沟通，有问题应要求供应商限时解决。

总之，采购业务管理是连锁企业经营管理的一项重要工作，也是整个业务活动的关键环节。企业必须选配精良的业务人员，制定并严格执行相应的规章制度，规范企业的采购行为。

课堂讨论：为了深入了解供应商的情况，连锁企业的采购人员需要对供应商进行实地考察。实地考察过程中我们可以通过哪些方面考察对方的情况？要重点关注哪些因素和要点？

案例分析 5—2

三招“秘籍”助力生鲜商品差异化开发

自 1997 年在成都春熙路上开设第一家店起，伊藤洋华堂到现在已经进入了第 14 个年头，在成都已有 4 家店铺。2010 年，成都伊藤洋华堂销售额达到 44 亿元，食品销售达到 9.5 亿元，其中，生鲜食品销售 4.2 亿元，单店销售 1.05 亿元，平均每日生鲜食品的销售额有 115 万元，每天有 11.5 万件生鲜商品被顾客购买。

那么，伊藤洋华堂是怎样把生鲜打造成吸引顾客的战略品类的？伊藤洋华堂的做法是靠差异化制胜。寻求差异化的目的就是为了摆脱价格竞争，为顾客提供更优质的商品和生活用品。

生鲜商品的差异化主要体现在三个方面：一是味道的差异化，寻求更鲜美的味道；二是鲜度的差异化，寻求更新鲜的商品；三是价格的差异化，寻求更低的成本。

究竟怎样开发差异化生鲜商品呢？让我们来看看伊藤洋华堂的做法。

首先是组建专业的商品研发团队，通过对市场进行分析，研发适合市场需求的独有商品。其目的是，利用专业技术团队开发出一流的独有化商品，提升商品的味道和鲜度。以面包团队开发面包为例，开发步骤包括：第一步，对数据以及市场进行分析；第二步，组建与面包所有相关联供应商的团队，定期开展会议交流、行业情报交流、市场情报交流，并制订新商品的开发计划，通过专业团队对商品进行研发，再通过市场分析对产品进行调整；第三步，确定开发方向以及开发日程，最终开发出比别人味道更好的面包。

其次是以“买断不退货”这种将风险转嫁给自己的方式，来采购差异化的商品。其目的是实现与厂家的信息共享，开发高品质、低成本、有竞争力的 PB 商品。以指定养殖的山林放养土鸡为例，伊藤洋华堂的做法是与基地建立信息共享，按照伊藤洋华堂的要求养殖指定品种、按规定的养殖天龄进行养殖；同时，按照销售计划来确定养殖数量，然后签订买断协议。由于确保了这类土鸡的品种优势以及养殖天龄，整体商品品质和鲜度都得到了保证，销售得到了快速增长。

最后是深入产地开发，指直接和产地深入合作，从种子到种植再到运输的整个流程，伊藤洋华堂都进行了改善，目的是提升味道和鲜度，和其他商品形成差异化。

以新疆哈密瓜产地开发为例，以前的进货渠道是从新疆批发市场进货，哈密瓜的来源多是本地小型农户的产品或本地大型基地的产品，经常有生瓜或过熟的瓜，鲜度极不稳定，直接影响到哈密瓜的口感，增加了损耗。同时，由于受到味道和种植区域的限制，每年的销售时间从 6 月底开始，到 9 月底结束。采购人员经过分析发现，当地人在种植理念上相对比较落后，过度追求产量而不是追求质量；而因为市场导向的问题，农户也不愿意冒高风险去种植成本高、产量低的商品。

对此，伊藤洋华堂开发过程的第一步，就是供应商的选定。通过网络的收集和到新疆实地进行考察了解，最终选择了一家在当地有自己种植基地的供应商，该公司通过公司加农户的形式指导果农栽培管理，种植高品质的瓜果，开发内地市场。

第二步，基地的选定。伊藤洋华堂由北往南选择了 8 个基地，由于纬度不同，形成了温度差异，这样 8 个基地相互间隔 12 天时间陆续上市，销售时间可以从 6 月底销售到 12 月底，延长了 3 个月时间。

第三步，与农民进行商谈。

第四步，选定品种。其目的是选择优质品种进行种植，对提升味道非常关键，而且每个品种相互上市又间隔了 10 天左右，这样就保证了任何时候都有两个以上的品种销售，一个接着一个品种出来，能避免断货。

第五步，种植方式的改变。根据科学方法，对农户的施肥浇水等方式进行规范，确保一个瓜藤只留一个瓜。

第六步，规范采摘和物流方式。确保每个瓜的生长期在 100 天以上，采用空运方式以确保鲜度。

第七步，卖场销售。在上市初期，供应商提供了 10%的试吃，很多顾客由于品尝以后觉得味道较好而产生购买需要；在卖场进行了大面积陈列展开，包括 1/2、1/4、去皮等各种销售方式进行推广；销售人员着民族服装销售，以增强销售气氛；通过多种媒体，对商品的特点进行详细介绍。

今天，真正的竞争对手已经到来，那就是顾客需求的变化。采购市场上已有的商品，马上就会产生同质化现象。只有挖掘顾客的内心需求，更快地开发出让顾客心动的商品，开发出差异化的商品，才能赢得顾客的信赖和喜爱。

资料来源：张苒：《三招“秘籍”助力生鲜商品差异化开发》，载《中国商报》，2011-07-14。

试分析：

案例中成都伊藤洋华堂通过哪些方法助力商品的差异化？对此，你还有哪些其他建议？

知识拓展 5—3

高效率消费者响应

高效率消费者响应（Efficient Consumer Response，ECR）是20世纪90年代出现的一种营销技术，旨在建立一个具有快速能力和以消费者需求为基础的系统，它通过消除运营过程中的低效率和不必要的费用，给消费者带来更大的利益，进而提高企业的竞争力。ECR的核心是品类管理，以及围绕品类管理而开展的效率策略（高效率促销、高效率补货、高效率新商品推广和高效率品牌优化）。超市与供应商密切、良好的合作是开展品类管理的必要基础。

一、高效导入新品

零售企业的新商品导入是被动的，经常受到供应商左右，造成新品导入在时间、质量和效果上还不能适应超市经营的需要。高效率新品导入将建立制度化的新品导入审批程序，制定、使用新品评价标准，根据新品的战略地位确定资源配置，与供应商共同执行新品导入计划。

二、高效配置商品

企业通行的商品配置原则是根据销售和利润水平选择商品，没有明确的品种选择程序和依据。而高效率的商品配置策略力求使本企业与其他零售商产生差别化和个性化，在商品配置上按照合理的、有效性的程序实施持续调整，包括品类界定、品类角色、品类评估、品类优化方案等内容。

三、高效促销产品

目前，低效甚至无效的促销活动普遍存在。高效率促销的理想模式是在品类管理整体促销计划的基础上形成战略高度统一的结构化程序，随时进行机会性促销和战术性促销，实施动态促销计划。通过ECR策略实现高效率促销，可以与供应商合作，了解商品销售走势，把握消费者信息和消费者的购买行为。总部、分店和物流配送中心统一协作，并建立促销结果分析方法。

四、高效补充货品

高效率补货要求通过及时、准确、快速地传递需求信息，指导制造商的生产计划；通过有效的物流配送消除供应链中的多余成本，减少库存，提高补货效率。

实现ECR策略除了对传统的管理理念、经营手段和运作方式进行调整和改进外，还必须立足于现代信息物流技术以及零售商和供应商的紧密合作。

案例分析 5—3

小超市必须掌握的四大核心品类操作要点

一、粮油、牛奶类

对此类商品，要重视价格竞争力，树立门店的整体价格形象。

民生商品的主力就是那几个老品牌，顾客通常情况下不会轻易改变自己长期养成的消费习惯，所以即便是小超市 5、6 组的货架，照样可以和大超市 20 组货架相抗衡。由于顾客对这些商品的价格极其敏感，因此保持价格竞争力是这类商品品类管理的核心。

二、休闲、酒水类

对此类商品，要重视商品的淘汰更换，满足顾客的多样化需求。

小超市的货架少、单品少，而顾客选择又是非常个性化的，再好吃的东西也是久吃必厌，因此，小超市在休闲食品和饮料酒品的选择上要下工夫。小超市要想让自己的中青年和青少年顾客群体不流失，必须要不停地进行引进和淘汰工作，使店内商品始终充满活力。

三、日化、纸品类

对此类商品，要重视商品的规格、适用群体的管理。

不同的顾客群体对日化、纸品类商品的包装规格需要有着相当大的差异，如洗发水 750ml/400ml/200ml、男士/女士；大包洗衣粉（液）/小包洗衣粉（液）；单块装皂类/组合装皂类；卷纸的单双卷/整提、有芯/无芯；卫生巾的少女/成人……

由于周边的人群会经常发生变化，所以日化、纸品类的品类管理也要相应调整。

四、百货类

对此类商品，要重视商品的品项管理。

百货的品项管理对于小超市的要求是：无论给你 10 组、5 组还是 3 组货架，你都要配置出品项齐全的商品，以满足顾客的应急需求。

如果顾客是提前就计划好要采购百货用品，那么他到小超市来购买的几率很小，所以顾客多是应急需求，这种情况下，我们只需要有这个东西就行了，选择一个该品项中最大众化的单品即可。

试分析：

结合平时的观察和体验，说一说小超市的商品经营结构应具备哪些特点。在商品结构上小超市会具有优势吗？

第四节　连锁企业配送管理

一、商品配送模式

配送（Distribution）是指在经济合理区域范围内，根据用户要求，对物品进行拣选、加工、包装、分割、组配等作业，并按时送达指定地点的物流活动。

商品配送属于物流范畴，是一个缩小了的物流过程。随着现代物流观念、物流技术的发展，商品配送方式、配送技术手段、配送体制以及管理方法等都在发生着深刻的变化。连锁企业的配送方式方法、技术手段、经营模式也在不断发生着变化。科学合理的统一配送体系，不仅可以节约物流资源，强化连锁企业的销售功能，而且是连锁企业重要的利润源泉。

目前我国物流业发展相对落后，社会配送系统不够健全和完善，同时连锁企业在我国也是较新的零售经营方式，发展很不平衡。因此，我国的连锁企业商品配送模式与发达国家相比还存在很多不尽如人意的地方。当前我国连锁企业商品配送模式主要有下述四种。

（一）供应商直接配送模式

这是连锁企业起步阶段通常采用的模式，也是目前我国中小型连锁企业常用的模式。连锁企业发展初期，企业没有自己的配送系统，社会配送体系不能适应连锁企业发展的要求，企业通常采用这种模式，即由供应商将商品直接送到各连锁分店。

（二）自营配送模式

自营配送是目前连锁企业广泛采用的一种配送模式，企业通过独立组建配送中心，实现自身需要的配送功能。这种配送中心的物流设施和设备为连锁企业所拥有，作为一种物流组织，配送中心是连锁企业的一个有机组成部分，这种隶属于某企业的配送中心只服务于该连锁企业的各个连锁分店，通常是不对外提供配送服务的。

许多连锁企业都通过组建自己的配送中心来完成对内部各连锁分店的统一采购、统一配送和统一结算工作。例如，美国的沃尔玛公司所属的配送中心就是公司独资建立、专门为本公司所属连锁分店提供商品配送服务的自营型配送中心。我国客观上缺乏社会化配送中心，连锁企业需要组建自营型的配送中心。随着经济的发展，一些自营型配送中心将可能转化为公用型的社会化配送中心，承担社会化配送业务。

（三）社会化中介型配送模式

社会化的中介型配送模式是指从事配送业务的企业通过与生产企业建立广泛的代理或买断关系，与连锁企业建立较稳定的契约关系，从而将生产、加工企业的商品或信息进行统一组合、处理后，按客户订单的要求，配送到各连锁分店的配送模式。这种模式的配送还可以在用户之间交流供应信息，从而起到调剂余缺、合理利用资源的作用。

社会化的中介配送模式是一种完整意义上的配送模式。它在国外发达国家是一种常见的配送模式，目前在我国还没有普及。

（四）共同配送模式

共同配送模式是一种配送经营企业之间为实现整体的配送合理化，以互惠互利为原则，互相提供便利的配送服务的协作型配送模式。与社会化的中介型配送模式一样，共同配送模式是连锁企业配送中心发展的未来趋势。连锁企业将普遍摒弃小商业传统的“小而全”的做法，接受社会化配送的新理念，追求更大范围的社会化协作和社会资源共享。因此，社会化配送中心在我国有着广阔的发展前景。在目前的条件下，实现社会协作配送还有困难，主要是我国目前尚缺少健全的社会物流配送体系，不具备社会协作配送的可能性。

二、配送中心及其功能

根据国家标准的定义：配送中心（Distribution Center）是指从事配送业务的物流场所或组织。配送中心应符合下列基本要求：（1）主要为特定的用户服务；（2）配送功能健全；（3）有完善的信息网络；（4）辐射范围小；（5）多品种、小批量配送；（6）以配送为主，储存为辅。配送中心基本上集中了物流的所有主要功能。

从业务功能上看，配送中心是一个多功能体系，它集加工、理货、仓储、运输等多种职能为一体，是这些功能的综合体。

（一）连接功能

配送中心把生产领域与消费领域连接了起来。许多供应商本身就是制造商，通过订货，供应商可以把产品送达配送中心，然后由配送中心将商品根据需要送到各个连锁分店。配送中心起着媒介的作用，它把商品的供需连接起来。这时配送中心就构成了整个物流联结中的一个重要结点。

（二）仓储功能

配送中心的服务对象是连锁企业的各个连锁分店，为了顺利而有效地完成向连锁分店配送商品的任务，更好地发挥连锁组织的规模效益，通常配送中心都要储存一定量的商品，以调节供求矛盾。连锁企业常常需要对一些销量大的商品进行一次性大规模的采购以降低采购成本，储存是不可避免的。对于一些季节性强、节庆类的商品，往往也需要配送中心提前有所准备。

（三）分拣、理货功能

连锁企业配送中心服务的连锁分店少则有十几个，多则有上百个，这些连锁分店之间存在着许多差别。在订货时，不同的连锁分店对于商品的种类、规格、数量等会提出不同的要求。因此，配送中心必须采取适当的方式对连锁分店所需商品进行拣选，并在此基础上按照配送计划分装和配装商品，分装、配装后的商品才能送达需要的连锁分店。商品到货也是一样，有些供应商一次送货可能有多个品种、规格，甚至多种商品。这些商品要安排相应的仓间进行合理储存，或直接配送给需要的连锁分店，也同样需要配送中心进行分拣、整理。

（四）加工功能

配送中心通过对商品的加工，能够扩大经营范围和提高配送水平，满足广大消费者的需要；同时，通过加工，可以提高商品的价值，从而提高连锁企业的经济效益。目前，鲜活商品如蔬菜、水果已经普遍进入连锁店，这些商品有些还是连锁店吸引顾客的主力商品，这些鲜活商品没有经过整理、加工是不可能直接销售的。

（五）运送功能

配送中心的重要任务之一就是将商品送达各连锁分店，及时准确地将商品送达是配送中心的基本职责，因此配送中心的一项主要功能就是运送功能。

（六）信息收集功能

配送中心的特殊地位，使其成了信息比较密集的地方。一些商品的问题往往也在配送中心表现出来，如有问题商品需要经配送中心收集、整理后退给供货商或与供货商协商处理等。很多商品的供求信息都可以在配送中心集中地反映出来。配送中心可以利用这些条件收集商品信息。

三、配送业务流程

统一配送的主要目的有二：一是减少送货交通流量，提高送货车辆满载率，从而减少送货费用，降低连锁企业的物流总成本；二是缩短补货时间，提供更高效优质的补货保证，从而进一步满足销售的需要，提高企业的竞争能力和经济效益。

（一）典型配送中心的作业流程

典型配送中心的作业流程如图 5—3 所示。现将流程各环节说明如下：

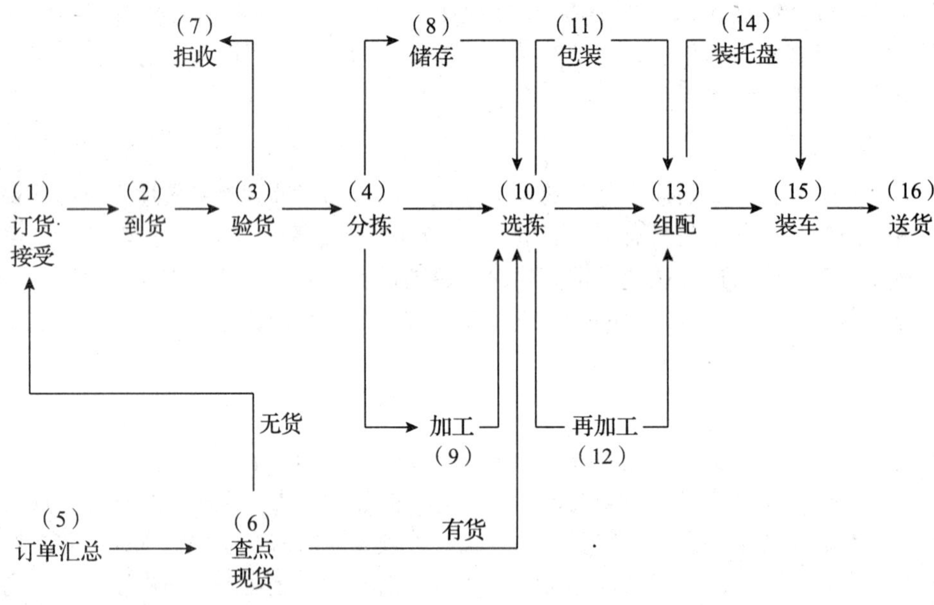

图 5—3　典型配送中心的作业流程

（1）订货。根据分店的销售情况与供应商签订供货协议，提前订货。如遇连锁分店要货而配送中心无现货可发，就会出现商品脱销，这时配送中心应立即查询供应商，并向供应商发出订单，快速完成商品补货。

（2）到货接收。配送中心的收货部门对供应商送来的商品进行确认。

（3）验货。根据供货合同，对商品的数量、品种、规格、质量、包装等进行验收，如无问题，立即进行分拣作业。

（4）分拣。对供应商送来的商品，配送中心要按种类将其分开，分类暂存或进行下一步作业。

（5）订单汇总。按规定，每日各连锁店必须在规定时间前将要货情况通知配送中心，配送中心则在当日订货截止时间之后将各店要货单按商品的品名和规格及数量进行汇总。

（6）查点现货。配送中心查询企业现有库存系统中是否有所需数量的现货商品，如有则进入第（10）步，按订单进行选拣或其他相关作业。

（7）拒收。验收中如发现在数量、质量等方面有任何与合同不符的情况，均详细记载，配送中心拒绝收货，商品由供应商自行处理。

（8）储存。配送中心必须对大批量的商品进行储存，并根据需要分批出货。

（9）加工。有些商品按供应商与配送中心的协议，要在配送中心完成最后的加工过程，如服装供应商将成衣批量送到配送中心，在配送中心钉上服装的标签并套上塑料套；鲜活商品、蔬菜、水果等要在配送中心切割、称量、洗净、装袋等。这些加工作业是现代配送中心的增值服务。

（10）选拣。配送中心出货的第一个环节，是根据连锁分店的要货单，将存放在仓库不同货架上的商品拣出，并将同一分店的不同商品放在同一理货区域。

（11）包装。要货选拣完毕，配送中心有时要将商品进行重新包装，使之适于运输、送货，减少因多个店铺的商品组配在同一辆送货车内，导致错送及混送等失误。

（12）再加工。配送中心在将商品送给连锁店之前要做好上架前的一切准备工作，以利连锁店的货架陈列，如将店内码和价签贴于商品的销售包装或中包装上。另外，还需按每个店铺的不同要求对商品进行加工，如包装商品进行定量灌装，将大包装改成小包装，等等，这也是一种极有前途的增值服务。

（13）组配。将送入同一路线上的不同店铺的不同商品按送货车的容积和载重量要求进行配载，以使送货车的容积和载重量利用率最佳，减少交通流量，降低送货成本，提高配送速度。这是配送作业中最主要的环节之一，也是现代配送作业区别于传统仓储作业的一个重要标志。

（14）装托盘。有些批量较大的重实商品，为方便机械化装卸搬运，提高作业效率，减轻作业人员劳动强度，将其装于托盘上运往分店，分店用叉车将其卸下，整个过程既省时又省力。

（15）装车。用托盘盛装的商品可用叉车组织装车，否则需要人力组织装车。要特别注意按送货的先后顺序装车，先到的商品放在上面和外面，后到的放在下面和里面，同时还要做到重不压轻。

（16）送货。送货安排可有多种，如按固定时间、固定路线、为固定店铺送货，或按店铺的要求准时送达。返程可捎回搁置在店铺的空托盘、包装箱及退换货等。

以上只是整个配送中心作业的物流流程，与之相伴随的还有信息流程（票据、单证及其他许多相关信息）和资金流程（如货款、运费、杂费等的结算流程），各企业可结合自己的情况进行规划与设计。

（二）配送中心业务流程的调整

现实中连锁企业的配送中心与典型的配送中心或多或少有不同之处，因此在业务作业流程上也需要根据自身情况进行调整。企业在重新设计配送中心作业流程时，可考虑下述几种不同的配送模式。

1. 预配送模式

其适用对象是没有纳入统一配送范围，可以由各分店自行采购进货或虽由配送中心集中统一进货，但需要由供应商直送的商品。这类商品的配送不经过配送中心仓库，有的甚至不经过配送中心。采用这种配送模式应严格控制，缩小比例，其作业流程可由前述典型流程加以简化形成。

2. 正规配送模式

遵循前述典型作业流程，是配送中心的主要配送模式。采用这种模式时，供应商将商品送达配送中心仓库的流通分拣区，配送中心人员分门别类地将其放在适当的货位。连锁分店要货时，配送中心人员根据要货单到相应货位上拣取商品并存放在同一理货区，然后进行组配、装车、送货等作业。

3. 后配送模式

即配送中心批量进货后，暂不配送给分店，而在配送中心仓库储存保管一段时间，当连锁分店要货时再配送。这种模式的作业流程基本采用典型流程，只是分拣与选拣要间隔一段时间，这就是商品储存保管的时间。采用后配送模式可以保证服务水平，但库存压力同时加大。

4. 调剂配送模式

即根据各店铺商品销售情况，在店铺间调剂商品余缺的模式。有些商品在一个店铺滞销或平销，调入另一分店时就平销或畅销，配送中心及时在店铺间进行调配，可避免这种现象的出现。这种模式的作业可以不在配送中心仓库内进行，其作业流程如图 5—4 所示。

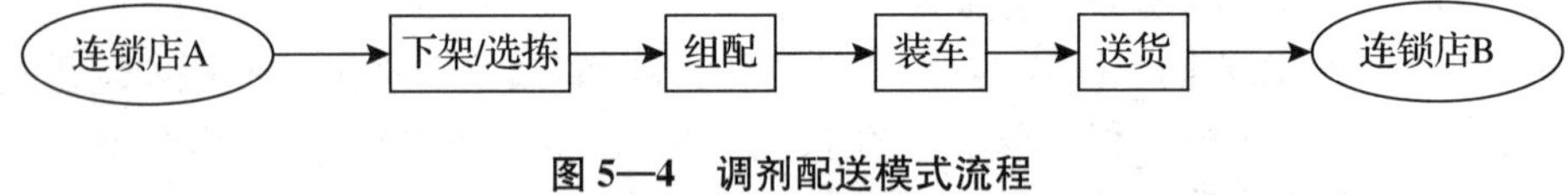

图 5—4　调剂配送模式流程

由于我国连锁企业发展起步较晚，很多企业没有自己的配送中心，或者自己的配送中心在规模、配送能力等方面还不能满足企业经营的实际需要，所以多数连锁企业需要供应商、社会物流系统的支持。社会化的共同配送是一个必然趋势。

从国外的情况看，连锁经营的发展必然走向共同配送。一方面，由于连锁经营的发展导致各种业态的流通企业竞争加剧，联合完全符合互利这条商业原则，企业可以借势增强自身竞争力。另一方面，无论是连锁企业自身的配送中心，还是专业性社会化配送中心，都面临着设施浪费相当严重的问题，而且大量配送车辆集中在城市商业区，导致严重的交通阻塞，因此各国的城市交通管理部门都采取措施减少城市商业区交通流量，这些措施也迫使连锁企业、配送中心重新构造其送货系统，而共同配送当然就成为应付这种环境的万全之策。

案例分析 5—4

7-11 便利店独特的配送系统

7-11 便利店发源于美国，是全球最大的便利连锁店，在全球几十个国家拥有数万家连锁店。到 2003 年 1 月底，仅在中国台湾地区就有2 690家 7-11 便利店，美国有 5 756

家，泰国有1 521家，日本最多，有8 478家。

一家成功的便利店背后一定有一个高效的物流配送系统。7-11便利店采用的是在特定区域高密度集中开店的策略，在物流管理上也采用集中的物流配送方案，这一方案每年大概能为7-11便利店节约相当于商品原价10%的费用。

一间普通的7-11便利店一般只有100平方米～200平方米，却要提供2 000种～3 000种食品，不同的食品可能来自不同的供应商，运送和保存的要求也各有不同，每一种食品又不能短缺或过剩，而且还要根据顾客的不同需要随时调整货物的品种，种种要求给7-11便利店的物流配送提出了很高的要求。

7-11便利店的物流管理模式先后经历了三个阶段三种方式的变革。起初，7-11便利店并没有自己的配送中心，它的货物配送依靠批发商来完成。以日本的7-11便利店为例：早期日本7-11便利店的供应商都有自己特定的批发商，而且每个批发商一般都只代理一家生产商，这个批发商就是联系7-11便利店和其供应商间的纽带，也是7-11便利店和供应商间传递货物、信息和资金的通道。供应商把自己的产品交给批发商以后，对产品的销售就不再过问，所有的配送和销售都会由批发商来完成。对于7-11便利店而言，批发商就相当于自己的配送中心，它所要做的就是把供应商生产的产品迅速有效地运送到7-11便利店。为了自身的发展，批发商需要最大限度地扩大自己的经营，尽力向更多的便利店送货，并且要对整个配送和订货系统做出规划，以满足7-11便利店的需要。渐渐地，这种分散化的由各个批发商分别送货的方式无法再满足规模日渐扩大的7-11便利店的需要，7-11便利店开始和批发商及生产商合作构建统一的、集约化的配送和进货系统。在这种系统之下，7-11便利店改变了以往由多家批发商分别向各个便利店送货的方式，改由1家在一定区域内的特定批发商统一管理该区域内的同类供应商，然后向7-11便利店统一配货，这种方式称为集约化配送。集约化配送有效地降低了批发商的数量，减少了配送环节，为7-11便利店节省了物流费用。

特定批发商（又称窗口批发商）模式提醒了7-11便利店：何不自己建一个配送中心？与其让别人掌控自己的经脉，不如自己把自己的脉。7-11便利店的物流共同配送系统就这样浮出水面，共同配送中心代替了特定批发商，分别在不同的区域统一集货、统一配送。配送中心有一个电脑网络配送系统，分别与供应商及7-11便利店店铺相连。为了保证不断货，配送中心一般会根据以往的经验保证4天左右的库存。同时，配送中心的电脑系统每天都会定期收到各个店铺发来的库存报告和要货报告，配送中心把这些报告集中分析，最后形成一张张向不同供应商发出的订单，由电脑网络传给供应商，而供应商则会在预定时间之内向配送中心派送货物。配送中心收到所有货物后，将各个店铺所需要的货物分别打包，等待发送。第二天一早，派送车就会从配送中心鱼贯而出，择路向自己区域内的店铺送货。

配送中心的优点还在于7-11便利店从批发商手上夺回了配送的主动权，能随时掌握在途商品、库存货物等数据，对财务信息和供应商的其他信息也心中有数。对于一个零售企业来说，这些数据都是至关重要的。

有了自己的配送中心，7-11便利店就能和供应商谈价格了。7-11便利店和供应商之间定期会有一次定价谈判，以确定未来一定时间内大部分商品的价格，其中包括供应商的运费和其他费用。一旦确定价格，7-11便利店就省下了每次和供应商讨价还价这一环节，少了口舌之争，多了平稳运行，为自己节省了时间和费用。

随着店铺的扩大和商品的增多，7-11便利店的物流配送越来越复杂、越来越细化，配送时间和配送种类的细分势在必行。以台湾地区的7-11便利店为例，全省的物流配送就细分为出版物、常温食品、低温食品和新鲜食品四个类别的配送，各区域的配送中心需要根据不同商品的特征和需求量每天做出不同频率的配送，以确保食品的新鲜度，并以此来吸引更多的顾客。新鲜、即时、便利和不缺货是7-11便利店配送管理的最大特点，也是各家7-11便利店的最大卖点。

和台湾地区的配送方式一样，日本7-11便利店也是根据食品的保存温度来建立配送体系的。日本7-11便利店对食品的分类是：冷冻型（－20℃），如冰淇淋等；微冷型（5℃），如牛奶、生菜等；恒温型，如罐头、饮料等；暖温型（20℃），如面包、饭食等。对不同类型的食品会用不同的设备配送，如各种保温车和冷藏车。由于冷藏车在上下货时经常开关门，容易引起车厢温度的变化和冷藏食品的变质，7-11便利店便专门用一种两仓式货运车来解决这个问题，一个仓中温度的变化不会影响到另一个仓，这样需冷藏的食品就始终能在需要的低温下配送了。

除了温度外，不同食品对配送时间和频率也会有不同要求。对于有特殊要求的食品，如冰淇淋，7-11便利店会绕过配送中心，由配送车早、中、晚三次直接从生产商门口拉到各个店铺。对于一般的商品，7-11便利店实行的是一日三次的配送制度：凌晨3点到早上7点配送前一天晚上生产的一般食品。早上8点到11点配送前一天晚上生产的特殊食品，如牛奶、新鲜蔬菜。下午3点到6点配送当天上午生产的食品。这样一日三次的配送频率在保证了商店不缺货的同时，也保证了食品的新鲜度。为了确保各店铺供货的万无一失，配送中心还有一个特别配送制度来和一日三次的配送相搭配。每个店铺都会随时碰到一些特殊情况造成缺货，这时只能向配送中心打电话告急，配送中心则会动用安全库存对店铺紧急配送，如果安全库存也已告罄，中心就转而向供应商紧急要货，并且在第一时间送到缺货的店铺。

资料来源：佚名：《7-11便利店独特的配送系统》，载《北京商业》，2003（3）。

试分析：

1. 7-11便利店是在什么背景下建立了自己的配送体系的？
2. 7-11便利店的配送体系在7-11便利店的发展中起到了哪些作用？

四、配送作业管理

从上述对配送业务流程的介绍可以看出，配送中心需要完成订货、收货、验收、分拣、加工、储存、包装、组配、选货等多项作业。在此主要对其中的一些关键性环节的作业管理加以介绍。

（一）收货、验收及入库

1. 收货及验收

收货并进行验收是配送作业的基本作业之一。收货作业主要是按合同的有关规定，以及国家、政府主管部门、企业的相关要求，做好质量、品种、数量、包装的验收，并对合格的商品办理入库手续，对不合乎要求的商品要做退货处理。商品验收主要包括以下项目：

（1）条码、数量、品种、规格验收。

条码是否合格，需要通过扫描的方式验收商品是否与连锁店 POS 系统、MIS 系统已有商品冲突。数量、品种、规格是否准确，可以通过实物与合同、送货单或电脑中的资料进行对比确定。核对没有错误后，才能进行签收。如有损溢，则按实际数量收货或做相应的处理。品种、规格必须与所订购的合同相符，否则需要做退货处理。

（2）商品包装检验。

商品包装检验主要通过感官方法进行。对于商品价值不是很高，商业企业与供货商有较好的合作关系，供货商又有很好的信誉的，其供货商品检验可以仅对商品包装进行检验。主要包括：1）包装是否合乎国家、地方政府、行业主管部门的有关规定，以及双方合同的规定；2）销售包装是否标明了国家、地方政府、行业主管部门规定必须标明的内容，以及双方合同规定的内容；3）包装是否完好无损，如有破损、渗漏、变形、发霉、受潮、水浸、雨淋等问题，则按规定处理；4）包装的数量是否正确。对于大多数代销商品，多数商业企业不需要打开包装进行检验；对于价值大的、购销的商品，很多企业要求必须逐件打开包装检验签收。

（3）商品各项功能的调试。

对于日用工业商品中的某些机械、电器、钟表、照明类商品，应对它们的功能进行相应的调试，以确定其是否与标准要求、说明书的内容相一致。尤其是电器类商品，近年来发展很快，新产品、新技术不断出现，多功能趋势明显，其中既有质量过硬的商品，也有以次充好的劣质商品，企业要对它们进行较全面的功能调试。业务人员、质监人员要按标准和说明书调试机器，以便检验、判断其质量。

（4）进货检验中的索证工作及标识检验。

由于多数企业不具备对商品的内在质量进行检验的能力，按照国家有关规定，商业企业进货检验中的索证和标识检验是商业企业控制、管理进货质量时必须认真完成的工作。所谓索证，是指商业企业在进货前，要求生产企业或供货商提供相关的文件、证件等。标识检验就是检验商品的包装及标识、标签等是否合乎国家、地方政府、行业主管部门和双方合同的规定。

（5）委托社会有关机构的检验。

由于条件的限制，企业不可能对所有的商品进行全面准确的鉴别，同时对于消费者的有些要求强烈的投诉，如涉及“违规”（国家质量技术监督局规定了 14 类违规商品）商品的界定问题时，就需要委托社会有关检验机构进行公正的质量鉴别。2000 年 3 月 10 日，国家工商行政管理总局、国家质量技术监督局、国家出入境检验检疫局、国内贸易局、国家轻工总局联合制定并公布了《有关消费争议的商品送检规定》及有关商品检验机构名单。地方性的有关消费争议的商品检验机构名单也由各省、自治区、直辖市有关部门予以公布。对于商品质量问题性质严重，企业自身已无法准确判断其质量或问题的性质，以及与消费者争议强烈、需要公正的第三方进行客观评价的，都需要委托社会有关机构进行检验。

知识拓展5—4

简易的理化鉴别方法的应用

理化鉴别方法在商场中的应用还不广泛，只是一些简易的方法有所应用：

(1) 检测重量、尺寸、宽度、体积、比重等基本物理量。这些基本的物理量是一些商品的重要质量指标，也是商品交易的重要条件和数量指标。如：重量对于定量包装的商品，尺寸、面积、长度对于以面积、体积计价的商品等。这些基本的物理量测定并不难，例如，定量包装的食品、化妆品、洗涤用品等用相应的衡器、量具就可以测定，布匹的长度、宽度以及服装的规格等用尺子也很容易测定。

(2) 检测强度、耐用、耐温、收缩等性能。强度、耐用、耐温、收缩等性能多与商品的使用性能有关，但多数商业企业并不具备相应的实验、检验条件。但如果顾客投诉与上述有关的问题，如鞋帽类、服装类、器皿类等，商业企业则应抽取相应的样品，模拟顾客的使用情况用简易的方法进行检测。

(3) 燃烧法。这种方法主要用于纺织品纤维成分的鉴别。

2. 入库作业

对于验收合格的商品，配送中心就做入库处理或直接发货。入库作业主要是根据商品的性质、类别，选择合理的储存空间、货位，并做好电脑录入和有关账务处理。

（二）库存管理

配送中心库存商品管理业务主要包括以下内容。

1. 仓间管理

(1) 巷道设置。巷道设置包括走道、支道设置。走道是根据库房的建筑状况和面积，为方便商品出入而设置。它的宽度应根据商品和装卸设备的具体情况而定。支道的多少，主要取决于储存商品的批量大小和吞吐特点。一般储存商品批量越小，支道越多。支道的宽度应与储存商品的特点和装卸设备大小相适应。

(2) 货位标号。货位标号就是商品在仓库中的“地址”，标号可以方便商品的存取，尤其是在拣选工作中，可以按计算机系统理单后，排出商品出库单的先后顺序，按次发货。根据仓库条件、商品类别和批量整零的情况，编好货位标号，要符合“标志明显易划，编排循规有序”的要求。

(3) 分区分类管理。分区分类就是根据商品的数量和性能等将仓库划分为若干区域，同时将商品分成若干类别，以便分类集中保管。通过分区分类可以缩短商品收发作业时间，合理利用仓库容积；便于熟悉商品性能，合理配置和使用机械设备，同时有利于商品的科学养护工作。

2. 商品盘点及数量管理

库存商品盘点主要包括点数、检查质量、检查保管条件、检查仓库安全情况等内容。

在盘点结束后，要进行资料处理，对盘点表进行汇总，得出盘点结果，向上级汇报。

3. 商品的养护

商品在储存过程中可能受外界环境因素的影响而发生各种各样的质量变化，仓间管理的一项重要职能是要维护好库存商品的质量。连锁店畜、禽、鱼、蛋、果、蔬菜等生鲜商品是人们日常生活的必需品，而这些商品容易腐烂、变质。生鲜食品的储存有其特殊的要求，而且保管难度大，稍不注意，极易造成腐烂变质。为了防止这些损失的发生，在存储方面应运用多种保鲜、养护手段和科学方法；在存放地点上，要注意便于分拣、配货和出库；在存放时间上，要贯彻"先进先出"的原则。

（三）发货管理

发货管理是配送中心管理的最后一道环节，目标是把商品及时、准确、安全、经济地运送到各个连锁分店。

1. 发货流程管理

配送中心收到各连锁分店的订单（有些配送中心的信息系统能够自动生成订单），并且经过计算机分析，打印出订货分拣清单，清单中列明所要分拣的商品的名称、数量和储存地点。工作人员根据分拣清单，分拣、组配商品，核对商品与订单是否相符；然后按照商品送入的连锁分店位置，将准备好的商品放在相应的发货区。运输部门确定运输计划、安排车辆、确定路线，并对货物进行配装，核对货物，办理出库手续，将商品及时、准确、安全地送至各连锁分店。

2. 运输调度管理

运输调度的目的是使运输合理化，即及时、准确、安全、经济。及时就是按照连锁分店的需求在规定的时间内把商品运到连锁分店；准确就是防止货物短缺、互串等事故发生，保证把货物准确无误地运入所需分店；安全就是要在运输过程中保证货物的安全；经济就是以最经济的方法发运货物，降低运输成本。

因此，合理运输是指选择运距短、速度快、运费低的最佳运输方式运输。但合理运输是一个相对概念，它受到多方面因素的影响，工作中只能根据条件与可能制定出相对合理的运输计划。

3. 装卸管理

装卸是汽车货运中重要的一环，直接关系着货物是否完好、运送是否及时和运输是否高效。在装卸中需要遵守的原则是：充分利用车厢的容积均衡装载，做到重不压轻，大不压小，先卸的后装，后卸的先装，堆码整齐，捆扎牢固。对有特殊要求的商品要严格按照要求作业。

案例分析 5—5

日本花王川崎物流中心的作业流程

日本花王的大型物流配送中心"花王川崎物流中心（川崎 Logistics/Center，简称川崎 L/C）"位于日本神奈川县川崎市（东扇岛），占地约为 24 000 平方米，自动仓库的储存量为 100 万箱。

川崎 L/C 平均每天的出货量为 6 万箱，其中 40%为小批量订货，直接送到各零售店铺（包括东京南部和神奈川县的大约 1 万家店铺）；其余 60%为较大批量订货，用大型卡车配送至其他客户处。零售店的订货属于小批量订货，分为两种：零星散装商品和整箱。出货时一般设有最小订货量，按最小订货量的倍数发货，而最小订货量是根据需求量，对出货包装单位合理化以后设定的。

川崎 L/C 实行一天两次接单的运作方式，每天接单截止时间分别是中午 12 点和下午 17 点，配送中心必须在接单后的 24 小时内把商品送到客户手中。川崎 L/C 的作业流程如下：

1. 入库、验收

大型卡车将商品运至物流中心一层的入口处，将商品推装到托盘上自动传送入库，同时用激光扫描读取条形码，从而确认入库商品的品名、数量等信息。商品通过自动电梯运入 2 层～3 层的自动立体仓库储存。这些程序都由计算机自动控制。

2. 储存

商品储存在 2 层～3 层高层自动仓库里。高层仓库的货架高 30 米，一共有 30 列、16 段，一列长 60 米，仓库共拥有 28 800 个货架，可储存 100 万箱货物。每件货物的储存量是多少，储存在哪个货位，计算机都有准确的记录。

3. 拣选和分货

当接到顾客的订货要求时，计算机会准确地知道哪家客户需要什么商品，需要多少，其地点在哪里。根据计算机的拣货指示，自动拣货系统会从高层货架以托盘为单位取出商品，然后根据需要量进行拆装、拣选或分货。

4. 集货

按照计算机指示的配送路线、配送时间、地点，将分好的商品用传送带运至配货流水线上集中。为了让先送到的货物后装上车，在配货时按照配送的顺序进行相反的排列。

5. 装货

将集货流水线上的商品用自动传送和分拣系统按照不同分店汇齐后，将货装入集装箱或是直接装入卡车，装货时会将先卸下的货后装车。

6. 配送

依据计算机系统安排的配送时间表和设定的送货线路，用卡车在 24 小时内将商品送到目的地。对于距离比较近的零售店，采用小型集装运货车直接送至店内；如距离较远，则先在夜间通过大型集装箱运货车送至中转站，再由小型车在白天依次配送。

概括地说，川崎 L/C 的作业流程就是根据零售店和下级销售公司的订货信息，从高层立体货架上自动地将货物拣出，通过自动分拣设备，在自动流水线上以单件或箱为单位分拣完毕后，再通过集货传送带将货物按照从各零售店发来的订单要求备齐，通过自动配送流水线装入集装箱或是小型卡车。装货的顺序和要配送线路的顺序正好相反，最先送到的零售店的货物最后装入，这样卡车司机就可以按照预定的配送线路高效率地进行配送。

本章小结

建立统一的采购、配送机制是连锁企业的一个重要特征，也是保证连锁企业经营优势的重要措施。本章介绍了统一采购体制、商品结构确定的基本原则和方法、商品采购的主要业务流程和操作技能、连锁配送的常见模式、配送中心的组成，以及配送业务及流程等方面的知识与技能。

关键术语

统一采购　主力商品　辅助商品　附属商品　刺激商品　商品验收　配送　配送中心

复习与思考

1. 连锁企业为什么要建立统一的采购机制？统一采购部门的主要职能有哪些？
2. 应该如何选择和保证主力商品？
3. 了解当地一家超市企业商品采购的业务流程，并绘制其流程图。
4. 了解当地一家超市企业商品采购环节是如何对商品进行评价的。
5. 连锁企业商品配送主要有哪几种模式？
6. 统配中心有哪些功能？
7. 收货业务中，商品验收主要包括哪些项目？
8. 仓库管理主要包括哪些方面的工作？
9. 发货业务主要包括哪些环节？

训练项目

1. 结合表5—3，请选择3～5种你最熟悉的商品进行评价。
2. 分析当地一家连锁企业的商品进货合同，并试签一份商品采购合同。
3. 实地了解一个配送中心的组织结构和业务流程。
4. 阅读下面的案例，并回答问题。

品类优化管理该如何做？

门店必须对所经营的产品做出选择和安排，以满足消费者不断变化的需求，通过商品组合和优化品类以满足消费者需求为核心载体，实现商品竞争力最大化。

一是根据销售数据分析单个品类销售占比及同比和环比的销售情况、综合的市场发展需求等客观因素，将销售排在前端的品类、增长比较高的商品品类进行扩大陈列面积的调整，反之，在确保商品结构的基础上适当减少其陈列面积。

二是根据商圈需求和发展不断开拓高端品种，既满足部分高端消费群体的需求，也对其他中端消费者起到一定的引导消费作用，促进门店客单价的提高。

三是通过销售数据分析做好滞销品的清退工作，做好货架商品陈列管理，进一步优化商品的组合陈列，使货架资源得到最大化的产出比，进而达到货架所摆放的产品组合就是消费者所喜欢的产品组合，提升销售额，提高顾客对门店的满意度。

四是门店根据面积和商圈建立合理的ＳＫＵ品项数，即根据顾客需求引进相应的品项，注重品牌效应。在保证结构性商品的基础上建立合理的品项数，确保门店的商品始终在合理良好的状态下运行。

品类优化如何实施，以下几点值得关注：

一、提高门店负责人对开展品类优化管理工作重要性的认识

对于国内竞争越来越激烈的连锁超市来说，开展品类管理工作的重要性是不言而喻的。但每个门店自身的资源和对品类管理的认识不同，导致它们进行品类管理的具体做法大相径庭。有些门店负责人认为只有在门店自身规模比较大，人力物力资源比较宽裕时，才有必要实施品类管理。事实上，对于国内区域零售商来说，由于面临外资大卖场和本土超市的双重夹击，如果不对自己所经营的商品做出正确的选择和安排，所选择经营的品种、规格及其陈列空间都一样的活，那么销售业绩良好的商品便会缺乏足够的资源支持，而销售业绩不好的商品会对有限的资源造成浪费，即使经营再多的规格、品种，也不可能带来销售业绩的逐步提升。

因此，门店负责人需要充分认识到品类管理在经营中的重要性，通过与公司相关部门及供应商的紧密合作，以高效、连续而顺畅的商品供应和有效的货架陈列，最大限度地满足消费主体的需求。门店只有实施品类管理，才能使经营的品牌和货架的安排达到最大的投入产出比，才能实现货架上陈列的商品就是消费者所喜欢的、所需求的，吸引顾客购买，从而增加销量，获得利润。不少门店在进行品类管理时对目标客户群不能有效界定，不知道该吸引什么样的购物群。有的门店希望吸引中高收入的购物群，却在商品的选择、陈列、促销方面都倾向于低档的或不知名的品牌。因此在制定品类结构策略时不仅需要注重增加客流量，也需要注重客单价及忠诚度的提高。超市品类优化管理的目的是面向顾客需求，优化商品组合，发掘高利润、高流转的产品，淘汰劣势产品，提高每一个货架单元的销售额及利润贡献额，减少资金闲置和占用，促进门店商品管理、订补货等多个门店基础运营管理工作的提升。通过对门店相关销售数据进行充分的分析与研究，合理地安排商品的货架陈列位置、陈列空间及商品的库存，通过满足消费者需求来实现商品销售的最大化。

二、根据门店具体状况合理优化品类结构及货架管理

一些大供应商在品类管理方面，其货架陈列原则主要是按照品类的销量来陈列。如果按照此方法进行调整，销售确实会有一定程度的提高，但并不会给门店带来更多的利润，获得最大利益的只是供应商，而门店将会因此而损失很多通道利润。假设有两种商品，在过去一段时间内都有相同的销售额，但是它们的利润贡献额可能不一样，因此它们的陈列空间也不应该相同；假设它们的利润一样，但是两者的周转速度、商品包装体积、季节性变化特征、是否促销、是否有替代产品等均不一样，所以，两者的排面量也应根据各种因素有所差别。因此，门店应更多地综合考虑自身的实际情况，比如商品的销售情况、产生的利润情况、带来的通道利润等。

三、进行较为合理有效的数据分析

品类结构管理是一个以信息为基础对品类经营活动进行分析、计划和实施的过程。实施品类管理，就是要通过对目标顾客群的界定、消费需求的研究，以及对同类产品中的不同品牌做出严谨的数据化分析，将品类中最为有效的品牌保留并加以扩大，摒弃那些无效品牌；进行合理有效的货架摆放与管理，可以使消费者对所陈列的商品更加易见、易找和易选，从而真正满足消费者的最终需求，提升门店的整体销售业绩。因此，在进行品类结构管理时需要充分利用现有的信息系统对庞大的数据信息进行有效的收集、存储、管理和分析，以做出正确的决策。

四、提升门店负责人的数据分析等相关技能

门店的负责人如果能坚持用信息系统指导日常工作，对销售数据进行分析、发现新的畅销商品、发现新的增长点、选择和调整销售策略，就能为本店发展找到新的思路和方向。

五、建立快速信息反馈机制

在超市品类优化管理中，快速信息反馈机制的建立分为两个方面。第一个方面是部门与门店间的信息互通反馈。部门适时对门店品类销售数据进行分析研究，并及时将品类优化调整建议及方案告知门店。同样，门店在商品经营目录执行及品类结构优化调整的实际操作中若出现问题，也及时反馈至部门并加以解决。第二个方面是，对重要顾客要建立快速信息反馈机制。重要顾客包括已满意的顾客和强烈不满的顾客。

处理顾客投诉与抱怨要严格按标准规范操作，以提高顾客满意水平；建立对重要顾客的追踪访问记录和信息反馈，增强顾客满意度，增加满意顾客再次购买的机会。营销大师科特勒教授曾经说过："除了满足顾客以外，企业还要取悦他们。"今天的连锁超市面临着更加激烈的竞争，如何赢得顾客，答案就是在满足顾客需要、使顾客满意方面做好工作。

超市存在的核心意义就是"卖东西的"，商品品类结构是门店的"内核"，当发现门店效益下滑、业绩不理想的时候，第一个要想到的不是去调整货架，也不是去搞大规模促销，更不能一味地根据销售排行去淘汰滞销品引进新品。如果我们不知道商品构成哪里出了问题，我们就不可能知道到底该引进什么商品。我们需要仔细分析研究自己的商品品类结构到底哪里出了问题，然后再根据商品的纵深度管理模式、商品品类定位管理分析等，来调整优化整体大中小分类及商品的配置。

资料来源：http://www.docin.com/p-1560180335.html。

问题：

请查找相关资料，并结合案例分析企业进行品类管理和商品结构调整时要注意的问题。

连锁经营

第六章

连锁企业的促销活动及价格管理

学习目标

1. 了解连锁企业促销活动的基本要求以及策划程序。
2. 熟悉促销活动开展的主要方法，能够策划和组织基本的促销活动。
3. 熟悉商品价格的影响因素，掌握企业价格管理的基本流程。
4. 熟悉连锁企业常用的定价方法和价格策略。

案例导入

由于受市场供求规律和日益激烈的行业竞争状况的影响，许多企业为了最快捷地吸引消费者，最常用的手段就是降价，希望以低价策略先攻占市场或给消费者以物美价廉的印象。然而，战端一起，对手往往以牙还牙，于是价格混战难以避免。以广州发生的两知名企业的价格战为例，在这次大战中，两企业多种商品依次竞降。以烧鸡为例，A企业烧鸡正常价为6.8元，B企业新店开张日，将烧鸡价格降到5.8元，A企业即时做出降价反应。此后互相竞“低”，第一天以B企业最后价格4.5元“胜出”告终。第二天，降价全面爆发，两大企业先后打出0.9元一只烧鸡和0.8元一只烧鸡的抛售价。如此低价，消费者自然反应强烈，一传十，十传百，出现抢购热潮，人们排队三四个小时只为买低价烧鸡。

价格战打到这种程度，令人叹为观止。价格战是不是企业促销活动的最佳手段？企业应如何开展促销活动？企业应如何对价格进行管理？这些始终是连锁企业需要解决的问题。

第一节　连锁企业的促销活动

连锁分店的促销活动以连锁企业总部的全年度促销计划为依据而展开。促销活动能否实现其计划的目标，提高促销活动效果，关键在于活动策划是否有创意、计划是否周密以及执行是否到位。促销策划步骤为：确定促销目标、选择促销时机、确定促销商品和促销主题、选择促销方式和媒介、促销预算及审批，具体如图6—1所示。

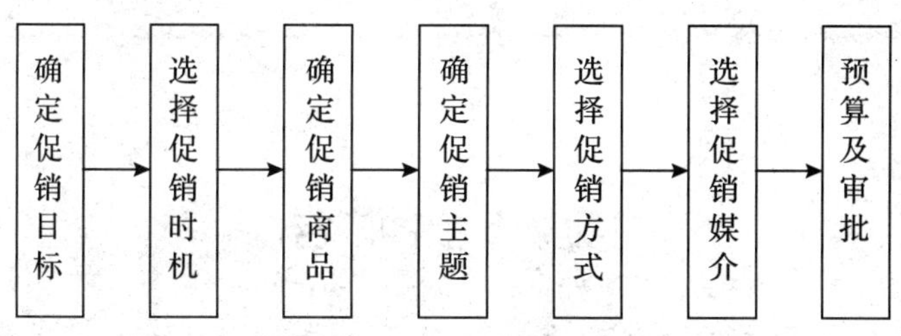

图 6—1 连锁店促销策划步骤

一、确定促销目标

企业在不同时期会有不同的促销目标。促销目标不同，所选择的促销方式方法也不同。因此，在进行促销策划时，首先要明确具体的促销目标，这样才能有的放矢、事半功倍。连锁企业促销目标一般有以下几种：提高销售额、提高利润额、提高来客数、提高客单价、提升企业形象、加快商品的流动、对抗竞争对手等。

促销是连锁企业竞争的重要手段，一项新奇、实惠、有效的促销活动会使消费者对该连锁企业的商品购买愿望增强，从而打败竞争对手。任何连锁企业开展促销活动时除了要考虑本次活动的促销目标外，还必须充分考虑企业的长远目标以及经营定位，促销活动不能为一时的“近利”而造成更大的“远忧”。

二、选择促销时机

同样的促销活动方式，同等的费用，由于促销活动所展开的时机不同，会产生不同甚至相反的效果，因此好的促销活动必须把握时机。选择促销时机是促销活动策划的重要内容。由于季节、天气的变化，节假日、重大的事件等，都会引起消费需求的变化，把握好时机就等于把握了消费需求。

三、确定促销商品

顾客的基本需求是能买到价格合适的商品，所以促销商品的价格是否具有吸引力，将影响促销活动的成败。促销商品的品项对促销活动的成败也有很大影响。一般来说，促销商品应以节令性商品、敏感性商品、众知性商品、特殊性商品等为主。

四、确定促销主题

当连锁企业开展系列的促销活动或进行较大型的促销活动时，需要设计一个统一、鲜明的主题，使系列活动或各分店的促销活动成为一个有机的整体。

一个良好的促销主题往往会产生画龙点睛的震撼效果。选择具有吸引力的促销主题，应把握以下几个方面：一是主题的表现形式可以是一个口号，也可以是一句陈述或一个表白，成为整个活动所要传递信息的精髓。二是提出的主题要独特新颖，有鲜明的个性，表达有新意，词句简明扼要、高度概括、悦耳动听，有强烈的感染力和号召力。三是促销的主题要形象化，要有人情味，并突出一个“实”字，使顾客感觉亲切可信，感受到实实在在的更多利益，从而充分调动顾客的购买欲望。

知识拓展 6—1

“卖场 5 秒钟广告”

顾客在逛商场时，每分钟可能浏览 100～200 种商品，每种商品的平均关注时间为 5 秒，因此在卖场做广告有“卖场 5 秒钟广告”之说。作为促销的主题，应能够在短时间内吸引住顾客，否则会影响促销的效果。

五、选择促销方式

促销方式是促销策划的一个重要内容。促销方式的选择应该以促销的目标、促销的主题及促销商品的特点为依据，以达到促销效果。

连锁企业在通过营业推广的方式提高吸引力的同时，还要结合公共关系活动方式建立良好的企业形象，逐步形成稳定的市场。因此，促销方式可以从营业推广的人员促销、特价销售、优惠券、赠奖活动、有奖销售、机会奖励和公共关系的宣传型活动、服务型活动、公益型活动、娱乐型活动、教育型活动等方式中选择。无论采取何种活动方式，都要从消费者的利益出发，扎扎实实地为消费者做些实事。哗众取宠、沽名钓誉只会令人反感。

案例分析 6—1

在购物天堂里慢逛　精准服务契合浓浓人情

不可否认，香港的商业对内地影响甚为深远，现在基本每个城市都会有“铜锣湾”“又一城”“城市广场”等商业项目，长实、九龙仓、汇丰控股、和记黄埔、新鸿基、新世界发展等商业名称更是如雷贯耳。在许多商界人士看来，香港几乎所有的商品都免税，从高级金银珠宝首饰，到世界各国顶级名牌，无所不包，货真价实。最让人激动的是每年夏、冬两季换季折扣促销活动，将消费者的购物兴趣推到最高点，有内地企业甚至成立购物团包机去香港购物。亦舒小说里经常提到的九龙弥敦道、尖沙咀么地道、加拿芬道、金巴利道，还有中环皇后大道、德辅道都是名店汇集、令人心驰神往的著名购物点。深圳商界精英分子从不隐瞒对香港商业的崇拜之情，每到重大节假日必定去香港海港城、时代广场等大型 Shopping Mall，从众多创意营销活动中汲取灵感。而在众多经常去香港“打酱油”的深圳市民看来，价廉物美、品种丰富是港货的优点，尤其是舒服的购物环境和充满人性化的商业设施，到处流露着浓浓的人文关怀。

连廊高效便捷，购物不被日晒雨淋

深圳人耳熟能详的“白领丽人”称呼，其实就是出自香港的中环，这里聚集着世界顶尖的金融公司和商业公司，成为香港名副其实的商业旺地。每天“食晏”（粤俚语，意为“吃午饭”），这里超高密度的人流但井井有条的秩序让人印象深刻。每天早上许多白领从中环地铁站出来，想要回到办公室，利用连廊通道不失为一个快捷高效的办法。

进驻中环是香港商界身份和地位的象征，也是商家必争的地段，早年间，由于商业人口密度膨胀，人车互不相让，每天在这里都会上演堵车的戏码。香港政府为了彻底解决堵塞问题，“上天下地”寻找解决办法，从20世纪90年代开始大规模改造城市步行系统。如今在中环，过街天桥、商厦的二层走廊、地铁站、公交站点和其他的活动场所都被有机地联系在一起，形成一个四通八达的空中步行体系。东亚银行大厦、中建大厦、置地广场、遮打大厦、文华东方酒店、环球大厦、友邦金融中心、中汇大厦、长江集团中心、汇丰大厦、恒生银行总行、欧陆贸易中心、交易广场等一大批重点商业据点都是由连廊通道将其连接，成为亚洲商业非常有名的抱团连廊经济体。

在环球大厦旁边，可以见到一条全港最具特点的人行天桥，这座天桥由西向东全长1 000多米，加上其他旁支，整体长度超过3 000米，它是中环连廊通道的重要组成部分。凭借这条纵横交错的人行天桥，市民可以轻而易举地抵达香港立法会、港交所、邮政局、多家银行、保险公司、图书馆、商场、电影院等，需时不过短短十来分钟。从内地专程来中环逛街的高小姐表示，她最爱香港这些非常便捷的过街设施。香港是亚热带气候，夏天经常下雨，有了这些连廊，即使到哪里购物都不会遇到日晒雨淋，重要的是，实现了人车分离，让顾客可以真正享受到购物的乐趣，无须担心人身意外。她最爱中环到半山一条长达800米、世界上最长的户外有顶自动扶梯。在电影《重庆森林》里，饰演警察的梁朝伟，每天搭乘这个自动扶梯上班，女主角王菲偶尔会从公寓窗口进行窥视。

“我觉得中环会给观光的人带来很多新奇刺激的感觉，除了购物、休闲、娱乐高度合一外，还会带来情感上的满足，非常有味道。”据在中环经营钟表店的李先生介绍，香港政府在连廊经济上花了很多心思，体现出以民为本的设计理念。这些设施既是便民工程，又是中环景点，重要的是，它可以将中环众多的商城有机地结合在一起，形成抱团效应，加深了各地购物者对于这里的喜爱。香港中环更是因为商业集中、业态丰富、商铺林立、交通便利而蜚声国际。

金光华购物广场总监奚克栋对香港中环的连廊经济很推崇，他认为深圳的连廊商业完全可以向香港学习。现在，深圳也逐渐出现空中连廊商业模式，一处在人民南商圈、一处在南山后海商圈。总体而言，深圳的连廊经济还没有产生规模效应，各个商家只是各自为战，没有形成一个整体。不少消费者曾向他表示，虽然人民南连廊商圈连接着友谊城、金光华广场、国贸天虹、深房广场、深圳百货广场等深圳商城，但就是缺少疯狂购物的欲望与氛围。有关部门花了大价钱在扶手电梯、整体包装等硬件上，却恰恰对消费者休闲的需求熟视无睹。在整条空中连廊中，既看不到可以让顾客休憩的空中花园，也没有国外商圈内经常可以看到的静态展示或自然互动，这也许就是深圳与香港商业的最大区别。

所有商业布展外露的铁丝都会被塑料壳包裹，巴士站和的士站与商城底部无缝接驳

“我最喜欢香港Shopping Mall里面的布展，每次去逛都有很大收获。香港商家不仅在商业布展投入中舍得花钱，而且它们的设计往往带有很浓厚的人文色彩，同时很注重对公众的安全性进行保护。”Sam是深圳一家大型商城的企划人员，每当换季的时候，他总会到香港众多Shopping Mall去拍照“偷师”，回来后经常都会产生灵感。“就好像这次九龙塘又一城春季布展，以‘Festival Walk’作为卖点，田园的绿色加上喷泉水池，非常契合春天的主题，同时还暗含生机、踏春、清明之意。我看见不少顾客购物完之后都来中庭这里闲坐、聊天、拍照，Shopping Mall 里有这么浓烈的生活气息，真是很难得。”

益田假日广场副总经理陈秀红对香港商城到处流露出来的温暖细节记忆犹新。她认为香港的商业充满着人情味，每年的圣诞节，每个商城的圣诞装饰都会成为城市的焦点。在香港的 Shopping Mall 里，几乎所有用来布展外露的铁丝都会被塑料壳包裹着；装饰物的每个角不是被磨成钝角就是被设计成圆形，减少公共意外事故的发生。“在香港的 Shopping Mall 里，到处都可以找到这样用心的细节，比如香港商城里大多有残障人士洗手间和母婴室，这些非常人性化的设计都被我们深圳商家所效仿。香港的商业精准服务为什么会让人感觉非常舒服和无微不至，就是在于它们多年来不断地创新、总结和积累。它们的英式管理无处不在，顾客需要的时候，工作人员就已经站在你的身边，不需要的时候你根本感觉不到工作人员的存在，如同大管家一样。很多时候顾客被服务到了，感觉非常舒适但又说不上来哪里有不同，这其实就是服务业发展到了一个非常高的境界。”

在沙田新城市广场，巴士站和的士站都是跟商城底部连在一起的，真正地实现了无缝接驳。商场内所有的在建工程都实行围蔽作业，在还没有完成的设施前都放有警告牌和保护栏。在九龙塘又一城，从扶手电梯上来，在人流比较密集的时候会有工作人员站在指示牌前提供指引服务。据工作人员介绍，由于近年来内地到香港旅游购物的人大幅增多，而内地人对香港众多带有英文的指示牌不甚熟悉，因此商家在招聘管理人员时会标明“会说国语的优先”。在现场听着解说人员轮番用英文、粤语和普通话向路人进行指引，你会发现“服务第一”的理念早已在这个城市扎根。此外，香港众多商城在设计方面独具匠心，拉近了人与自然的距离。在海港城虽然到处都是租金价格不菲的店铺，但是商家还是为顾客预留出看维多利亚港的超大公共平台；在又一城，整个建筑的屋顶都是采用自然采光设计，简单美观，对节能减排的世界商业发展潮流运用得娴熟自如。

海岸城相关负责人认为，香港商业值得学习的地方有很多，大到前期商城的规划，小到人性化服务的具体内容。商城在建设前，已经考虑到各楼层的用途，有一些什么样的功能设施，定位是什么风格，这跟深圳经常对商业规划进行改变有着本质的区别。深圳商业在这 10 年间有着很大的发展，逐渐向香港靠拢，硬件方面已经没什么差距，所欠缺的是含有人文关怀的一些服务小细节。“比如服务员脸上的笑容是否真诚，商场内各种指示是否清晰详细，Shopping Mall 内外是否有让人感觉舒服的淡淡香气，超市熟食部的同事有没有全程戴口罩，商城的背景音乐会不会增加顾客的购物欲望……这些小细节就是深圳商业要向香港学习的地方。”

资料来源：陈勇坚：《在购物天堂里慢逛，精准服务契合浓浓人情》，载《南方都市报》，2011-03-31。

试分析：

请结合自己熟悉的企业经营情况以及促销活动，讨论零售企业可以通过哪些服务手段提升服务质量，扩大销售和提高顾客的满意度。

六、选择促销媒介

连锁企业举办促销活动，必须通过相应的媒体把信息发布出去。媒体的选择应该根据促销活动的方式、商圈范围、顾客特点、媒体本身的成本等情况进行选择，如表6—1所示。

表6—1 连锁企业（以超级市场为例）促销活动媒体选择参考

媒体项目	使用频率	使用时机	费用
电视	少	开店或多店联合促销	高
电台	少	开幕、周年庆、联合促销	高
宣传单	多	开幕、周年庆、联合促销、例行性促销	中
店内音响宣传	中	开幕、周年庆、联合促销	低
人员广播	多	各式出售场所促销活动	低
报纸	少	开幕、联合促销	高
海报、POP	多	各式出售场所促销活动	低
电话	少	对固定顾客通知促销信息	低
户外宣传品	少	开幕宣传	低
Internet	少	各种信息	低

七、促销预算

通过促销预算来合理确定促销费用，保证促销活动的顺利进行。确定促销预算的总原则是：因促销而为企业增加的贡献应当大于促销费用的支出。连锁企业促销预算包括两项内容：一是需要资金量；二是资金的来源。

课堂讨论：谈一谈令你印象深刻的促销活动。

第二节 连锁企业的价格管理

一、连锁企业的价格策略

连锁企业不同于生产企业定价，它要对众多品类、众多品牌、不同价位的商品进行定价，并在各连锁分店实行统一定价。因此，连锁企业的定价首先要考虑整体的定价效果，要把价格策略作为企业总体经营战略的一个重要组成部分。

（一）定价策略分析

成功的定价并不是一个最终结果，而是一个持续不断的过程，因此定价策略制定前所要做的工作首先是数据的收集和整理。好的定价策略需要掌握成本、消费者和竞争者等多方面信息，并考虑连锁企业的整体赢利性，所以要做以下分析。

1. 整体赢利性分析

（1）成本核算。对连锁企业来说，主要是核算场租费用、人工费用、采购成本、税金、运费等，为此首先要获得采购商品所需金额等各项费用的数据。

（2）商品群的划分。将主力商品按赢利性分为赢利商品和形象商品，并取得这些商品的各项数据。赢利商品主要指那些销售量大且具有较高综合获利能力的商品。连锁企业经营的商品主要从四个方面获得利润：薄利多销、具有较高的进销差额、获得供货商的返利、其他补贴。形象商品主要是指已成为某类商品的代表的某些品牌商品。形象商品虽然品种较少，但却是商店一定要销售的，而且这类商品的价格又往往是顾客非常熟悉的，因此常常被商家作为低价宣传的商品，甚至牺牲其赢利性而竞相定低价。这类商品的销售额很高，但赢利极少，只有少数实力极强、对供货商影响力大的连锁企业可从供货商那里获得额外的补贴。

2. 战略价格细分

价格细分就是根据价格—细分模型将顾客分为四种类型。虽然顾客购买商品时主要是从经济价值的角度考虑是否合算再决定是否购买，但由于顾客了解商品的程度、个人收入水平、消费习惯等因素的不同，所以使顾客对同一商品的价值判断是不同的。影响价格敏感性的因素可分为两类：一是影响对商品差异价值的理解因素（参考价值、独特价值、对比困难、价格—质量和最终利益的派生需求效应）；二是影响对支出费用的认识的因素（支出—收入、分担成本、公平、沉没和最终利益的总成本）。在此基础上，波士顿大学理查德·哈默提出了价格—细分模型，如图 6—2 所示。

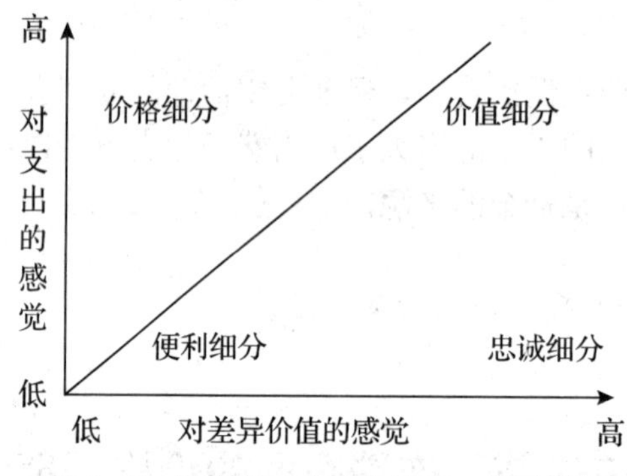

图 6—2　理查德·哈默的价格—细分模型

从图 6—2 中我们可以看到市场上常见的四种价格细分结果。左上角的顾客谋求购买最便宜的商品，对于商品质量只有相当低的要求。这些注重价格的购买者不会考虑产品特性的价值，不肯为出众的性能和服务或商店的威望等独特的附加价值支付更多的钱。右下角的顾客是忠诚的购买者，他们已经对某一品牌的商品或商店具有强烈的偏爱，这可能建立在产品出众的性能、良好的声誉的基础上，也可能建立在他们对以往使用的商品或接受过的服务的经验上。只要那些商品（或服务）的价格不超过他们愿意支付的价格，他们会一直购买它而不去考虑其他替代品。右上角的购买者很注重产品的质量，可能购买相对贵的产品，但一定要精心对比价格后才购买。与之相反，左下角代表的是注重便利的购买者，他们不特别关心品牌差异，也不特别关心成本，因此他们购买最容易得到的商品。

在消费市场上，这四种顾客都存在着，连锁企业首先要确定选择哪一类的顾客为主要目标顾客，然后才确定销售什么价位的商品，并针对目标顾客特点制定定价策略。一般通过问卷调查或会员消费记录等形式获得顾客的价格细分信息，其中问卷调查一般针对本店顾客或竞争对手的顾客进行调查。

3. 竞争对手分析

连锁企业首先应对商圈内距离较近、经营形式规模与自己接近或更大的零售店的销售量、零售价格进行较全面的调查，找出主要竞争对手或潜在的能够影响赢利的竞争对手。要了解以下信息：竞争对手的定价水平怎样？竞争对手的定价目标是什么？与本公司相比，竞争对手的优势和劣势是什么？竞争对手的贡献毛益率是高还是低？不要把竞争对手定得太多，不要以为竞争后的胜利是战胜所有的对手。

（二）连锁企业的定价策略

连锁企业应综合上述各种分析结果，并结合自己的定价目标来制定定价策略。当然，连锁企业各分店要遵循价格统一的定价策略。另外，连锁企业一般有三种定价策略可供选择：高价策略、低价策略和适中价格策略。

1. 价格统一策略

价格统一策略是连锁企业的特色之一。连锁企业价格权集中在总部，各个分店都执行总部统一的定价政策，执行统一的商品销售价格，不得随意变动。需要注意的是，统一的定价政策不是“统一的价格”，“统一”是指价格权的决定统一在总部，各个分店无权自行定价。随着连锁企业规模的扩大，连锁分店分布广泛，在各地区消费水平、消费习惯完全不同的情况下，强行实施绝对统一的价格，就有可能导致企业经营缺乏灵活性。作为最接近消费大众的各连锁分店，有责任及时、全面、准确地向总部提供价格信息，并有权向总部提出适合自身的价格修订建议，在总部的许可下可重新制定价格，以增加商品的地区适应性和竞争能力。

2. 高价策略

这种策略是把商品的价格定得比较高，对于价格需求弹性较小的商品、要以价格表现商品的价值的商品以及独家经销的商品均比较适用。从长期的观点看，这种策略不容易长久维持。在连锁经营中，只针对少数需求弹性低的特色商品短期内采取此策略。

3. 低价策略

低价策略又称渗透策略，这种策略与高价策略正好相反，是将商品的价格定得尽量低一些，薄利多销，以量制价。其目的在于使新商品迅速地被消费者接受，打开和扩大市场，优先取得市场上的领先地位，并有效地排斥竞争对手的加入，使自己能长期地占领市场。在连锁企业有计划地选择部分商品作为拳头商品时采取这种定价策略，再配合堆头、端架等陈列，可取得较好的效果。

4. 适中价格策略

当连锁企业已具有一定的市场份额，或不需要利用价格来占领市场时，适中价格策略可以尽量降低价格在营销手段中的地位，而更重视其他在市场上更有力或有成本效率的手段。而且定价并没有一套标准的方法，只有可供选择的方法。站在何种立场来制定价格，直接决定了定价方法的选择。站在供货商的立场，价格＝成本＋利润，由此而形成的价格虽然能确保单位商品的利润，但由于不一定能被顾客所接受，所以就难以保证企业总利润目标的实现。站在顾客的立场，价格≤价值。站在商场的立场，市场价格－希望利益＝容许成本。定价时应把这三者的立场统一起来，要同时考虑供货商、顾客及商场自身的利益，依据顾客能接受的价格来调整“希望利益”和“容许成本”。如果想保持利益，就必须想办法降低成本，如果成本不能下降，而顾客所能接受的价格又是固定的，则实际利润就会下降。

二、连锁企业价格策略的实施

有了对价格的基本了解，有了定价策略，掌握了定价的方法，要使定价策略得以实施，则必须建立一套完整的价格实施体系。目前大型连锁企业都设有物价管理部门、专职的物价员或物价监督员，确保定价策略的实施，其主要职责、工作如下所述。

（一）价格信息的采集

采集价格信息，主要是采集竞争对手的价格信息，因为市场价格是经常波动的，因此采集价格信息的工作要经常、持续地做。由于零售企业经营的品种非常多，至少几千种，甚至几万种，这就需要建立一个长期稳定的价格采集系统。

1. 采集价格信息系统的建立

由于各零售企业都不希望其他零售企业了解自己的定价，再加上商品品种繁多，所以采价人员采集价格信息的难度相当大，这就需要零售商店建立稳定的价格信息收集体系。通常情况下，零售企业采用以下方法完成这项工作：（1）聘用专人进行采价工作。（2）聘用兼职采价员（主要由本店员工兼任）。（3）委托供应商或其派驻本店的促销员采价。（4）请专业调研公司采价。（5）请顾客提供价格信息。

2. 采价实施

针对商品的类别和价格敏感性的特点，将各类商品中价格变化频率大的定为重点采价商品，安排采价频率最高；而对于价格比较稳定的商品和价格敏感性低的商品，可安排采价周期长一些。对于生鲜类、散装商品的采价，因其等级差异、特征不明显而难以比较，因此要安排对该类商品熟悉的专门人员采价。对于要摆端头、堆头及其他明显位置的商品，要提高采价频率。通常采用下列几种形式采价：

（1）日采。对生鲜类商品要每天采价，甚至一天采价几次，发现竞争对手价格明显下调的要立即采取措施。

（2）周采。对价格变化频率大的商品要每周安排至少采价一次。

（3）月采或季采。对于价格敏感性低的商品可以安排每月或每季采价一次。

（4）临时性采价 。对于摆放位置明显或准备在现场悬挂 POP 的特价促销商品，要加大采价频率；定价前要采价，一般要针对竞争对手定价。

（5）新引进商品的价格信息采集。作为一名超市定价人员，对于首次进入本店销售的商品，定价前一定要了解市场定价情况，尤其是竞争对手的定价。这通常是由供货商来提供价格信息。

3. 价格信息的记录和整理

采价员采价前要先把要采价的商品记录在纸片上，到本店认识待采价商品的特征，然后再到指定对比店去采价。各采价员采价一定要记录商品的品名和条形码，系列商品多的要记录规格。所有记录的价格信息都要记录采价的时间和地点。为保证采价员对价格信息的记录的规范化，企业需要印制一定格式的采价单。由企业价格主管部门收集这些采价单，并将这些价格信息输入到价格对比电脑系统中。

因为采价人员、输单人员的操作失误等因素，可能导致少数商品价格信息的错误，所以在将价格输入系统后，可以通过设定对比价格差异较大的范围，自动选出采价误差的商品信息，打印出来交由采价员进行核查。

（二）价格信息的分析

1. 价格对比分析

价格对比是和竞争对手的商品定价进行比较，可以横向比——完全相同的商品与竞争对手的定价对比；也可以纵向比——同类但不同规格商品的定价对比；可以一对一的单个比较，也可以整体比较。通过对比，可以知道对比店的商品的价格水平，当然也可以知道自身价格水平与对比店之间的优劣势，进而可以针对性地调整本店价格，或通过陈列的改变等方式突出低于对比店价格商品的摆放位置，减少高于对比店价格商品的陈列面等，来改变顾客的价格感受。

知识拓展 6—2

价格带对比

连锁企业内同系列商品各品种之间差异性及其中最低价位，将影响顾客对该品类整体价格的感受。因此，连锁企业之间的价格对比不仅仅是针对每一个品种进行对比，也要对同品类的系列商品进行对比，尤其要关注最低价格的对比。

2. 对竞争对手的定价分析

采集到的竞争对手的价格信息输入电脑后可以自动与本店的价信息对应排列，通过设定自动统计程序，电脑可自动统计本店与对比店（主要竞争对手）的价格差异比率。另外，通过本次采价与上次采价的对比统计，也可以了解到对比店价格变化的升降比率，可以了解对比店哪些商品价格变化频率较大，哪些商品价格比较稳定。通过对这些信息的分析，及时调整本店的商品结构及改变定价来保持本店商品定价的有效性。

3. 价格信息的利用

通过价格对比，发现竞争对手的价格出现了较大幅度的下调或相当于下调，如打折销售、大面积返利顾客等情况，企业管理人员应立即与供货商联系要求给予同样的折扣，本店价格要立即调整，若没有下调空间，则应立即将商品撤下柜台，或将商品从明显位置更换下来。对于供货商采取的短期特价优惠行动，本店应积极响应，争取抢先竞争对手推出特价。

4. 对定价策略的有效性分析

定价策略是否成功，一方面在于策略的正确性，另一方面还在于其实施的有效性。

定价策略实施是否有效，可从三个方面来评价，即财务分析、消费者评价和竞争对手变化。

三、商品价格的制定与调整

管理规范的企业对价格制定及其实施都有固定的操作流程。通常价格的制定是由业务采购部门或者专门的物价部门负责。其主要流程如表6—2所示。

表6—2　　商品价格的制定流程

责任人	定价流程	说　明
业务员或物价员	制定价格	1. 责任人将拟定价格商品的条码、规格、拟定价格等内容填写在《商品定价单上》，并签名。有的企业对定价有一定的权限规定，这就需要报请主管经理审批。 2. 电脑录入员要将新价格输入电脑，并通过电脑网络传输到前台，如果电脑录入人员离卖场距离很远，则打印价格单的工作也可由卖场完成。
电脑录入员	录入新价格，并打印价格单交给卖场	
卖场负责人	安排人员打印标价牌	
卖场理货人员	放置或更换标价牌，对商品打价	

商品价格调整最好在营业开始前做好，否则营业期间价格突然变化容易使卖场标价产生混乱。

针对供货商或连锁超市开展特价促销活动的价格调整，因定价低于正常定价水平的幅度较大，为达到促销目的，有关人员还要做好以下工作：

（1）业务员或物价员要将价格调整清单交美工人员写POP，并指定悬挂地点。

（2）业务部门或卖场须对超低价格商品的陈列位置做刻意安排，并充分利用广播等形式宣传特价商品。

在分店卖场，价格标识是很关键的一个环节，如果商品上没有标价或价格签不对位，会直接影响商品的销售。顾客绝大多数不会拿取不知道价钱的商品。现场标价要注意：（1）要一货一签。（2）要货签对位。（3）要标价准确、清晰。（4）如有赠品、打折等优惠，要标示清楚。

营业人员须每天检查标价签是否对位、是否有遗失、是否有残损脏污，检查标识内容是否有错误、遗漏。发现价格标识出现问题要立即纠正。管理人员也要对价格标识进行抽查，以督促营业员及时更换、补充标价签。

案例分析6—2

门店的调价策略

商品在门店里有不同的角色。角色不同，身价也不一样。目标性品类代表商店的形象，是顾客在该店的首选，价格必须有竞争力。

例如，家乐福的生鲜和百佳超市的熟食，大部分要天天平价，其敏感单品的价格一定比竞争对手的零售价低。而常规性品类的价格与对手接近就行了，大部分不用低价销售，稍微敏感的品类可采用高低价格策略，以刺激购买。季节性商品在旺季时获取适当的利润，季节一过，必然降价清仓，所以适用高低定价策略。便利性商品是拾遗补阙的，以满足顾客一次性购足的需求，其价格往往不敏感，不必采用煽动性价格。

品类之下也可效仿根据品类角色确定价格，可以深化到次品类，甚至次品类中的品牌，以获得更高的客单价和更多的利润。例如，口腔护理类中的牙膏、牙刷、漱口水及其他商品，就可以采取不同的价格策略。64%的购物者只购买牙膏，这使得牙膏类似于目标性品类，因此可以适当调低其利润。而牙刷的购买频率较牙膏低，价格敏感性也小，类似于常规性商品，毛利率可以偏高。漱口水和其他口腔护理产品的销量很小，类似于便利性品类，可以采用每日合理价格，以维持较高的毛利。

那么次品类中的品牌如何运用这种定价思路呢？其实，产品定价的深入程度因品类角色的不同可以有所不同，不必把精力花到所有单品上面。目标性、常规性品类贡献较大、重要性较高，可以做得比较深入，细分到单品。但便利性品类细分到次品类或品牌层面就足够了。

比较分析家乐福、麦德龙、沃尔玛的女拖鞋价格带可以发现，这些超市对品单价的操作手法截然不同。购物心理调查显示：人们认为一双女拖鞋6元以下就比较便宜，所以家乐福最低定价5.9元，并在这个价位上提供两个单品，让顾客感觉这里有便宜的女拖鞋。调查还显示，一双拖鞋20元以上就有些高了，所以家乐福27个拖鞋单品中，有22个定在了19.9元以下。同时，为了拉高品单价，又在24.9元的价位上提供了4个单品（后来又在39.9元的价位上提供了一个单品，突破传统心理价位，反衬24.9元不贵）。反观沃尔玛，16个单品中最低价位在1.9元，最高为19.9元，从区间分布上来看，明显倾向于低价位单品，所以其品单价绝对低于家乐福，客单价自然也低。

现在卖场之间互相查价、抄价非常普遍，往往查价员、市调员回来一报告对手哪些商品价格低，店里立刻跟进。但是，市调的目的不单单是抄录比我们便宜的商品，不单单是为了降价——更多的时候是为了涨价，是为了提高毛利率水平！

一些外资大卖场制定出商品价格之后，马上就出台应对竞争的“跟价指数”。跟价指数是指自身的价格与对手价格的比值，比如跟价指数95%，意思是对手的价格现在调低为10元，则自己的价格直接跟进为9.5元。这样就避免了门店在上万个单品的竞争过程中，无法快速决定价格究竟跟到什么程度的难题。跟价指数一般根据不同品类的商品分别订出不同的指数。

跟价指数不一定低于100%。家乐福C类商品的跟价指数高达130%！这也就是为什么我们市调时不能只抄低价的原因。门店一般都会抓住一切机会主推高价格、高价值商品。某门店身处的社区购买力强，希望能够吸引月收入2 000元以上的购物群。实际上门店也做到了。但分析其卫生巾品类，却发现该品类吸引了大量1 000元以下收入的人群。也就是说，门店花费很多精力吸引来的中高收入人群，却不在该门店购买卫生巾。查找原因，发现该门店卫生巾品类的产品陈列、促销都倾向于低档或不知名的品牌。门店立刻着手优化卫生巾品类，陈列从按夜用、日用转为按品牌陈列，并配以柔和的粉红色，促销也开始侧重一些高值商品，卫生巾品类的销售额很快就有了17%的增长。

在购买力低的社区，面向家庭消费的大卖场要考虑在促销时主推大规格、大包装、捆绑装或量贩装的商品，让顾客有物美价廉之感，引导多买更便宜的消费理念，最大限度地提高客单价。在一线城市的大卖场里，方便面更多的是不是大包装？洗衣粉的包装是不是越来越大，甚至出现了一些超大包装？洗发水的促销活动是不是集中在大规格或大包装（如1 000毫升）上？其实，这些都是提高客单价的手段。

很多零售商时常搞鸡蛋超低价，拿青菜、白菜2毛3毛一斤赚人气。这都没错，但要看时机。大节庆期间就应该让它们退居二线，不要在主通道或显要位置摆放这些单价低、损耗高的商品，甚至连海报也不要登这类商品。因为那段期间，顾客是不会为了鸡蛋便宜5毛、青菜便宜5分跑来凑热闹的。他们更关心过节的商品哪家卖场更多、更全。这时，门店要将有价格优势的商品放置在主通道或货架最佳位置上引导顾客消费。

曾经有一家超市，从春节前一个月开始，杂货、百货低于5元的东西，不允许做促销，不允许做堆头，只能在排面上正常陈列。这种方法可能过于极端，但回头想想，一年365天就那10来天的光景，如果我们还沉迷于低价位商品，那另外355天的生意还怎么做？

资料来源：http://www.jclingshou.com/news/bencandy.php? fid=60&id=12335。

试分析：

1. 案例中提到了哪些调价技巧？
2. 谈谈你对哪些商品的价格比较敏感。

案例分析 6—3

门店促销五大傻

零售门店在促销时，经常会犯一些低级错误。这些低级错误讲起来非常可笑，但它们却频频发生在你我身边。

闷声促销

一些零售门店的门店促销缺乏很好的宣传，甚至在顾客购物时，都没有营业人员告知门店正在进行的折扣折让活动，导致活动知晓率非常低，甚至顾客在买完东西后都不知道门店有促销。这叫什么？出力不讨好型的让利。

有时我们比较反感某些门店全场张贴一些价格促销的海报，声称门店全场让利、N折起、××元起售，这些海报铺天盖地，虽然讨厌，但是有效。

促销活动不声不响，没有海报、没有人员宣传、没有背景广播介绍、没有报纸广告通知，能有效吗？不让顾客知晓的让利促销，是最愚蠢的让利。

盲目优惠

经常有店长说，自己的促销活动费用很高、效果很差：促销品都发了，为什么总是不能完成预期销售目标或者利润目标呢？

这好比一个钓鱼的人，鱼饵都被鱼吃完了，还没有鱼上钩。是鱼太狡猾了，不咬钩？还是你的计划本身太愚蠢，就是在给鱼儿喂食呢？

某家定位于高端客户的娱乐场所刚刚开业，店长计划开放一部分包间招待新客户，用于宣传推广活动。在最初的一段时间内，由于顾客群体还没有形成，每天光临这家企业的客人寥寥无几，推广速度非常慢。

于是，店长与当地电视台合作播出广告，声称门店每天早上 9 点会派发 100 张体验消费券，可以免费娱乐两小时。

第二天上午开门不久，门店就已人满为患，全部都是离退休和街头的无业人员，他们通常先领取门店的体验消费券，有空就免费享受，没空就转送他人。

从第三天开始，门店的顾客数多了很多，但都是一些没有消费意向的非目标客户。他们享受了高档服务后，还纷纷声称这里的东西太贵了，免费还行，自掏腰包划不来。同时，由于闲散人员大量光顾，使得门店内原本优雅的环境变得嘈杂而混乱，一些前期培养的目标顾客也因为这些人而投诉门店服务，甚至离开门店。

发生这种情况的最大问题在于，企业根本不清楚自己在做什么——它可能知道自己的目标顾客是谁，却忘记或者忽视了吸引目标顾客的方法是什么。

体验优惠券在门前或收银台派发

有很多零售门店在做促销活动时，往往会发放一些体验优惠券，顾客用优惠券就可以减价购买一些特殊商品或服务。店家希望通过让利，来吸引一些以前没有光顾过门店的新顾客，或者不在自己目标商圈以及不知道门店位置的顾客。

但这些门店却将这些体验优惠券放在收银台或者门前发放。你知道结果会怎么样吗？

第一类顾客在光顾门店时，不知道你的门店新推出了优惠券，买完东西后，才在收银台看到，刚好不用白不用，占个便宜好了。这种情况是典型的白送顾客利润的傻瓜做法。

第二类顾客直到付款时，都不知道有体验优惠券；付款后发现了，自己没有使用，必然会要求收银员做退单处理，然后用体验优惠券重新购买一遍。

这样退货再购买，必然会影响门店的正常收银秩序，降低收款速度。如果想避免这种情况，收银员就要及时提醒顾客的商品可以参加体验购物活动，并主动给顾客寻找体验优惠券入账。可是这么做，你自己都会觉得好笑——自己原本能赚钱的，非要给顾客做个折扣减价销售。这不是傻了吗？

第三类顾客是门店的常规顾客，定期光顾，看到有体验优惠券，顺便拿一张。按照优惠券使用办法，二次充当新顾客，享受一下新顾客的优惠折扣，体验一把门店的服务。

当然，还有一种特殊情况：有些企业将体验优惠券当作宣传单页派发，目的是避免低折扣给顾客带来不良印象，采取抵用券或优惠券的模式在门前派发，让进门的顾客知道有促销活动，从而吸引顾客进店。

这样，这些顾客可能就会边查阅折扣券信息边选择购买商品，按图索骥，此时的优惠券更像是门店的 DM 传单。超市在门店前放置 DM 传单是为了引导消费，那优惠券此时对于这些门店的作用是什么？就是宣传用的 DM 传单。

体验优惠券的目的是吸引更多的新顾客。哪里的新顾客最多呢？当然距离门店越远，新顾客可能就越多。甚至你可以为了寻找符合自己经营定位的顾客，而选择在与你的经营定位接近的竞争对手的门店附近发放，既可以挖别人的墙脚，抵制竞争对手，又可以提升自己门店。何乐而不为呢？

除特殊情况外，体验优惠券对于企业来说都是有成本的。在门店前发放自己的优惠券，无疑是在给顾客送钱。如果你的商品没有质量问题，为什么不让新顾客再沾个光，享受一下价格折扣呢？

让利吸引新顾客，结果来了一堆老顾客——体验消费券已经成为不少门店利润下降的凶手。

促销活动=让利促销

有些企业在促销活动前，往往喜欢听取终端的看法，如销售一线人员的看法或者终端顾客的看法，同时还常常会对顾客做一些问卷调查，问卷当然是集中在关于促销方式、让利幅度等问题上。

这些问题表面上看是想更加了解客户需求，但是实际上顾客并不会在这些问卷中表达真实的想法。

例如，问顾客喜欢买赠活动还是打折活动，顾客当然是喜欢打折活动了；如果问心理价格区间，顾客肯定是选择最低的价格折扣。这些问题看似替顾客着想，实际上往往会将门店的促销活动带入到让利促销的价格误区。

例如，某百货商店中的电子消费品品牌专柜，之前的促销活动是满 1 000 元减 50 元，而在最近一期的活动中采取的是买 1 000 元送 50 元的配件。新活动推出后，专柜售货人员遇到了一些习惯议价的顾客，此时专柜的售货人员就想起之前的营销活动，于是与顾客妥协，让顾客享受满 1 000 元减 50 元的活动，而不是送配件。

对于消费者而言，送配件当然不如直接减钱实惠，而对于厂家来说，送配件公司能扩大销售机会，而减价折让是在减少利润，两者的促销目的和效果是不同的。但此时专柜的售货人员往往会告诉公司新的活动执行不下去，顾客都不愿意购买，希望让利等。

这些虚假的反馈信息使得公司的新活动难以执行，也使得促销活动被迫退让成为最初级的减价活动。

如某大型企业团购部门在参与一些大额招标项目时常常失败而返，业务人员总说价格竞争激烈，自己的报价太高。一次，公司让业务人员不计较价格因素可以用最低价竞标，却依然在低价竞标中失败，原因是招标方声称由于不了解合作企业的情况，对企业的服务能力表示怀疑。显然，真正的原因是团购部门的人员并没有做好前期的相关销售铺垫工作，招标企业并没想过完全以低价来遴选客户。

策略能吸引一部分顾客，但是低价并不完全能赢得所有的营销战。门店的促销活动是非常多样化的，在进行促销活动时，门店一定要清楚促销的目的是什么，不能被一些虚假的表象蒙蔽了双眼，一味地去追求让利促销活动，有时可能不促销反而更好。

体验不如不体验

电影院即将正式开业，在试营业期间希望扩大门店的宣传影响力，同时吸引更多的顾客光临门店，于是推出体验式消费。

最初，企业只是将体验券赠予周边的一些高端消费企业，让这些企业的员工及客户光顾，获得了比较好的营销效果。大部分的客户对于影院的设计、服务、硬件设备设施都比较满意，也提出了相应的一些建议。

此后，门店的营运总监想获得更大的营销效果，便与本市影响力最大的报纸合作，每天早上 9 点开始凭当天报纸免费看指定的几部影片。这一方式推出后，门店一开门就有大量居住在周边的离退休老人结伴凭报纸来看免费电影。

几天后，门店每天有数千名顾客蜂拥而来，由于门店只是在一至两个影厅轮流播放，且播放场次和时间受限，造成门店有不少顾客都拥挤在影院的售票处附近，严重影响了门店的正常运营程序，大量持有报纸的顾客占据售票处，现金消费的顾客凑不到跟前。

不仅仅如此，门店的正常运营秩序也因为这突如其来的营销热潮而变得乱七八糟，前一场次的电影清场缓慢，后一场无法按时播出，顾客进入影院后随便就座，造成观影秩序混乱，尤其是影厅的空气质量、气温、通道和卫生间的情况都大大不如以前。与此同时，门店的服务人员觉得突然来了这么多低端消费顾客，不花钱看电影还要求特别多。

如此体验营销的结果是：高端顾客想光顾门店无法进入，进去了也认为门店服务太差。虽然表面上来客量大大提升，但是门店的声誉却受到了非常大的负面影响。

体验营销的目的是让顾客体验到高质量的客户服务，从而吸引顾客以后长期光临门店。而有些企业认为，这些顾客都是凭赠券免费消费的，因此也忽视了相应的客户服务；有些企业则是对于体验营销的活动规模没有做充分的服务准备，造成服务接待能力严重超负荷运转；或者员工明显没有应对大规模促销活动的心理准备，造成服务过程中的烦躁、失礼等，造成“体验不如不体验、营销不如没营销”的尴尬局面。

其实在终端门店促销活动中的傻事随时都可能在发生，这些傻事多数是因为在促销活动中没有明确促销目的，没有坚持促销原则而发生的。促销活动傻与不傻，有时并不在于顾客是否叫好，还要看看自己是否值得去做。

资料来源：杜萍：《门店促销五大傻》，载《销售与市场》（渠道版），2008（5）。

试分析：

结合上面的案例和自己的观察，分析身边的企业促销活动有哪些成功和不足的地方。

本章小结

本章主要介绍了连锁企业促销活动的基本要求、促销策划程序、促销活动开展的主要方法等内容；同时介绍了商品零售价格的影响因素，连锁企业的定价目标，企业价格管理的基本流程，以及常用的定价方法、价格策略等内容。通过本章的学习，学习者应能够学会在纷繁多变的市场环境中权衡利弊，配合其他组合因素，灵活地制定商品的价格及促销策略。

关键术语

促销　促销策划　价格　定价目标　价格管理

复习与思考

1. 连锁企业促销活动的目标一般有哪些？
2. 连锁企业促销活动要进行哪些方面的策划？
3. 连锁企业如何选择促销时机？如何选择促销的商品？有哪些促销方式？
4. 商品零售价格的影响因素有哪些？影响消费者对商品价格敏感性的因素有哪些？
5. 影响定价策略的关键因素有哪些？
6. 连锁企业常采用的定价策略有哪些？
7. 连锁企业如何实施定价策略？

训练项目

1. 了解连锁企业定价业务流程，并用流程图表示定价流程和价格调整流程。
2. 实地调查当地的2～3家零售企业，观察哪些商品属价格敏感性商品，分析这些企业采取了什么样的定价策略。
3. 选择一家连锁店，根据企业运行状况，为之策划一次促销活动。
4. 选择一家连锁店，对其某一次促销活动的实施状况进行分析，并对活动的效果进行评估。
5. 根据季节情况，选择某个节日为某连锁超市策划该节日的促销方案。

第七章

连锁企业管理信息系统

学习目标

1. 了解连锁企业管理常用的信息技术。
2. 熟悉连锁企业管理信息系统的构成。
3. 了解 POS 系统、MIS 系统。
4. 掌握连锁总部、配送中心以及连锁分店的信息系统模块及主要功能。

案例导入

早在 1987 年，沃尔玛就完成了自己的卫星通信网络建设，拥有了最大的私有卫星系统。这一花费巨资建立的卫星通信网络系统的应用，使沃尔玛的配送中心、供应商及每一分店的每一销售点都能形成连线作业。同时，沃尔玛在公司总部建立了庞大的数据中心，所有店铺、配送中心也与供应商建立了联系，全球各店铺的销售、订货、库存情况可以随时调出查询，从而实现了快速反应的供应链管理。厂商通过这套系统可以进入沃尔玛的电脑配销系统和数据中心，直接得到其供应的商品流通动态状况、各仓库的存货和调配状况、销售预测、电子邮件及付款通知等，以此作为安排生产、供货和送货的依据。先进的信息管理系统为生产商和沃尔玛两方面都带来了巨大的利益，这套系统是沃尔玛重要的核心竞争力。

信息技术的应用在现代连锁企业发展中扮演着极为重要的角色，正如有些专家指出的，如果没有现代信息技术的应用，就不可能有今天的连锁业，管理信息系统是连锁企业经营管理的重要保障。

第一节　连锁企业管理信息系统概述

现代信息技术的发展正在推动着商业的变革，加速着商业的信息化和全球化进程。特别是近年来网络技术的快速发展，不仅带来了商业在管理手段和方法上的变革，也带来了管理理论和思维方式的改革。事实上，连锁企业的发展与现代信息技术的应用是密不可分的，可以说，正是因为信息技术的发展才有今天连锁企业的大发展。

管理信息系统是采用计算机技术、通信技术、自动化技术及各种电子信息设备，运用经济数学、系统科学、行为科学的方法，以实现商品流、资金流、信息流最优化管理与控制为目标的人机信息系统。商业管理信息系统是商业自动化的重要组成部分。

一、连锁企业管理常用的信息技术

连锁企业信息系统常用的信息技术主要包括 POS、EOS、EDI、VAN、SIS、MIS、CRM 等服务性系统。

（一）POS

POS（Point of Sales），即时点销售数据管理系统，是指以商业环境为中心的进货、销货、存货和内部调配商品的信息管理系统。其中，进货信息管理系统负责商业环境与批发商或制造商之间的商品流通信息管理；存货信息管理系统负责商业环境内部对各级仓库所保管商品的信息控制；内部调配信息管理系统负责商品在商业环境内部进行流转的控制；商品销售信息管理系统负责商业环境对客户的直接服务及由此而产生的销售信息控制。

（二）EOS

EOS（Electronic Ordering System），即电子订货系统，负责商业环境与批发商、制造商之间的商品订购、运输、调配等信息控制。在这个系统中，由于涉及经营环境以外的社会供货机构，所以要求所交换的数据在商业整体结构下有统一的标准，最终实现电子数据交换即 EDI 的商业化。

（三）EDI

EDI（Electronic Data Interchange），即电子数据信息交换系统，是指通过通信网络，按照协议，在商业贸易伙伴的计算机系统之间快速传送和自动处理订单、发票、海关申报单、进出口许可证等规范化的商业文件。

（四）VAN

VAN（Value Added Network），即增值网络，是指将制造业、批发业、零售业等相关行业的信息通过计算机服务网络进行互相交换的信息系统。这些信息包括进货的时机、进货量、资金的承受能力、本商业环境的销售水准及商品的畅、滞销状态等，主要是为商业经营者提供做出决断的信息。有效的决策支持会给经营者带来实际的经营效益。

（五）SIS

SIS（Strategic Information System），即决策信息系统，是指提供给经营管理者决策信息的系统。

（六）MIS

MIS（Management Information System），即管理信息系统，是对连锁企业内部人、财、物的全面管理信息系统。MIS 通常没有统一标准，而是根据本商业环境的管理特征来决定其结构、控制规模等，目的是提高商业实体的管理水平，有效体现管理效率。

（七）CRM

CRM（Customer Relationship Management），即客户关系管理，是通过对客户详细资料的深入分析，提高客户满意程度，从而提高企业竞争力的一种手段。

（八）微信营销平台

微信营销是网络经济时代企业对传统营销模式的创新，是伴随着微信的火热产生的一种网络营销方式。微信不存在距离的限制，用户注册微信后，可与周围同样注册的“朋友”形成一种联系，用户订阅自己所需要的信息，商家通过提供用户所需要的信息，推广自己的产品，这是一种点对点的营销方式。

关于微信营销模式，被人们所熟知的是以下四种模式：LBS＋“查看附近的人”功能，挖掘潜在客户群，开拓企业销售新渠道；O2O＋“二维码扫描”功能，助推品牌病毒式传播，打通企业线上和线下的关键入口；微信公众平台＋“朋友圈”功能，打造全新社交关系链，开创企业口碑宣传新方式；互动式推送微信，通过一对一地推送，品牌可以与“粉丝”开展个性化的互动活动，提供更加直接的互动体验。

二、连锁企业管理信息系统的组成

管理信息系统主要是指企业的内部商业信息系统，它包括企业内部的计划、合同、进、销、存、核算、统计分析、辅助决策的整体管理控制，为连锁企业决策收集信息、加工处理信息、存储和检索信息，并把信息及时传输到企业内部和外部目标接收者。完整的管理信息系统包括以下几方面。

（一）外部商业信息系统

外部商业信息系统建立在公用数据网基础之上，跨接多个社会商业信息系统，其目的是向有关主管单位呈报数据，向供应商订购商品，与银行进行账目往来，与下属单位进行数据交换，向公共数据中心提供有关信息等。社会商业信息系统的建立是社会信息化发展的必然趋势，它是建立 EDI、EOS、VAN 的基础。

（二）前台收款系统

前台收款系统除了要完成前台商品销售的收款之外，还要完成系统一定范围内的信息采集，为高层经营分析与决策奠定数据信息基础。目前，前台一般采用第三代 POS 即以 PC 为基础的收款机作为基本设备。

（三）后台管理信息系统

后台管理信息系统主要用于连锁企业经营过程中商品的进、销、调、存全过程信息的管理与控制，以及建立基于连锁企业内部信息系统的综合管理和自动化系统。后台管理信息系统是整个连锁管理信息系统的主要部分。

（四）决策支持系统

决策支持系统，就是充分利用连锁企业内部的信息网和与企业内部网络相连的外部社会信息网，建立起连锁企业的管理信息综合数据库，在此基础上利用各种可行的预测和分析技术，形成符合连锁企业管理习惯的模型库，并根据企业各领导层的不同管理习惯，生成满足他们日常决策的方法库，为企业辅助经营决策提供基础。

（五）其他辅助系统

其他辅助系统主要包括监控与防盗系统、消防安全系统、顾客自助查询系统、电子价格牌、电子秤管理系统、大屏幕广告、多媒体导购、电话购物系统等。

三、连锁企业管理信息系统的组成

连锁企业自身的特点决定了连锁企业的管理信息系统与单体商店的管理信息系统的不

同。在企业机构设置上，连锁企业一般由总部、配送中心、各连锁分店三部分组成。连锁企业的管理信息系统必须将这些分布在不同地域的各机构通过网络联结起来，因此，与单体商店相比，连锁企业的管理信息系统往往由连锁总部、各连锁分店和配送中心子系统组成，是一个既相互联系又各自按一定工作程序组合而成的有机体。

连锁企业的基本构架可用如图 7—1 所示的分布在一个平面上点的组合表示。

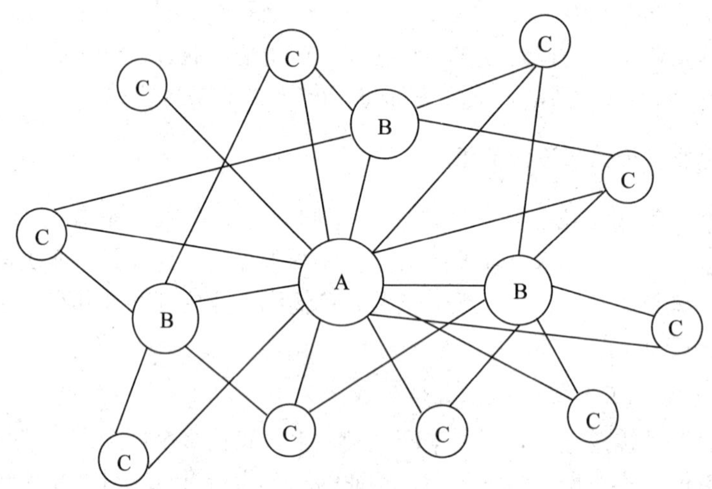

图 7—1　连锁企业基本构架

在图 7—1 中，A 点为连锁企业总部，B 点为配送中心，C 点为连锁分店。通常 A 点只有一个，B 点可以有几个，C 点则可以有很多个。A、B、C 点组成一个连锁网络。从连锁企业的基本构架出发，连锁企业计算机管理信息系统应由连锁企业总部计算机管理信息系统、配送中心计算机管理信息系统、各连锁分店计算机管理信息系统及远程联网系统四部分组成。

连锁企业总部计算机管理信息系统不仅要对其各职能部门实现管理，更要指导、协调各部门间的业务，采集配送中心、各连锁分店的信息，以便正确决策、统一指挥。

配送中心计算机管理信息系统主要实现商品库存的静态和动态管理，统一调度商品流向、车辆运输等。

连锁分店计算机管理信息系统一般包括：POS 系统（销售点管理系统）、EOS 系统（电子订货系统）及 MIS 系统（店内管理信息系统）等。

远程联网系统是沟通总部、配送中心、各连锁分店之间信息的桥梁，它使整个企业成为一个有机整体。通过总部、配送中心和各连锁分店三部分计算机管理信息系统的联网，总部能及时获得配送中心和各连锁分店的有关业务资料，并能及时将有关信息反馈给配送中心和连锁分店，加速信息的流转。

第二节　连锁总部管理信息系统

一、连锁总部管理信息系统的构成

连锁总部管理信息系统按功能划分为基础资料管理子系统、进货管理子系统、库存管理子系统、销售管理子系统、商品进销存统计与分析子系统、财务会计管理子系统、人力资源管理子系统和连锁企业总部决策支持系统，其功能结构如图7—2所示。

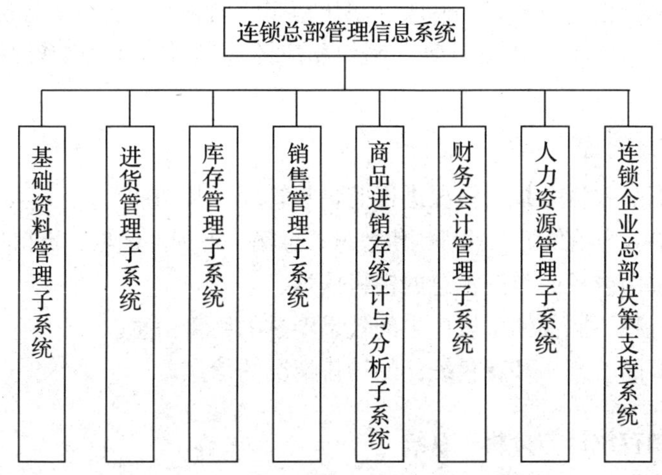

图7—2 连锁总部管理信息系统的功能结构

二、基础资料管理子系统

系统基础资料的正确建立与维护，对保证整套系统的正常运行、各项数据的准确尤为重要。系统基础资料一般集中在品牌类别资料、商品资料、供应商客户资料。资料的建立、更改、删除，需经商品部负责人填写手工资料变更单，经签字确认后由信息中心资料维护专员进行系统资料的相关操作。系统要记录资料操作事项、操作时间、操作人员。

三、进货管理子系统

连锁企业是由连锁总部负责统一购进商品，以实现规模效益。进货管理业务包括：汇集各连锁分店的要货计划，结合配送中心库存情况和市场供应情况，制订采购计划，统一向供应商采购商品等。因此，进货管理子系统应包括：制订采购计划、市场价格信息管理、供应商信息管理、购货合同管理、到货管理，等等。

四、库存管理子系统

库存管理是对仓库商品实物进行管理。连锁总部把统一采购的商品集中统一储存，形成规模，再根据分店的需要，通过配送中心进行统一调配，把商品分散发送到各分店，还要对采购的商品进行严格的检验和核对，保证商品在品种、规格、品牌、品质、数量、包装方面符合要求。因此，库存管理子系统的功能包括：到货登录、查询修改；商品实物保管及存放地点管理；商品移库、提货、盘存、串号、损溢管理；库存结构、保本保利保质等管理；调配管理，登录向分店调配的商品品种和数量等。

五、销售管理子系统

连锁企业要对同种商品实行统一的销售价格，所以连锁总部要对采购的商品统一定价，并对各分店销售信息进行分析，以便合理定价。销售管理子系统的功能如下所述。

（一）价格管理

价格管理的内容应包括：

（1）按不同定价方法自动生成价格以供决策。

（2）查询市场价格信息。

（3）确定商品价格并供查询、修改，制作相应的调进价单、调零售价单。

（4）根据各门店的 DM 促销计划，制作相应的促销计划单、零售特价单、固定时间特价单。

（二）销售信息管理

对各分店的商品零售与批发情况进行监督与管理，其功能为：

（1）查询以单品为单位汇总的日销售数量、金额、毛利、优惠、折扣等信息。

（2）查询按部门或商品类别汇总的销售信息。

（3）查询按各种不同促销手段产生的效果汇总的销售信息。

（4）查询按商品的规格和花色统计的销售情况的信息。

六、商品进销存统计与分析子系统

商品进销存统计与分析子系统的内容有二：一是从不同的角度、采用不同的方法，对商品进销存等各流转环节的各项指标进行分析与对比，以便连锁总部的管理人员及时发现问题，找出差距及原因；二是对销售趋势做出预测，进行事前控制，这有助于加强经营管理。统计分析的内容主要有：

（1）商品购进、销售、库存等计划完成情况分析。

（2）商品进货和进货合同执行情况分析。

（3）商品进货来源和销售方向与方式分析。

（4）库存分析。

（5）销售品种分析。

（6）销售构成变化情况分析。

（7）进货、仓储管理费用分析。

（8）利润计划完成情况及销售利润分析。

七、财务会计管理子系统

财务会计管理子系统包括商品核算、会计核算、财务管理三部分。

（一）商品核算

商品核算主要是商品进价成本核算和库存商品的实际成本及其变动的核算，可实时准确地对单品进行核算。

（二）会计核算

会计核算主要包括账务处理、应收应付管理和内部往来核算。

（三）财务管理

财务管理包括利润的计算与分配、公积金提取、资金分析、财务报表以及各项财务指标的计算与评价。

八、人力资源管理子系统

连锁企业总部的人力资源管理包括对整个企业人员的录用、培训、考核、奖惩、工资福利待遇进行计划、组织、监督、协调等一系列功能。因此，人力资源管理子系统应负责如下业务：

（1）人事制度管理，如人员结构及编制管理。

（2）用工制度、奖惩制度、晋升制度、培训制度等的管理。

（3）职工档案管理，包括录入、存储、查询等。

（4）职工业绩考核管理。

（5）职工奖惩管理。

（6）培训管理。

（7）工资管理等。

九、会员营销管理子系统

会员营销在系统端的应用，通过针对会员的各种让利优惠，如积分兑换、积分返现、价格优惠等，增加客户的黏性和活跃度，延长客户生命周期。通过对客户消费数据的分析，可以得知一个人或是一个家庭的消费购物情况，深度挖掘客户的潜在需求，实现精确的海报投放和有针对性的价格促销。

随着 O2O、B2C 等新型商业模式的逐渐成熟，以及支付宝、微信支付等新型支付方式的出现，传统零售企业也需要不断升级信息系统，以满足客户的需求，云端会员也被逐渐纳入信息管理的范畴。

十、连锁企业总部决策支持系统

由于连锁总部是企业的主要经营决策机构，所以总部管理信息系统应具备决策支持系统。其主要功能应包括：

（1）数据收集、存储、处理、分析与检索。

（2）决策模型的建立、存取与求解。

（3）提供各种常用的数据分析方法。

（4）对数据、模型和计算方法能方便地进行管理，包括更新、删除、修改和链接。

（5）提供方便的人—机对话接口，使决策者拥有决策过程的主动权，进行目标设定、方案评选。而计算机系统则与之配合，并以一定的响应时间支持决策。

此外，无论是连锁分店、配送中心还是总部的管理信息系统，均要有系统维护部门及相应的维护子系统，以便对系统进行维护、数据更新及系统的局部修改和调整，保证其正常运行。

第三节　统配中心管理信息系统

一、配送中心管理信息系统的构成

配送中心管理信息系统是对配送中心内商品的入出库、保管、组配、流通、加工及配送等的管理信息系统。配送中心的物流操作作业是在配送中心的计算机管理下进行的，必须与总部和各分店系统相协调才能完成其功能。配送中心管理信息系统主要由以下的子系统支持。

（一）入库系统

其功能是对入库的货品进行核对、入库，包括货品的补货处理。入库系统要利用网络及时反映预订货品的入库信息，并能迅速地反映入库时的商品库存、商品更新情况。

（二）智能配送管理系统

其功能是以各分店的补货数据为基础，通过定义要货店相关商品的上下限安全库存指标及优先级，进行库存商品对照，生成合理的配货单。配送管理系统包括库存寻找和货品集中核对系统，可通过定义货区来指示寻找范围，并及时输出库存寻找清单，确认配货单的可配数量，要求做到寻找快速、错误率低。对配送中心现有库存能够满足的，生成相应的调拨单；不能够满足的，按供应商生成预制采购订单。对此次配货不能满足的要货门店，实现自动二次配货管理。

（三）库存货区管理系统

配送中心最基本的功能是掌握商品的种类、式样、规格、存放位置等，并实时地管理各种商品。这些要靠合理的、科学化的货区管理以及装载、配送分析和物流服务成本管理等支持。

库存管理是配送中心系统的核心，它为订货系统提供数据依据；它进行每种货品的库存管理，与货区管理衔接，在库存清单上用货区号指示库存货品的位置；它也与配送系统相连，指示不同配送货车的装载箱数和装载品种明细。

库存管理系统的目标是：提高库存精度；合理地进行补货；削减损耗和库存余额。

（四）运输配送系统

运输配送系统的任务是完成供货商与配送中心之间、配送中心与各分店之间商品的运输配送业务，应能支持多品种、多次小批量配送的要求。

配送的配车问题历来是靠主管人员或者是运输员凭经验以目测来确定配送载重量和配送车数。在少量多品种多次配送中，应根据分店要求的品种、数量、规格、时间等进行配组，然后进行分送。

二、配送中心管理信息系统的功能

（一）业务管理功能

业务管理功能主要包括：

（1）入库管理：输入入库商品数量，打印商品入库单，便于仓管人员正确进行入库商品确认。

（2）出库管理：输入出库商品数量，打印商品出库单，便于仓管人员正确进行出库商品确认。

（3）返库管理：输入返库商品数量，打印商品返库单，便于仓管人员正确进行返库商品确认。

(4) 退货管理：输入退货商品数量，打印商品退货单，便于仓管人员正确进行退货商品确认。

(5) 残损管理：输入残损商品数量，打印商品残损单，便于仓管人员正确进行残损商品确认。

(二) 查询统计功能

查询统计功能主要包括：

(1) 入库信息：可按入库单号、单品、分类、供应商进行入库查询或统计。

(2) 出库信息：可按出库单号、单品、分类、收货分店进行出库查询或统计。

(3) 返库信息：可按返库单号、单品、分类、退货分店进行返库查询或统计。

(4) 退货信息：可按退货单号、单品、分类、供应商进行退货查询或统计。

(5) 残损信息：可按入库单号、单品、分类进行残损查询或统计。

(6) 库存信息：可按单品、分类进行库存查询或统计。

(三) 盘点管理功能

盘点管理功能主要包括：

(1) 盘点清单生成：生成商品盘点信息。

(2) 盘点清单打印：打印出盘点商品的清单交盘点人员，对实际在架商品数量进行盘点、统计后填写。可以人工盘点，也可用手持电脑读入盘点数据。

(3) 盘点数量输入：按清单上填写的数量输入计算机。

(4) 盘点商品确认：将实际在架商品盘点数量与账面商品数量进行损溢比较，将盘点数量填入商品在架库，并由管理人员填写损溢原因。

(5) 盘点损溢统计：对本次盘点确认过的商品进行损溢统计。

(6) 损溢商品查询：对历次盘点有损溢的商品进行查询浏览统计。

(四) 库存结构分析功能

库存结构分析功能主要包括：

(1) 库存总账分析：对库存商品的入库、出库、返库、退货、残损进行统计。

(2) 库存分类分析：对库存商品按类进行统计。

(五) 在库商品管理功能

在库商品管理功能主要包括：

(1) 库存商品上限报警：对库存商品数量高于库存上限的商品进行信息提示。

(2) 库存商品下限报警：对库存商品数量低于库存下限的商品进行信息提示。

(3) 库存商品负数报警：对库存商品数量为负数的商品进行信息提示。

(4) 库存停滞商品报警：对在某一段时间内有入库但没有出库的商品进行信息提示。

(5) 商品及时出库报警：对在入库时库存商品数量为零但又未及时出库的商品进行信息提示。

(六) 保质期报警功能

保质期报警功能主要包括：

(1) 已逾保质期的商品报警：对库存商品的保质截止期已早于本日的商品进行信息

提示。

（2）将逾保质期的商品报警：对库存商品的保质截止期在本日后某一时间段内到期的商品进行信息提示。

（3）商品保质期查询：对库存商品的保质截止期在某一时间段内在期的商品进行查询。

（七）货位调整功能

货位调整功能主要包括：

（1）库存货位维护：对库存商品的货位号进行调整。

（2）货位调整查询：对库存商品调整过的货位号按时间段进行查询。

（3）库存货位统计：对库存商品按货位进行统计。

（八）账目管理功能

账目管理功能主要是统计某一时间段内的单一商品明细账。

（九）条码打印功能

条码打印功能主要是打印商品的条码，储存商品有关信息。

第四节　连锁分店管理信息系统

一、连锁分店管理信息系统简介

连锁分店管理信息系统是整个连锁企业管理信息系统的重要组成部分。

（一）连锁分店管理信息系统的组成

基于连锁分店的经营情况，小型连锁分店的收款机一般有4～5台，中型连锁分店的收款机一般有20～30台。条码扫描设备可选用手持式扫描枪、激光平台式条码阅读器。

（二）连锁分店管理信息系统的功能

连锁分店计算机管理系统是具有利用POS机进行销售并管理每一个商品的补货、销售和在架，以及销售数据的汇总、统计、向总部进行数据传送等全部管理功能的信息管理系统。它必须实时地掌握商品信息和顾客信息，对销售活动以具体数据形式进行详细、正确、迅速的分析。

连锁分店的计算机系统对消费者需要多样化、个性化所对应的最新信息的实时管理以及商品流转的综合管理主要包括：

（1）POS机管理：可以实时监测POS机状态，以及可以用直观图的方式显示收款情况。

（2）补货管理：可以进行人工补货、自动补货、补货确认、补货查询等。

（3）到货管理：包括供应商送货，配送中心送货的到货输入、到货确认、到货查询等功能。

（4）在架管理：包括在架单一商品统计、在架分类商品统计、在架商品下限报警、在架商品上限报警、在架商品负数报警、在架商品调价管理、商品按供应商统计等功能。

（5）盘点管理：包括盘点清单生成、盘点清单打印、盘点数量输入、手持电脑读入、数据采集器数据的导入、漏盘商品打印、盘点商品确认、盘点结束确认、盘点损溢统计、损溢商品、库存成本查询等功能。

（6）仓库管理：包括仓库输入、确认、查询等功能。

（7）数据统计功能：包括商品到货、调拨、销售统计、毛利率统计、畅滞销商品查询、商品销售ABC法分析、品项分析统计、库存周转率的分析、商品交叉贡献率的分析、销售情况综合统计、单品销售情况统计、供应商的销售情况统计比较等。

（8）会员管理：包括会员卡的销售、修改、查询、挂失、恢复、更换、延长、统计等。

（9）系统管理：包括开店前总部信息的接收、闭店后数据处理及上传、系统维护等。

（10）货位管理：在架商品货位的分配及统计功能。

（11）销售管理：包括任意时段的销售日报、周报、旬报、月报、季报、年报等情况的统计、比较、打印功能，形式可为明细、分类、实时分析、销售排行、收款员业绩、收款机销售情况等。

（12）价签、条码打印：价签打印分普通价签打印及特价签打印，条码打印主要是店内码的打印，也可进行商品原有条码的打印。

（13）生鲜管理：对成本、库存较难控制的生鲜类商品做到较精确的管理，提供较准确的销售分析报表。与电子秤实现无缝对接，实现自动转秤，及时更新电子秤生鲜商品价格。

（14）行政领用、销售领用、报损商品等其他出入库的操作管理。

（15）批发管理：通过客户—价格关系的定义，对团购、批发客户的销售管理。

（16）促销管理：通过零售特价单、固定时间特价单、促销赠品设置来配合灵活的促销活动。

（17）商品拆分、组合的管理：即对多种包装规格同时销售，且存在进行拆包销售类商品的库存的精确管理。

二、POS机及POS系统

商品前台销售是连锁分店经营管理的重要业务环节，也是企业信息的主要来源。目前连锁企业已经普遍使用收款机和POS机，建立了POS系统，对销售信息进行全面、准确的采集。分店使用收款机和建立POS系统，不仅可以实现收银迅速准确、结账精确、支持多种支付方式，而且能为企业提供丰富而准确的信息。特别是近年来POS系统已具备了较为完善的网络功能，为连锁企业信息管理系统的建立提供了有力的支撑。

（一）收款机、POS机的分类及特点

1. 收款机的分类

从历史上看，收款机经历了机械式收款机、电子收款机和POS机三个发展阶段，其中电子收款机和POS机可以称为现代收款机。根据POS机的功能与用途，常将其分为一类机、二类机和三类机。

（1）一类机是一种单纯的现金出纳机，只能完成基本记账、简单汇总、金额简单管

理和重点商品管理，无通信能力，不能直接作为信息管理系统的数据采集终端。一类机功能虽然简单，但使用方便、价格低廉，适用于小型的个体专卖店、个体餐馆、杂货店等。

（2）二类机是具备商品管理能力和联网通信能力的收款机。二类机的单机处理能力较一类机大大增强，可外接条形码扫描器、读卡机等外部设备，存储量增大，具有一定汉字功能，可接受多种付款方式，进行存根保存浏览、查询、统计、汇总等，有较强的定期报表功能。二类机的特点是多台机器联网工作，通过专用网与主机连接，由后者统一管理，可作为数据采集终端。二类机适用于中小型的连锁企业、超级市场、多门市商场等商业营销管理。但二类机的网上通信通常为批处理方式，所以不能实现主机对销售前台的实时处理。

（3）三类机即基于 PC 的 POS 机，是一种高级智能收款机。它是计算机技术、通信技术在商业营销领域的综合应用，使收款机从单纯的信息采集设备发展为多功能的信息处理工具。POS 机采用微机通用存储器（内部 ROM、RAM 和外部的磁盘），因此避开了一、二类机固化程序专用芯片的缺陷，可根据实际需要对 POS 机进行再开发。三类机是目前连锁企业广泛使用的收款机。

2. 三类机的主要功能和特点

由于三类机是基于 PC 机基础上的，其功能已经非常完善，主要表现在：

（1）销售功能完善。相对于一类机、二类机，三类机的软件更加灵活，数据容量更大，其主要功能有：

1）可以按商品类码进行销售，也可以按部门、柜组、营业员等信息进行销售；还可以支持非整数数量销售（如布匹、散装货物）。

2）PLU 数可以做到几十万条，具备支持生鲜条码的销售方式。

3）对所售商品进行打折销售，并且有打折权限设置，对打折商品记录备案。

4）允许对键值进行定义，将使用率高的商品定义在键盘上，实现某些商品的快速键销售。

5）具备多种结算方式，例如现金、支票、信用卡、会员卡、礼券、签单（在实时联网情况下）等付款方式，并可进行价格查询。

6）具备较完善的销售辅助功能，为操作人员提供方便，如存取备用金和支取现金的操作，输入有误时的更新操作，销售时顾客显示屏随时显示当前销售数据或可显示简单的广告信息，以及对特定交易销售商品的种类实行授权等。

（2）友好的操作界面。主要是：

1）采用显示器作为操作显示屏，基本画面包括时间信息、收款员信息、销售信息以及各种提示信息，并且所有显示信息均是中文。

2）键盘也使用中文标识，可以进行中文录入，有些高档键盘还有磁卡阅读功能。

（3）丰富的管理功能。这是 PC-based ECR 与 ECR 的重要区别之一。PC-based ECR 的硬件环境无论是数据存储容量、信息交换能力还是软件管理功能都要比 ECR 强许多，可以做到实时传送销售信息、实时提供各种报告、及时反映商品的动态变化过程，使得商品管理能定质、定量进行分析，从而能在任何时刻、任一过程了解商品的经营情况。

（4）多种类的统计报表。主要是：

1）收银汇总统计表：主要用于查询收银员的应交金额、分各种付款方式统计的收款金额数。

2）部门汇总统计表：主要用于统计各部门当日销售商品数量、结存数量。

3）收款汇总统计表：各种付款方式分别统计并汇总。

4）收款机销售明细表：各收款机销售明细统计并可打印。

5）销售明细统计表：每种商品销售数量及金额统计。

6）日交易折扣表：当日销售折扣情况表。

7）退货明细统计表：每种商品退货数量及退货金额统计。

（5）多种分析报告。主要是：

1）营业分析报告：统计当日交易的平均交易额。

2）区段时间统计报告：指任意时段的收款、销售、折扣、营业分析统计。

3）时间段交易统计报告：统计营业时间内每一时段的交易次数、交易数量和金额收入情况。

4）历史数据统计报告：任意时段的销售报告或分为日段报告、月段表、年段表。

5）商品库存统计报告，包括当前商品库存明细、当前商品分类库存统计等。

6）畅销和滞销商品的分析报告。

另外，POS 收款机对操纵者也可以进行等级管理，通过钥匙控制和密码口令区分等级，一般分为普通收银员级、收银主管级、经理级（系统操作员）等。

（二）POS 系统

POS 机与计算机网络相结合，形成 POS 系统。借助微电脑技术、网络技术、数据库技术、条形码技术等高科技手段，POS 系统具有了很强的网上实时处理能力，信息管理功能更趋完善，能够与 EDI、EOS、SIS 相结合，形成一个完整的商业营销电脑管理系统，从而最终实现商业营销自动化与现代化。

POS 系统在狭义上是指在 POS 终端基础上扩展形成的商业销售终端系统。广义上的 POS 系统是指整个营销管理系统。它由 POS 终端（或多台联网的 POS 机）、POS 系统软件、系统服务器及相应的通信软件加上网络互联硬件组成。典型的 POS 系统的基本结构如图 7—3 所示。

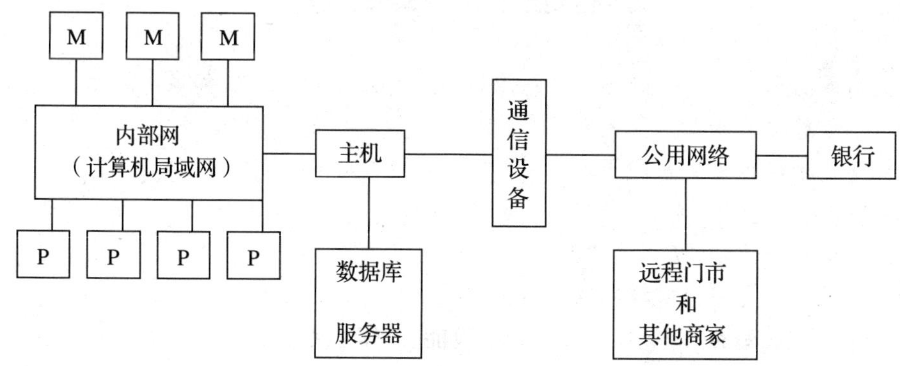

M：后台管理工作站

P：前台销售终端

图 7—3 POS 系统的基本结构

如图 7—3 所示，POS 系统的基本构成是：

（1）主机。主机是整个 POS 系统的核心，它担负全部的后台管理、数据库管理、通信管理、软件开发等任务。

（2）数据库服务器。数据库服务器专门负责整个商店营销系统的数据管理。

（3）前台销售终端。前台销售终端（P）是前台销售人员与 POS 系统的接口。前台销售终端可以是单独的 POS 机终端，也可以是由多台 POS 机通过串行简单连接的终端网络。它负责整个系统的前台销售和数据采集工作，也具备一些简单的数据综合与分析处理能力。

（4）后台管理工作站。后台管理工作站（M）供财务、采购、营运、库管等业务人员进行业务处理，或供部门经理、总经理查询使用，是后台管理人员介入 POS 系统的界面。

（5）通信设备。通信设备包括调制解调器、交换机、集线器、网关、路由器等，是 POS 系统连接公用计算机网络的工具。通过公用计算机网，采用 DDN、PSTN、ADSL、VPN、防火墙等技术实现本地 POS 系统和银行或其他远程 POS 系统（归属于另一家商店或本商店的远程门市）的通信，进行转账业务和其他商业业务往来。

（6）内部网。内部网是 POS 系统的通信基础，多采用计算机局域网。

（7）公用网。公用网可以是一些专业计算机网络和公用计算机网络。它是连接 POS 系统和远程门市、银行和其他商家的通信媒介。说到公用计算机网，我们自然会想到 Internet。Internet是当今世界覆盖区域最大、应用最广泛的公用计算机网络，也是一个巨大的包括声音、图像、文字、动画等各种信息的资源库。POS 系统通过 Internet，可以与顾客、商业企业、银行等进行通信，还可以在网上发布自己的商品广告，扩张市场。

课堂讨论：大数据时代，连锁分店管理信息系统可以发挥哪些更多的功能和作用？

知识拓展 7—1

分析顾客小票，提高客单价

一说到提高客单价，我们往往首先想到的是商品，想到如何加强商品结构和商品品类管理，而恰恰忽视了真正的价值来源——顾客。

不同类型顾客的关注点是什么？

他们关注什么商品？

他们被什么促销方式所吸引？

他们的购物行为有什么特征？

所以，分析顾客购物小票，掌握顾客的消费习惯，才是提高客单价的捷径。

根据有关统计和分析：客单价高于 100 元的顾客（根据不同城市的消费指数有所变动）最关注的商品是红酒和熟食；而客单价低于 20 元的顾客最经常买的是食用油、米和主食等民生基本用品。通常门店客单价超过 100 元的顾客占 3%～6%（根据不同城市的消费指数有所变动），却贡献了 40%的销售额，也就是说，只要提升 1%的 100 元顾客的数量，就可带来10%的销售额增长。

所以超市提升毛利率，提高客单价不能依靠米或面的降价，而是要拿红酒、熟食来促销，这样花费可能比米、面的促销费用要低，但超市收益要高得多。

以上仅简单举例予以说明，今后我们在经营中若重点关注顾客小票，发现顾客购物小票中的数据密码，就会明白我们将从哪里入手提高客单价，怎样做好高客单人员的促销等。

市场竞争日趋激烈，成本最低化、效益最大化是每个零售人追求的目标。唯有群策群力，结合自身所处市场的实际情况，形成切实可行的经营思路和目标，以强有力的执行落实到位，企业才能够在竞争激烈的市场中立于不败之地。

资料来源：http://www.hhlweek.com/weekContent.aspx? id=16414。

第五节 连锁企业管理信息系统的提升

连锁企业管理信息系统的建设、提升在应用上可分为内部功能和外延功能两部分。

一、建设和加强内部功能

(一) 建设和加强企业办公自动化系统

该系统可以解决连锁企业异地拓展的分散办公管理、财务核算、人员考核、行政事务协调等问题，避免由于异地拓展而导致的人员、业务分散，整个业务流程脱节，监控、考核实时性降低等局面。连锁企业主要是要实现四类信息的共享、交流：一是业务型数据共享，主要指各种业务操作、单据、业务凭证的交流、审核、跟进；二是销售分析型数据共享，主要指对经营管理提供指导、督促的相关业绩性的数据（各种销售分析报表）；三是文档型数据，主要指各种行政、审批文件等不以数据库类型出现的数据；四是多媒体型数据，主要指语音、图像数据交流，例如会议、业务沟通等。

(二) 建立、加强整合企业内部相关系统

建立和加强整合连锁企业内部的各相关系统（财务、人事、业务）平台，以便使这些系统之间能够进行数据的交流与对比。现在国外比较常见的实现方案是通过EIP（企业信息门户系统解决方案）或企业知识管理解决方案。具体实现是：通过建立一个基于Intranet、Internet并相结合的结构，把IE作为客户端输出操作、提取数据的工具，根据每个员工的分工、角色的不同，模拟出一个虚有的办公环境，办公的事项均通过个人的网页界面操作来完成，同时系统自动记录、跟踪操作内容，把各种信息整理、整合成有价值的企业知识。其他的业务系统均可以与此系统建立数据接口，通过它相关人员可提取、操作业务数据。国际大型的软件商们陆续推出了自己的中间平台，如微软Office-XP解决方案中有SHAREPOINT SERVER、BIZ-TALK SERVER两个软件包，应用软件商们可以轻松地在这些平台上为最终用户做二次开发，这推动了企业实现知识管理的进程。

（三）建立和加强对连锁企业内部数据的整理和挖掘工作

随着连锁企业自身的发展壮大，企业业务产生的数据也越来越多，它所包含的信息量无疑是相当大的，对提高、调整企业经营管理有相当大的指导意义，乃至对整个社会生产资源的合理流动、分配都将起到不可估量的积极作用。所以，企业的资金、人才、管理等数据都将成为企业核心竞争力，是企业不可替代的宝贵财富。但是，当前国内连锁企业对于这笔财富的重视程度远远不够。企业对它只是做了简单的粗加工，没有进行系统、全面、深度的挖掘分析处理；对它的保存、整理、归档工作几乎为零。企业数据仓库的建立是大势所趋，是实现数据社会化的前提，充分利用这个宝贵资源，一定会给连锁企业、社会带来丰厚的回报。

二、建设和提升外延功能

（一）高效率消费者响应

高效率消费者响应（Efficient Consumer Response，ECR）是连锁企业满足顾客需求的解决方案和核心技术，目标是最高效地满足消费者不断增长、多样化的需求。只有更好地满足消费者的需求，零售商、分销商和制造商才能生存和发展，才更有竞争能力。ECR是流通供应链上各个企业以业务伙伴方式紧密合作，了解消费者需求，建立一个以消费者需求为基础和具有快速反应能力的系统。ECR以提高消费者价值、提高整个供应链的运作效率、降低整个系统的成本为目标，从而提高企业竞争能力。随着零售行业的发展，ECR将促使整个行业内各方面进行合作，制定行业标准，推动行业高效、良性地发展。

ECR涉及零售业的三个重要战略：顾客导向的零售模式（消费者价值模型）、品类管理和供应链管理。

（1）顾客导向的零售模式（消费者价值模型）：通过商圈购买者调查、竞争对手调查、市场消费趋势研究，确定目标顾客群，了解自己的强项、弱项和机会，确定自己的定位和特色，构建核心竞争力；围绕顾客群选择商品组合、经营的品类，确定品类的定义和品类在商店经营承担的不同角色；确定商店的经营策略和战术（定价、促销、新品引进、补货等），制订业务指标衡量标准、业务发展计划。

（2）品类管理：把品类作为战略业务单位来管理，着重于通过满足消费者需求来提高经营结果的流程。品类管理是以数据为决策依据，不断满足消费者的过程，是零售业精细化管理之本；主要战术是高效的商品组合、高效的货架管理、高效的新品引进、高效的定价和促销、高效的补货。

（3）供应链管理：建设、加强供应链管理系统，促进与供应商之间的信息共享与交流，缩短商品在途时间，从而加快商品在企业内部流转速度。随着连锁企业的规模化发展，特别是连锁经营发展模式的出现，连锁企业的商品销售规模（品种数、销售数量、销售地区）不断扩大，无形中加速了产品向商品的转换速度，同时商品又反作用于产品，供应商就需要快速根据市场的需求组织好产品的生产、采购。那么，供需双方就需要一个可以快速、高效、准确交换信息的应用平台，这就是供应链管理的需求基础。建立全程供应链管理的流程和规范，制定供应链管理指标；利用先进的信息技术和物流技术缩短供应链，减少人工失误，提高供应链的可靠性和快速反应能力；通过规范化、标准化管理，提高供应链的数据准确率和及时性；建立零售商与供应商数据交换机制，共同管理供应链，最大限度地降低库存、缺货率和物流成本。

相应地，ECR 的信息技术具体实现方式包括以下三个方面：

（1）顾客导向的零售模式：包括 POS 系统、市场/顾客调查数据库、会员数据库、团购数据库、购物篮分析。

（2）品类管理系统：包括跨品类分析、决策数据仓库、货架管理/商店布局管理、商品组合分析与优化、定价、促销分析、新品引进评估、利润/成本核算。

（3）供应链管理：包括自动建议订单系统、供应商管理库存/联合管理库存系统、仓库/运输扫描技术、电子数据交换、电子商务等。

（二）顾客关系管理系统

顾客关系管理（Customer Relationship Management，简称 CRM）在金融、保险等领域有着广泛的应用，其作用也是显而易见的。但连锁零售企业的客户有自身的特点，其流动性大、偶然性大、特征不明显，不便于跟踪、定位，这也就给 CRM 系统在零售业的实施增加了难度，限制了对其包含信息的利用。目前，社区化的超市、专业店（家电、音像、书籍）一般通过会员卡这种营销手段建立 CRM 系统。大型的连锁企业可以在各分店的内部建立“触摸屏导购系统”“电视导播系统”“售后服务系统”，尽可能记录下与顾客交流的信息，拉近与顾客的距离，提供有针对性的服务，如根据资料给顾客寄生日贺卡、通过售后配送系统的资料对购买家电顾客定期打电话询问电器的使用情况等。

（三）建设、加强配送中心管理系统

该系统对内可提高仓储、配送作业自动化程度，降低仓储成本，加大仓储量，加强卖场补货的主动权；对外可提供第三方物流配送，增加企业新的利润来源，同时实现从“销售终端角色”向“部分品牌商品分销角色”的转变，或两者兼之，使企业在整个供应链中处于比较有利的位置。

配送中心系统的建立包括两个方面，首先是配送中心核算单位的建立，其次是配送中心内部自动化系统的建立。目前国内大部分连锁企业只部分实现了第一层面，这是因为企业销售规模不够大，企业的实力有限。小规模配送中心目前主要是面向企业内部提供配送服务，解决商品仓储成本这个核算盲点，使之成为可以跟踪、监控的业务操作；解决卖场部分商品（特别是家电产品）陈列成本过高的问题，这样卖场只需摆少量样品，而实现分店购买统一售后配送；可以实现跨地区的商品调配，合理地分配商品资源，最终实现商品利润最大化；降低供应商的送货成本，减低采购成本，缩短采购周期。所以说，配送中心的建立是实现零售店连锁经营特别是异地拓展的关键所在。

（四）加强前台售卖系统与金融、税务等单位的数据交换功能

过去连锁企业都是使用各金融机构自己的银行 POS 系统，造成各自为政，系统操作复杂，收银时间长，收银成本增加，数据的稳定性、一致性差。建立统一的银行卡消费系统，使其与前台售卖系统融合，首先要得到金融结算机构的支持，由它们为连

锁企业提供银行卡数据处理机（简称前置机），通过专线连接到金融结算机构的结算服务器，这样所有的前台收银机都可以直接刷卡消费，系统根据数据接口的相关规则准确、快速处理银行卡消费结算事宜。目前，号称“中国的 VISA 卡”的银联卡已遍及全国大中型城市。至 2003 年年底，所有非“银联”标识卡的换卡工作已全部完成。这样不但加快了收银速度，也方便了连锁企业与金融结算机构之间资金交割，实现了系统自动核对数据，减轻了财务与金融机构对账工作量。随着国内税务征收系统的不断完善和税控 POS 机出现，连锁企业的收银系统还将同税务单位实现部分数据的交换，使整个税务申报工作在销售过程中自动完成。

随着互联网＋零售及 O2O 的推动，目前前台售卖系统的收银结算中，使用微信支付、支付宝支付等新兴支付方式的客户与日俱增，扫码枪对准手机上的付款码，“嘀”的一声，就能完成结账，比传统的付零钱或刷卡节省了不少时间。麦肯锡的调查报告显示，移动支付能为线下商家降低交易成本。比如，与支付宝、微信支付相连接，商家无须安装费用，仅收取很少的交易费。以支付宝钱包和微信支付为代表的移动支付，正在满足越来越多的商家的需求，特别是小额的现场购买，运用这些结账方式十分便利。

三、系统建设中的几点共性

连锁业是个充满挑战、竞争、变化的行业，企业有各自的实际情况，业态、地理位置、定位、体制、实力等相关因素形成了企业的特性。如何建立和加强企业信息系统，最终要根据企业特性来决定。虽然实施步骤、效果千差万别，但总体而言存在几点共性：

（1）应整理、规范企业内部的业务操作流程，使其处于一个相对较稳定的状态，不能一味地追求灵活的经营手法，要注意平衡“长远”与“眼前”利益的冲突。

（2）信息技术部门应发挥重要作用，利用信息技术实现企业信息化和改进业务流程，完善内部信息系统以满足 ECR 对数据分析的要求，建立标准化和规范化，提高数据准确性。这就要求信息技术人员成为既懂业务又懂技术的复合型人才，要具备分析问题、改进业务流程、交流沟通的能力、项目管理能力和领导能力。

（3）强化企业员工对数据信息理解、分析、利用的能力。只有整个企业的员工都融入信息系统的建设、使用和管理中，才能使系统具有强大的生命力，发挥出重大作用，因此企业应重视对员工的业务培训。

（4）零售业线上线下的有效融合，告别孤立和割裂。零售业需要逐步摆脱求规模、拼价格的同质化、低端竞争，逐步依据顾客消费需求开发自有品牌，拓展国内外名牌产品的经销、代理业务，努力扩大代理规模，依靠精细化管理和科技进步实现可持续发展。零售企业需要进一步发展全渠道经营模式，通过建立多元联动的渠道布局，使消费者能够从实体店、网络平台、移动终端甚至不同的社交平台，获得统一的、一致性的购物体验。零售企业的竞争战略重点是努力实现各个渠道之间的高度协同和相互融合。未来，零售商将兼具网络和实体零售业务，并由实体零售、网络零售阶段跨入全渠道布局阶段，根据各业态特点，打造全渠道差异化、系列服务的零售模式。

案例分析 7—1

未来商店如何来一场零售革命

“未来商业，企业的角色将从大平台直接到消费者，批发商、分销商将消失，消费者主权时代到来。企业、商户、用户连接的方式将彻底改变，进入到 P2P 的人人关系时代；渠道结构从五维、四维，降到三维、二维，变为厂家到零售终端再到消费者。”通路快建创始人林翰对中国未来的商业状况下了这个定论。他认为，未来的零售终端最终将变为服务体验终端，个性化 C2B 产品崛起，消费者在线下体验产品的颜色、材质、品质，利用媒体的互动技术感受产品的应用场景。订单处理、会员积分沉淀在一个池子里做深度沟通。未来商业不再依靠地理位置，社区、写字楼、家庭，哪里都可以做生意；客流量从地段经济到粉丝经济、范围经济；品类不再局限，可以专业化，也可以按目标客户群跨品类化。

一、传统电商革了命，却难续命

“今天中国的商业系统已经完全破坏，所谓的‘破坏’，是指现在线下的生意不好做，但是阿里平台上的生意也难做，整个生态平衡、价值链完全被打破，却没有重建起来。”林翰说。

据他介绍，电子商务的本意是好的，提供了便利，但最终的结果却形成了一场商业生态的灾难。在这场生态灾难中，企业只能自救。这个自救的核心就是，线下商店的互联网化，这就是未来。所有的零售和服务全部电子商务化，也就是所谓的 O2O，而我们过去的两个 O 是没有完全融合的，甚至在某种程度上是对立的。

一份数据显示，直到去年，整个服装行业中只有少数几个企业销量在增长，90%的企业都在下滑，而且服装行业中电商化的比例已经超过 40%，比起其他行业，传统服装零售业真是被互联网打击得十分惨烈。

电商化时代的到来并没有让电商企业感觉到实惠。传统的 PC 电商遇到了很多麻烦。

“我们都知道最近马云很烦恼，售假、刷单、官司等新闻缠身，更重要的是，如今阿里巴巴上的电商 90%是不赚钱的。当一个生态系统中，90%的人都不赚钱时，那就是大家都要逃离的时候了，这样的生态系统不会是服装零售业的未来。”林翰说。

现在是移动互联网时代，在这个时代将会有一场无产阶级的革命。很多大学刚毕业的年轻人组建一个团队就可以创业，因为流量是碎片化的，垂直电商流量不需要购买流量。林翰说，未来商业的核心就是互联网加内容。

而线下实体店如何将自己的内容和互联网融合呢？“那就是去中心化，去多层化。这是现在所有渠道结构的趋势，这个模式正处在急剧地扁平化趋势中。举个例子来说，2014 年兴起了一大波创意公司，这些公司的基本逻辑就是消灭中间层。房多多去年崛起，年销售额达到上亿元，包括上海的爱屋吉屋，它只是告诉消费者一件事，那就是‘到我这里来买房子’，不用中介，线下的销售门店没有了，现在的销售逻辑全是点对点。而我们过去的服装行业习惯于找总代理商，一级、二级，但是这样不行，要直接面对消费者。”林翰说。

林翰给出了一种方式，假设直接把工厂变成一个最大的销售场所，直接面向消费者。这就是内容加互联网，直接省去中间环节，制造商和零售商直接建立关系，他认为这是一种更高效率的商业模式。

“我曾经在中国想找男装定制，但是全中国都没有真正的男装定制，虽然很多号称高级男装定制，消费者来了可以给你量版型，给你量体裁衣，但是那不是高级定制，那是最原始的商业模式，和裁缝没什么区别，那是商业的0.1版本。真正的定制是消费者参与到服装设计的最开始步骤中，你只要提供给我一个面料，消费者可以参与到所有的生产环节中。这就是所谓的实体企业的内容，而互联网是实现这一内容的手段。”林翰说。

二、新的零售模式——超级店

什么是超级店？林翰举了个例子：“未来的牙医诊所，依靠O2O的一套总控系统，在线上就可完成咨询、预约，每一个为你服务的医生都能即时地与你深度沟通，体验、付款、售后、线下问诊，依靠服务和专业留住客户，当产生信任之后，可以用移动端售卖基于口腔的各种产品，粉丝不但会支持你的产品，还会自主地帮你推销产品，你的服务也从问诊变成各种产品的售卖，核心是集客、引流。”

根据林翰的设想，未来的超级零售商店将呈现两种模式，其中一种是宜家模式，不过这个店要放在郊区。

“消费者喜欢逛宜家，因为宜家的产品都在相应的场景中，你能轻易地联想到它到了家后会达到的效果，光是材质、颜色的体验已不够。可宜家的模式很重，中国的地域广阔，要深入三四级的市场，速度快不了。”林翰说。

在郊区设立这种超级店铺，可以大幅度降低租金成本，客户满意下达订单后再统一配送，门店无须积压库存，变得更轻、更薄。

事实上，林翰今年想做的一件事就是，在偏远的郊区租一间很便宜的仓库，面积可以很大，然后把它改造成一间服装零售的超级商店，店里所有的服饰都可以试穿体验，而且所有的衣服比网店还要便宜。

“所有的店员都是从事服装设计的专业人员，当消费者到这里购物时，店员就是他们的贴身服装设计师、搭配师和选购师，每一个消费者都可以做一个5～10分钟的需求调研，然后由设计师们带着专业的建议给他们一套购买服饰的解决方案，为他们选购和搭配，最后可以在店里试穿体验，选到合适的衣服后，各种线上线下的方式都可以支付，然后衣服可以在几天后送达家中。”林翰说。

郊区店的优势就是把租金、中间商的利润回馈给消费者，同时给予他们更好的体验和服务，那么消费者就愿意花一些时间成本到偏远的地方来购物。而对于企业来说，他们不仅节省了成本，还能直接了解到消费者的需求、喜好和信息，建立深度强关系，形成更好的用户黏性。

另一种超级店的模式是社区商店。“社区商店的优势就在于可以为消费者提供更好的服务，并且建立更为稳固的消费关系，加大用户黏性。因为在一个小圈子里，你可以最大限度地熟悉、掌握客户的需求。”林翰说。

当消费者充分信任社区商店的店员，并建立了很好的关系后，那么他可以交给店员更多的选择权，比如家中其他成员的衣服，逐渐可以延伸到家中其他物品的需求。

“以前卖女装的店就是卖女装，今天，只要消费者有需求，卖女装的店也可以卖男装、卖童装，而卖童装的店也可以卖玩具、卖奶粉，实体店是一个体验和展示的入口，不再受商品品类的限制，跨品类、多样化的销售模式是完全可行并且可以预见的，一个家庭的消费需求其实很大，如今商品种类繁多，每样东西都要花时间挑选很折磨人，如果有一位诚信可靠的买手在身边，而且商品的价格又透明实惠，相信消费者一定会把选择权交给他，未来衡量一个零售商成功与否，一定是看它聚集用户的能力。而这就是超级店。”林翰说。

三、一点闲话

从理想的商业状态来说，无论是社区还是郊区的超级店，都是最合理的商业模式，然而这种超级店的商业模式能否行得通，恐怕还要考虑几个问题。郊区店对经营者的商业素质要求极高，消费者的消费习惯也是一个慢慢培养的过程，而社区店看似是一个很好的选择，但是却并不适合小企业。社区店很有可能在未来几年之内成为一个趋势，但是这块蛋糕最有可能被大的服装巨头企业所分割。

超级店的出现，很有可能在服装业形成一轮马太效应，使强者更强，弱者更弱。这场革命之后，必将使无数小品牌企业的生存环境更加恶劣，甚至最终被淘汰。这是否是商业革命要达到的目标呢？我们必须认真思考。

资料来源：滕启跃：《未来商店如何来—一声场零售革命》，载《中国纤检》，2015（10）。

试分析：

结合自己的观察，谈谈在电子商务和IT技术飞速发展的今天，未来的连锁店可能会发生哪些变革。

本章小结

连锁企业管理信息系统是采用计算机技术、通信技术、自动化技术及各种电子信息设备，以实现商品流、资金流、信息流最优化管理与控制为目标的人机信息系统。连锁企业离不开现代信息技术的应用。本章主要介绍了连锁企业常用的信息技术、连锁企业管理信息系统的构成，以及连锁总部、配送中心以及连锁分店的信息系统模块及主要功能。

关键术语

管理信息系统　POS　MIS　EDI　EOS　VAN　SIS

复习与思考

1. 什么是POS机？什么是POS系统？

2. 什么是MIS系统？
3. 连锁企业的管理信息系统由哪些部分构成？
4. 连锁分店的管理信息系统主要应具备哪些功能？
5. 统配中心的管理信息系统主要应具备哪些功能？
6. 连锁总部的管理信息系统主要应具备哪些功能？

训练项目

1. 通过实训操作熟悉POS机及POS系统的主要功能。
2. 通过实训或参观企业，了解连锁企业的管理信息系统的构成及主要功能。
3. 阅读下面的案例，并回答问题。

“大数据”在零售企业实战中的应用

一、塔吉特百货

最早关于“大数据”的故事发生在美国第二大的超市塔吉特百货（Target）。孕妇对于零售商来说是个含金量很高的顾客群体。但是她们一般会去专门的孕妇商店而不是在塔吉特百货购买孕期用品。人们一提起塔吉特百货，往往想到的都是清洁用品、袜子和手纸之类的日常生活用品，却忽视了塔吉特百货有孕妇需要的一切。为此，塔吉特百货的市场营销人员求助于塔吉特百货的顾客数据分析部，要求建立一个模型，在孕妇妊娠期第2个阶段就把她们给确认出来。在美国，出生记录是公开的，等孩子出生了，新生儿母亲就会被铺天盖地的产品优惠广告所包围，因此必须赶在孕妇妊娠期第2个阶段行动起来。如果塔吉特百货能够赶在所有零售商之前知道哪位顾客怀孕了，市场营销部门就可以早早地给她们发出量身订制的孕妇优惠广告，早早圈定宝贵的顾客资源。

如何能够准确地判断哪位顾客怀孕呢？塔吉特百货想到公司有一个迎婴聚会（Baby Shower）的登记表，于是开始对这些登记表里的顾客的消费数据进行建模分析，不久就发现了许多非常有用的数据模型。比如模型发现，许多孕妇在妊娠期第2个阶段的开始会买许多大包装的无香味护手霜；在怀孕的最初20周会大量购买补充钙、镁、锌之类的保健品。最后塔吉特百货选出了25种典型商品的消费数据构建了“怀孕预测指数”，通过这个指数，塔吉特百货能够在很小的误差范围内预测到顾客的怀孕情况，因此塔吉特百货就能早早地把孕妇优惠广告寄发给顾客。

为了不让顾客觉得商家侵犯了自己的隐私，塔吉特百货把孕妇用品的优惠广告夹杂在其他一大堆与怀孕不相关的商品优惠广告当中。

根据这个“大数据”模型，塔吉特百货制定了全新的广告营销方案，结果，塔吉特百货的孕期用品销售呈现了爆炸性的增长。塔吉特百货的“大数据”分析技术从孕妇这个细分顾客群开始向其他各种细分客户群推广，从塔吉特百货使用“大数据”的2002年到2010年，塔吉特百货的销售额从440亿美元增长到了670亿美元。

二、ZARA

ZARA平均每件服装价格只有LVHM的1/4，但是，从两家公司的财务年报来看，ZARA的税前毛利率比LVHM集团还高出23.6%。

1. 分析顾客的需求

在ZARA的门店里，柜台和店内各角落都装有摄影机，店经理随身带着PDA，目的是记录其顾客的每一条意见，如顾客对衣服图案、扣子大小、拉链款式之类的偏好，店员会向分店经理汇报，经理会上传到ZARA内部全球资讯网络中，每天至少两次传递资讯给总部设计人员，由总部做出决策后立即传送到生产线，改变产品样式。

关店后，销售人员结账、盘点每天货品上下架情况，并对客人购买与退货率做出统计。再结合柜台现金资料，交易系统做出当日成交分析报告，分析当日产品热销排名，然后，数据直达ZARA仓储系统。

收集海量的顾客意见，以此做出生产销售决策，这样的做法大大降低了存货率。同时，根据这些数据，ZARA可以分析出相似的“区域流行”，在颜色、版型的生产中，做出最靠近客户需求的市场区隔。

2. 结合线上店数据

2010年，ZARA同时在6个欧洲国家成立了网络商店，增加了网络巨量资料的串连性。2011年，ZARA分别在美国、日本推出网络平台，除了增加营收，线上商店强化了双向搜寻引擎、资料分析的功能。网络商店不仅回收意见给生产端，让决策者精准找出目标市场，也对消费者提供更准确的时尚讯息，双方都能享受“大数据”所带来的好处。分析师预估，网络商店为ZARA至少提升了10%营收。

此外，线上商店除了交易行为，也是活动产品上市前的营销试金石。ZARA通常先在网络上开展消费者意见调查活动，再从网络回馈中撷取顾客意见，以此改进实际出货的产品。

ZARA将网络上的海量资料看作实体店面的前测指标。因为会在网络上搜寻时尚资讯的人，对服饰的喜好、资讯的掌握及催生潮流的能力，要比一般大众更前卫。此外，会在网络上抢先得知ZARA资讯的消费者，进实体店面消费的比率也很高。

这些顾客资料，除了可以应用在生产端以外，同时也会被整个ZARA所属的英德斯(Inditex)集团各部门运用，包括客服中心、行销部、设计团队、生产线等。根据这些巨量资料，形成各部门的KPI，完成ZARA内部的垂直整合主轴。

ZARA推行的海量资料整合，后来被ZARA所属英德斯集团底下的8个品牌学习应用。可以预见，未来的时尚圈，除了台面上的设计能力，台面下的数据大战，将是更重要的隐形战场。

3. 对数据快速处理、修正、执行

H&M一直想跟上ZARA的脚步，积极利用“大数据”改善产品流程，成效却不明显，两者差距反而越拉越大，这是为什么呢？主要的原因是：“大数据”最重要的功能是缩短生产时间，让生产端依照顾客意见，能在第一时间迅速修正。但是，H&M内部的管理流程却无法支撑“大数据”供应的海量资讯。H&M的供应链中，从打版到出货需要3个月左右，完全不能与ZARA两周的时间相比。

因为H&M不像ZARA，后者的设计和生产近半在西班牙国内，而H&M的产地分散到亚洲、中南美洲各地。跨国沟通的时间，拉长了生产的时间成本。如此一来，“大数据”即使当天反映了各区顾客意见，却无法立即改进产品，资讯和生产分离的结果，让H&M内部的“大数据”系统功效受到了限制。

“大数据”运营成功的关键，是资讯系统要能与决策流程紧密结合，迅速对消费者的需求做出回应、修正，并且立刻执行决策。

三、亚马逊

2012年之前，亚马逊并未大张旗鼓地拓展广告业务，直至2012年年底，有报道指出，亚马逊即将推出实时广告交易平台，从而向Facebook和谷歌发起挑战。这个实时广告交易平台又称“需求方平台”（Demand Side Platform，DSP），它可以让广告与目标消费者相遇。广告商可以在需求方平台上竞标网站的闲置广告空间，而竞标标的包括广告版位以及符合特定条件的消费者。

亚马逊开发的需求方平台可以协助广告商接触网络上的众多用户，同时也帮助客户迅速找到想购买产品的相关资讯，“需求方平台”的概念虽非亚马逊首创，但亚马逊以丰富资料为后盾。

亚马逊与广告商分享的资讯有两类，一类是依用户网络行为所做的通用分类，例如热衷时尚、喜爱电子产品、身份为母亲、爱喝咖啡等，另一类是用户的商品搜寻记录。至于消费者的实际购物资料，亚马逊似乎尚未列入分享。广告商即使无法得知实际消费记录，也能了解潜在顾客的商品搜寻记录；亚马逊如果全力进军网络广告市场，仍可能大大改变产业生态。

亚马逊2012年的广告收入约为5亿美元，2013年的广告收入约为10亿美元。这会成为亚马逊未来几年内营收增长的新动力，更重要的是，它可能是亚马逊各项业务中利润率最高的业务之一。

四、沃尔玛

2011年，沃尔玛电子商务的营收仅是亚马逊的1/5，且差距逐年扩大，让沃尔玛不得不设法奋起直追，找出各种提升数字营收的模式。最终，沃尔玛选择在社交网站的移动商务上放手一搏，让更大量、迅速的资讯进入沃尔玛的内部销售决策。沃尔玛的每张购买建议清单，都是大量资料运算而出的结果。

2011年4月，沃尔玛以3亿美元高价收购了Kosmix。Kosmix不仅能收集、分析网络上的海量资料（大数据）给企业，还能将这些资讯个人化，提供采购建议给终端消费者。这意味着，沃尔玛使用的“大数据”模式，已经从“挖掘”顾客需求进展到要能够“创造”消费需求。

资料来源：http://news.xinhuanet.com/zhcs/2014-03/07/c_133167828_2.htm。

问题：

1. 结合资料，你认为大数据可以在连锁经营中进行哪些方面的应用？
2. 大数据可能为连锁企业经营带来哪些变化？

连锁经营

第八章

连锁企业人力资源管理

学习目标

1. 了解连锁企业人员配备的方法和人员素质的要求。
2. 掌握连锁企业人员聘用与培训的基本要求和方法。
3. 熟悉连锁企业员工考评与奖励等的基本要求和方法。
4. 了解构成连锁企业文化的要素及建设。

案例导入

重庆城市管理职业学院对连锁经营管理专业人才需求进行了调查分析，通过分层抽样调查方法，抽取重庆市零售连锁企业及相关企业共 15 家，其中全国性大型零售连锁企业 6 家、区域性零售连锁企业 6 家、其他商贸流通企业 3 家。

调查结果显示，每一家企业未来两三年计划开店情况都在 10 家以上。门店增长数量和扩张速度将超过 20%，最多的达 200%。随着连锁企业的不断增长和发展壮大，对于人才的需求将呈爆炸式增长。

企业普遍反映在发展过程中人才招聘难，需求量大，储备量大，归纳起来呈现如下特点：(1) 按层级分，基层管理人员、中层管理人员及一线员工最为缺乏，成为企业扩张的主要障碍，也是企业进行人才储备的主要方向。(2) 按岗位及区域分，营运、采购、生鲜成为零售企业稀缺人才。(3) 店长、总监等高层管理人员成为最稀缺、最抢手的资源。(4) 从需求数量上看，营运管理类、生鲜类人才需求数量位居榜首。

资料来源：邱云，查克玲：《连锁经营管理专业人才需求调查分析》，载《职业》，2011 (4)。

连锁商业是接纳就业的重要行业，同时行业的发展对人才需求的层次也越来越高；而近年来由于我国连锁商业的持续发展，人才已经成了制约一些企业发展的“瓶颈”，人力资源管理也就成了连锁企业管理的一项重要内容。

第一节　连锁企业人力资源配备

人力资源的配备是企业管理的一项重要工作，对于连锁企业而言，无论是现有分店，还是计划中要开设的新店，都存在人力的配备问题。对于处在急于扩张阶段的连锁企业而言，人力资源的准备更是企业发展非常重要的问题。因为连锁企业对在组织结构中需要设置哪些岗位以及这些岗位的功能、职责如何，必须明确，才能有针对性地进行人力规划，否则岗位设置目的不清楚，极易造成人力设置不适当和人力难以控制。

一、岗位工作分析

岗位工作分析是协助了解岗位设置必要性的最佳方法，是制定岗位评价标准的基础，亦是人员设置和人员考评的基础。

岗位工作分析的主要参考点为：

（1）该岗位设置的目的是什么？对其他岗位有何帮助与影响？

（2）该岗位需要什么知识或技能？有哪些学历或体能等方面的要求？

（3）该岗位的工作内容是什么？岗位职责是什么？

（4）该岗位担负的责任是什么？影响度如何？在组织中的位置如何？

（5）该岗位需要多少人的编制？如何衡量？

二、人员配备

连锁企业随着分店数的增加，人力需求是一个重要问题。连锁企业应根据发展需要制定人力规划，进行适当的人力编制安排，并进行人员的培养和储备，使人力成本降至最合理的水平，而服务水准仍能维持或提高。

（一）总部各部门的人员配置

连锁企业总部各部门人员的编制应以精简为原则，并视公司发展的需要而调整。基本配置可参考下列编制：

（1）开发部人员编制。采取快速开店策略的连锁企业（1～2个月开一家店）可配置4～5名开发人员；一般开店速度的连锁企业（3～4个月开一家店）可配置2～3名开发人员。

（2）企划部人员编制。企划部可配置2人，要指派熟悉流通业务、经营管理知识、店铺作业、现代化管理工具的人员担任。

（3）营业部人员编制。可每6～10家店配置1名督导人员。

（4）商品部人员编制。水产、畜产、农产、日配、食品、糖果饼干、日用百货、烟酒等，每个部门可配置1名采购人员和1名助理，并根据采购工作量适当调整。

（5）财务部人员编制。各店的传票可集中在财务部处理，可配置1～2名财务人员，会计人员1～2人，资料处理人员可每5～7家店配置1名。

（6）管理部人员编制。人事（含培训）岗可配置1～2人，总务岗可配置1～2人，稽核岗可配置1人。

(二) 连锁分店人员编制

不同的连锁分店，其规模不同、经营管理水平不同、店址的位置不同，人员的需要量就不同。连锁分店可以根据自身的经营状况选择合理的编制方法。一般人力编制可分为可量化人力编制、非量化人力编制和弹性编制三种方式。

1. 可量化人力编制

可量化人力编制是指可用营业额、来客数、平均客单价、店数、营业面积等量化数据，以数学方程式方式表示的人力编制衡量方法，又称为生产力分析法。常用的公式如下：

(1) 以每人目标营业额或每人目标服务顾客数为衡量标准，公式如下：

$$编制人数=\frac{目标营业额}{每人目标营业额}或\frac{目标来客数}{每人目标服务顾客数}$$

该法适用于与营业额、来客数有关联的人力编制。每人目标营业额或每人目标服务顾客数，须事先以工作分析法或经验法定出可衡量指标。

(2) 以各项作业工时为衡量标准，公式如下：

$$\begin{aligned}编制工时=&固定常数工时+营业额\times 变动工时A\\&+来客数\times 变动工时B\end{aligned}$$

此方法是将分店所有各项工作所需花费时间以作业研究方式计算出来，再以回归分析方法得出方程式。该法能较好地反映出节假日营业的特点对人力的需求。其中，固定常数工时是指不论营业额高低均须使用的固定工时，如商场的清洁、机器设备的清洗等；变动工时受营业额及来客数的影响，因为一般门市商场的需求工时会随着营业额及来客数的增加而增加。

(3) 以可用薪水费用额度为衡量标准，公式如下：

$$编制人数=\frac{目标营业额\times 目标人事费用率}{平均个人薪水标准额}$$

此方法从成本费用及预算控制考虑，在可用的薪水额度内进行人力编制。但是在连锁企业运作中，即使营业额未达标准，也必须有最基本的人力编制。

(4) 以店数作为衡量标准，公式如下：

$$编制人数=\frac{总目标店数}{每人目标店数}$$

该法适用于开店人员、设备维修人员、商品盘点人员，以及物流配送人员等以店数作为生产力指数衡量标准的人力编制。

(5) 以卖场面积作为衡量标准，公式如下：

$$编制人数=\frac{卖场面积}{每人服务面积}$$

例如：某连锁分店的卖场面积为 1 000 平方米，每人服务面积如定为 20 平方米，则所需人员数量为 50 人。总人数确定后，还必须根据季节、日期、高峰或低谷时间等因素来决定每一班次的人数。

2. 非量化人力编制

此方法又称为工作分析法，适用于无法直接以营业额、店数等数量化标准衡量的人力编制。企划人员只能以其职位的工作内容进行工时分析，或是参考相关同行的标准。此方法具有主观性，容易受组织功能需求、作业流程资讯化程度等因素的影响，是最不易控制的人力编制。

3. 弹性编制

弹性编制是运用量化编制的方法来规划维持连锁分店正常经营的基本人数，再根据经营的需要，通过雇用临时工的方式满足连锁分店经营的弹性需要，即人力的总体规划是具有弹性的。连锁分店经营每天的高峰期、节假日，连锁分店对服务人员的需求增多，需要增加的人数因节假日的不同而不同，可以按工时的需要来聘用临时工，如每日高峰期 2 小时的临时工、节假日 8 小时的临时工。

三、连锁企业的人员素质

（一）人员素质结构

现代商业发展迅速，市场竞争日益激烈，高素质的人员是企业生存与发展的保证。连锁化经营采用的是一种专业化、社会化程度较高的经营管理方式，技术含量高，发展速度快，对人员的素质要求较高。人员的素质要求主要包括品德素质、身心素质、能力素质、效绩素质四方面的内容。人员的素质结构如图8—1所示。

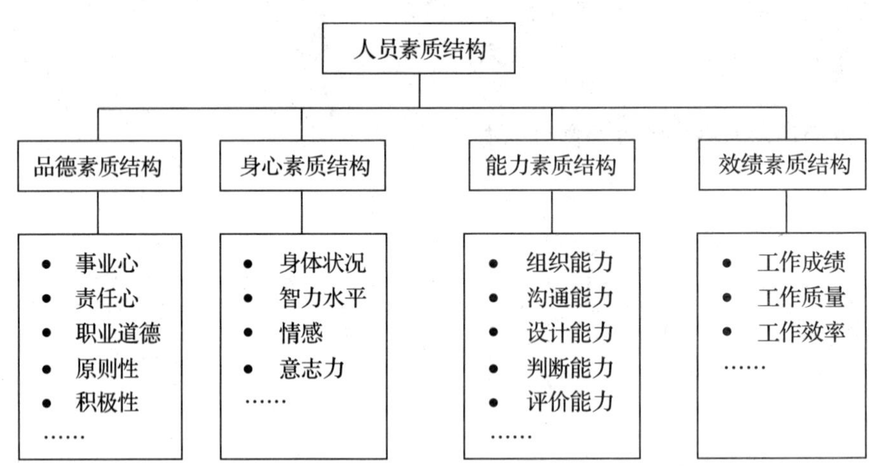

图 8—1 人员的素质结构

（二）连锁企业员工素质要求

1. 不同岗位的员工素质要求

连锁企业采用的是一种专业化、社会化的经营方式，对不同岗位的人员在知识、能力、技术、操作技能等方面的素质要求也不尽相同。

连锁企业总部是集采购、核算、广告促销、人事、配送、研究发展等多种职能于一体的综合性的管理部门，因此，连锁企业对总部的员工在文化、知识、能力等各方面的素质有较高的要求。

店长是一种特殊类型的管理者，他是店铺的全面负责者，但又不是一个具有各方面决定权的决策者。店长素质有特殊的要求。作为管理者，店长除了要具有管理者的一般素质外，还要精通连锁公司的标准化、规范化管理以及经营技术，有丰富的管理经验和实干的技能，有良好的身体素质，并具备卖场管理的四种基本能力，即人事组织能力、沟通能力、规划能力和分析能力。

现场的服务人员的知识、能力要求不太高，但对服务态度、仪容仪表、服务技巧、操作技能、现场的各种技术处理等方面有较高要求。

2. 员工素质整体要求

（1）思想品德素质。

思想品德素质是连锁企业员工所必须具备的素质，它是保证企业经营方向的关键。从连锁企业的具体情况出发，思想品德素质应包括以下几个方面：

1）要有强烈的事业心和责任感。连锁企业的员工首先应热爱自己的本职工作，刻苦钻研业务知识，摸索经营规律，只有乐业、敬业，才有动力去勤业、创业。

2）树立全心全意为消费者服务的思想，这是连锁企业员工必须具备的。只有这样，才能处理好企业、员工与消费者三者利益关系，才能最终以高质量的商品和高水准的服务来吸引消费者，树立良好的企业形象。

3）要有良好的商业职业道德。商业职业道德是每个员工必须遵守的，也是每个员工必须具备的品质，如文明经商、公平竞争、礼貌待客、严守商业秘密、注重经商信誉、互惠互利等。

（2）文化素质。

为了提高经营管理的水平，连锁企业的员工必须具备较高的文化素质。包括：

1）文化基础知识。对于普通员工来说，需要掌握一定的文化基础知识。对于企业的管理者来说，文化素质要求更高。一个管理者，如果语言表达能力不强，文字水平不高，不能学习、运用现代管理方法、技术，就难以胜任管理工作。

2）经济理论知识。连锁企业管理属于微观管理。然而，微观管理离不开宏观管理的制约和影响。掌握一定的宏观经济理论知识，对于搞好微观管理是有益的。

3）企业经营管理知识。连锁企业经营管理要运用多种学科的知识和现代科学新方法。这些学科内容庞杂、应用性强，掌握和精通这些经营管理理论，是现代经营管理者胜任工作的必要条件，也是衡量其是否称职的重要标准。因此，管理者必须针对连锁企业经营管理的实际情况，系统掌握连锁企业经营管理的知识，熟悉企业的经营过程，掌握连锁企业管理的基本原理、原则、制度和方法，制定出连锁企业的发展战略。

4）政策和法律知识。政策和法律是连锁企业开展经营活动、处理各种经济关系的依据。连锁企业的员工必须认真学习、掌握有关的政策和法律，并自觉地遵守和执行，接受政策和法律的管理和保护。

5）社会学和心理学的知识。有效地协调企业内部的社会关系离不开社会学的方法；企业内部的有效激励、外部的有效沟通离不开心理学的方法。连锁企业的管理者和员工都应很好地学习并掌握这两方面的知识，以提高工作的有效性。

（3）心理素质。

员工的心理素质是指连锁企业员工在经营管理活动中应具有的意志品质。具体来说，是指以下四个方面的内容：

1）达标精神。对于连锁分店树立的目标，员工要有不惜一切去实现的精神和毅力，并努力使个人目标与企业目标相协调。作为管理者，应该善于确定目标，紧紧围绕目标开展工作，要具有比他人更强烈的达标精神。

2）自信心。当员工明确了自己的职责，确定了奋斗目标后，必须具有自信心，相信自己的能力能够出色地完成本职工作。当然，这种自信心不是盲目的，要以充分了解所要完成的工作和自己的能力为基础。

3）创新精神。在复杂多变的市场环境中，连锁企业有创新才有发展，连锁企业员工和管理者应不断更新观念，从实际出发探索解决经营管理问题的新方法。

4）弹性意识。作为现代企业的管理者，要善于对企业外部、内部环境的变化做出及时的反映，从管理观念到管理方法均保持一定的弹性。

（4）能力素质。

能力素质是指管理者在从事连锁企业经营管理活动中的组织能力和从事管理活动的本领。作为连锁总部的管理者，能力素质是极为重要的，这些素质包括：

1）综合分析能力。综合分析是指管理者对大量原始资料、数据进行全面分析判断的过程，分析能力的高低直接影响企业经理决策的准确性。正确地分析第一手资料，是进行正确决策，从而进行科学领导的基础。

2）预见决断能力。对未来事物做出准确的估计，对客观现象做出科学的决断，是成功地引导连锁企业不断发展的重要条件。管理者不必事必躬亲，但要有及时发现问题、做出科学决策的能力。

3）选人用人能力。人是实现决策目标的决定性环节，选人用人是连锁企业管理者的基本职能。管理者要知人善任，认真考察、识别、选择好人，用好人，树立“尊重知识、尊重人才”的观念，大胆起用开拓型人才，扬长避短，任人唯贤，人尽其才。建立科学的考评制度，将选拔人才与考核结合起来。

4）组织协调能力。连锁企业组织结构复杂，人员数量多，如何协调好门店内部、总部与成员店之间、成员店与成员店之间的各种关系，保证经营管理统一协调，是对每一位管理者的要求。管理者要能对一些重要岗位、特殊岗位重点设计，出现问题或遇到困难时要充分协商、合理调解，使各成员店之间相互配合，形成一种向心力，把各种形式的“负效应”降到最低程度。

5）交际沟通能力。在连锁企业的经营管理活动中，每一位员工都代表着公司的形象，所以，要注重提高自己的交往沟通能力，处理好一切直接或间接涉及企业形象的事宜，以别具特色的风格树立起企业的良好形象。

（5）身体素质。

良好的身体素质是连锁企业对员工的基本要求，无论是连锁企业的管理者还是第一线的员工，工作中均需付出巨大的脑力和体力，都需要有健全的体魄来支撑，具有充沛的精力才能胜任工作。

课堂讨论：去逛一家店铺，我们可以从哪些方面看其员工的素质？

知识拓展 8—1

店长六修——一名优秀店长必须具备这六项素质

一、店长要有良好的心态

“心态决定命运”，这已被无数的成功故事和失败者的痛苦和遗憾所证实，“得道者多助、失道者寡助”，一个人的心态对自己命运的影响大约也与此相当，当我们拥有良好的心态时，我们也就拥有了被绝大多数人所接受、所认可的价值观。

二、店长要有良好的职业习惯

作为一名优秀的店长，一定要有良好的职业习惯，而我们所说的习惯是远远超出注意卫生、待人有礼貌、作息有规律这些小习惯的范畴的，我们这里所说的是大习惯，也就是当我们拥有这些习惯之后，我们就具备了成为卓越店长的基本素养了。

三、店长要会当领导

一个卓越的店长自然也是一名优秀的领导者。所谓“领导”，就是领而导之，要想领别人，自然自己先得往前走，否则也就无法领了，而要想导引别人有方，其实就是要善于成全别人，让别人有发自内心的感觉——跟着领导干就是最大限度地为自己干，当一名店长达到这一境界，他就有了“诛心”的本领了，他就一定会是下属心目中的好领导。

四、店长要有良好的激励与沟通技巧

有少数门店店长号令不动下属，整个门店一盘散沙，内部矛盾很深，原因其实就在于店长缺少良好的激励与沟通技巧。作为店长，若不会激励下属，不懂得用各种有形或无形的激励手段去激励下属，并给予下属无穷的动力，那么下属的状态必然是慵懒的、懈怠的。

作为店长，若不善于沟通，就必然会使小矛盾变成大矛盾，善于沟通者，如同在齿轮箱中加入了合适的润滑剂，发动机会持久地正常运转；而不善于沟通者，则如同在齿轮箱中加了有杂质的润滑剂，会造成内部磕磕碰碰不断，用不了多久，就会将一台很好的发动机报废掉。

五、店长要能够建设一支优秀的团队

任何一个群体，要想取得骄人的业绩，一定是靠团队取胜的。团队中的内在凝聚力如何，也就是团队中的内在摩擦力如何，决定了团队的集合能量的大小；而团队中的每个人

的积极性与创造性是否被激发出来，即团队中的个体的平均能量如何则决定团队的能级水平，只有当团队的能级水平高，团队的集合力强的时候，团队的战斗力才会足够强，这就好比 NBA 的老板组合球队时一样，球员普遍素质很高，竞技状态又很好，而且团队成员之间又很团结，相互配合非常默契，那么这支球队一定是非常有战斗力的。

作为门店的店长，当然不具有 NBA 球队老板的职权，充其量只是充当教练的角色罢了，即便如此，同样的球队，在一个好的教练手中，也许是内部亲如兄弟、生龙活虎、斗志昂扬的；而在一个差的教练手里，就有可能是内部矛盾重重、队伍弱不禁风的。

六、店长要有优秀的时间管理的技巧

很多人对于时间的有效利用存在一定的问题。突出的表现是，每天似乎都做着计划，但是一个月、一个季度、半年、一年回顾一下，发现还是有很多重要的事情没有做，而每天忙碌中的工作，又有将近一半是既不紧急、也不重要的。

管理不佳的门店，其店长及管理层都普遍习惯于每天忙于救火，就是把大量的精力都投入在既不紧急又不重要的工作上，特别是内资企业，这一点格外明显。领导的电话及各种指令、供应商的电话及拜访、下属的救急电话、工商局等政府部门的检查，常常使得那些时间管理没有章法的店长们整天忙于那些不重要也不紧急的事情，很多时候他们会发现自己已经根本没有多少剩余时间去关注那些既重要又火烧眉毛的事情了，这样久而久之，这些店长总是在最后关头才焦头烂额地交出一份业绩稍稍过得去的答卷，这实在是一件令人遗憾的事情。其实他们原本可以做得更好的，只是因为对时间这一最宝贵的资源的驾驭能力不够，才导致了这样的结果。

第二节　连锁企业员工招聘与培训

我国连锁企业发展迅速，而企业能否迅速发展的关键是人员的数量和质量能否满足企业发展的需要。人员招聘和培训是提高企业经营管理水平、保证企业不断发展的基础工作。

一、连锁企业的人员招聘

连锁企业人员招聘就是从本企业人员缺乏的实际情况出发，从本单位或社会“择优”聘用所需的经营管理人员、技术人员或熟练的一线人员的人事活动。

（一）人员招聘的原则

1. 择优的原则

采用“公开考试招聘，择优聘用”的方法是企业获得一流人才、保证人员任用质量的一种有效手段，也是促进工作人员发挥积极性和创造性的重要措施。

2. 任人唯贤、能上能下的原则

企业要注重内部的人才培养，根据一个人的业务水平、工作能力和精神状态的综合情况，通过公平竞争，能上能下，形成内部人才的合理流动。

3．量才适用的原则

明确各个职位的要求和条件，根据每个人的专长、能力、志向、条件等做到才以致用、各得其所、人尽其才。

（二）招聘的程序和方法

招聘是进行人才调剂的有效手段，也是解决连锁企业急缺人才的重要途径。招聘应按下述程序和方法进行。

1．编制招聘计划

编制招聘计划就是根据连锁企业经营管理活动对人员的需求情况做出计划。招聘计划内容主要包括：

（1）招聘人数。根据企业发展规划对人力的基本需求和弹性需求确定招聘人员数量。

（2）招聘岗位对人员要求的基本条件。基本条件包括工作经历、学历、专业、年龄、专长等，可依不同职位确定。如商场的柜台人员或服务人员，对于仪容及应对技巧应特别要求；收银人员的数字观念应清晰；电脑操作人员应具备基本电脑操作技巧等。

（3）符合法令规定要求。按照法令规定担任某项工作须具备国家的认证资格，如驾驶执照、药剂师执照等，或从事该行业的身体要求等。

（4）其他要求。如工作经验、性格、工作与生活态度等，这些要求一般公司未诉诸文字，且不同的公司这类要求不同，常常是企业决定录用与否的潜在因素。

2．制订具体工作计划

招聘计划经批准后，就要开始进行招聘的具体工作。为保证招聘工作的顺利进行，应事先拟订出一个工作计划，主要内容包括：组织招聘工作小组并确定人选；制定招聘章程、考核方案；估算招聘工作的费用并确定资金来源；规定工作进度，等等。

3．确定招募工具

连锁企业经营的最大效益就是资源可以共用，尤其是招募工具的运用，通过连锁企业总部的综合运用，可获得最大的效益，也可根据单店需要进行个别招募，使招募工具的运用更具弹性。连锁企业常用的招募工具有：

（1）媒体广告。以报纸、杂志、电视、广播广告为主，涵盖层面较广，适合各店联合招募，资源共享，只是费用支出较大，一般以报纸刊登效果较佳。

（2）店头 POP。门市橱窗张贴招募广告，立竿见影，效果明显，并适合单店招募，这样最节省费用，但招募层面不广泛。

（3）夹报传单。采取夹报或在商场柜台置放招募传单方式，可针对特定区域或人员招募，适合单店或在共同区域内的连锁企业使用。

4．确定招募方式

连锁企业常用的招募方式有：

（1）店内招募。有店头 POP、夹报传单或直接游说门店内适合的顾客成为招募对象等方式，所招募对象一般以门店兼职人员及门店的基层人员为主。

（2）员工介绍。此方式所招募对象一般稳定性较高。

（3）校园招聘。每年学生毕业期间，企业会选择相关学校或相关专业进行校园征才，活动方式可搭配公司参观、学校说明会、演讲等形式。

（4）广告刊登。在各种媒体上刊登招募广告，此方式运用最为普遍，但须花费较多时间，且较为被动。

(5) 就业服务站及辅导机构。通过人才专刊刊出求才信息，但时效性较慢。

(6) 校企合作。与学校采取实习合作方式，可获得稳定的人力来源，学生毕业后转为正式员工。一般在合作期间可提供奖学金、助学金或补助学杂费用，以增加吸引力。

(7) 其他方式。通过人才中介公司，一般多用于招聘主管或专业人才，连锁分店的基层人员流动率较高，此举成本较高。

5. 应聘者的来信、来访和报名登记

在接待应聘者来访、报名过程中，要向应聘者介绍连锁企业对专业人才的需求情况，并宣传本企业的发展前景，以激发应聘者的积极性，同时也在交谈或接触中对应聘者进行初步考察。

6. 面试甄选

当招募完成后，接下来的工作就是面试甄选的安排。连锁企业发展初期，连锁分店基层人员尚可由总部集中面试，随着店数的扩张，门店基层人员的面试应该逐渐授权门店店长或经理处理。一般连锁企业对于加盟店人员的招募任用，均由加盟店店主决定，直营店则多授权店长面试任用兼职人员，门市正职人员则由店长或经理面试任用。

7. 考试筛选

当应聘人员较多，超过招聘计划时，应通过专业知识考核，淘汰一批弱者，以保证有较强竞争能力的人入选。

8. 重点面谈和人员确定

对考试合格人员进一步进行全面考核，一方面通过审查档案和有关资料，考察其政治表现和健康状况；另一方面安排技术、业务干部与应聘者面谈，了解其专业技术水平，并进行必要的心理测验。然后，将两方面的材料进行综合，由招聘小组集体讨论，确定招聘名单。入选人员经过职前培训，就可以试用了。

二、连锁企业的人员培训

连锁企业的经营形态不尽相同，有直营连锁、特许加盟和自愿加盟等差异，需通过人员培训来获得整体的良好服务品质和企业形象的一致。因此，在培训规划上，应该充分掌握连锁企业经营的特点，才能运用有限的培训资源，培育优秀的连锁企业经营管理人才，提高员工的整体素质。

(一) 连锁企业培训的特色

1. 标准化设计

不管连锁企业为何种经营形态，培训的是具有何种背景的学习者，都应通过标准化的教学设计，学习标准化的作业流程，提供一致性的服务品质，使顾客在任何地点、任何时间、任何服务人员身上都能获得一致性的服务，进而对企业产生信任度与忠诚度。

2. 店内训练

由于连锁企业门店众多，分布区域分散；或因轮班调度，全职人员、兼职人员上班时段和时数不一；或因加盟形态不一，经营者对经营成本考虑有所差异等原因，宜采用店内训练方式进行。店内训练对象以业务或营业人员为主。

3. 便利性

对训练一线人员的期望是，现学现用，好学好用。因此，教学过程应尽可能做到：

(1) 时间便利：在任何时段都可以获取训练的机会，以适应轮班制的情况。

(2) 地点便利：尽可能在接近营业场所的地点训练，以减少人员的移动。

(3) 教学媒体便利：无论是使用工作手册，还是使用教学录像带，甚至用电脑辅助教学，最好都能让学习者操作简单、方便使用，以达到降低学习焦虑与抗拒的目的。

4. 创造利润

培训规划必须能对连锁企业创造利润和有所贡献。

5. 专业性

连锁企业的服务特色，最具体的表现在于一线服务人员与顾客的接触上，专业化的服务才能创造服务性商品的特色。

6. 能实际操作

提供给一线人员的训练，必须能快速简易地转化于工作中，最适当的训练规划是通过实践操作、情景模拟，使学习者学到可立即运用于工作现场的技能与经验。

7. 流程化

连锁企业总部通常以制作标准化作业手册来统一各店的作业流程与服务品质。因此，在训练规划中，应该结合标准化作业手册来确定教学主题与内容，以利于学习者今后的工作。

(二) 培训方法设计

在进行连锁企业内外环境分析、岗位分析、训练对象分析的基础上，依据训练对象背景、训练主题、成本、效果等因素，可采用不同的培训方法，如表8—1所示。

表 8—1　　培训方法设计

培训形式	培训方法
工作岗位上训练	现场教导可以分为四个步骤： (1) 说给他听：解释作业方法、标准及重要性。 (2) 做给他看：示范正确动作。 (3) 让他做做看：请他实际操作。 (4) 检查看看：修正错误之处并给予回馈。
课堂教授法	适合学员人数众多、利用各种媒体辅助的集中上课法。师资质量对教授效果影响很大。
讨论法	以开放式问题引导学员进行讨论。
个案研究	以实际发生的案例为素材，分析背景、原因、发生过程，做出诊断，找出理论依据或研究解决办法。
角色扮演	以预先设计的剧本或主题，交由学员扮演剧本角色，通过体验学习改变行为。
模拟训练法	用模拟器模拟与现场相同的条件、状态，让参加者体验这些条件，练习在实际条件下运用学到的知识。
行为示范法	通过表演者的示范，使其他参加者看到事态发展的多种可能的倾向，并根据各种倾向考虑对策。

(三) 培训的层次

由于不同层次人员在组织中扮演不同的角色，担负不同的功能职责，其训练需求、训练目的、训练内容即呈现出巨大差异。培训应该具有训练、教育、发展三个层次以满足不同的需求。

（1）训练：是现在学现在用，出发点以工作为主，而且多倾向于技术性的工作，对象大多数为基层人员，如收银机操作训练。

（2）教育：是现在学未来用，以个人及公司均衡发展为出发点，属于知识及观念的吸收，对象以中高层人员为主，如策略规划、行销管理、流通管理等方面的教育。

（3）发展：是现在学未来可能用，是以个人发展为出发点，带有提升企业形象的意味，属于个人全方位的培育以及潜能的培养与开发，对象通常限定在高层主管及特定关键人员，如艺术欣赏等。

（四）培训的目的和内容

连锁企业的培训应根据教育培训的对象来确定内容，具体内容如表8—2所示。

表8—2　　培训目的和内容一览表

培训对象	培训目的	培训内容
新进人员	1. 认识环境：让新进人员熟悉工作场所、工具设备所在位置，以降低初到陌生环境的焦虑。 2. 规章介绍：了解公司规章、经营理念、工作守则及应有的权利义务，以培养符合公司规范的工作习惯及态度。 3. 认识同事：增加工作场所人际关系支持网络，从而降低疏离感。 4. 学习新技能：发挥生产力，避免职业伤害，以降低工作挫折感。	1. 环境内容。 2. 公司规章制度。 3. 人际关系技能。 （1）认识伙伴。 （2）学习组织中人际关系的建立、维系与增进。 4. 作业技能。 （1）收银机、标价机等设备的操作、维护、简易故障排除及清洁。 （2）清洁工作。 （3）商品陈列与补货技巧。 （4）基本报表填写。 （5）顾客服务技巧。 （6）安全防范与紧急事件处理。
助理店长与副店长	1. 成为店内副主管、店长的当然职务代理人。 2. 能够协助店长教导新进人员，做好人员管理、订货、库存管理、机器设备维护、保养及简易故障排除、报表制作、顾客服务等工作。	1. 基本工作职责。 2. 管理才能。 （1）如何协助新进人员，工作教导。 （2）倾听与沟通技巧。 （3）基本管理概念。 3. 专业技能。 （1）如何维护公司形象。 （2）商品管理。 （3）机器设备维护、保养及简易故障排除。 （4）营业管理、报表制作。
店长或店经理	1. 成为一店的经营管理者，能通过有效的人员管理、行销管理、预算控管，经营分析与顾客服务等，实现利润极大化。 2. 具有计划、管理、组织、应变及问题解决的单店领导者。	1. 基本工作职责。 2. 管理才能。 （1）领导、激励、沟通。 （2）会议及简报技巧。 （3）危机处理。 3. 专业技能。 （1）生意圈情报收集与分析。 （2）经营分析。 （3）行销管理。 （4）预算编制与控管。 （5）人力资源管理。

续前表

培训对象	培训目的	培训内容
中层督导	1. 成为各店与总部间称职的沟通协调者、问题解决者及专业辅导者。 2. 具有专业知识、沟通协调能力、问题感应及解决能力的专业顾问。	1. 基本工作职责。 2. 管理才能。 (1) 情境领导。 (2) 团队建立。 (3) 咨询辅导。 (4) 组织沟通与人际关系。 (4) 问题分析与决策。 (5) 时间管理。 3. 专业技能。 (1) 生意圈调查与商情分析。 (2) 经营分析指标的建立与运用。 (3) 竞争性行销策略分析与运用。 (4) 亏损分析与行动计划。 (5) 谈判技巧。 (6) 情报运用与商品管理。 (7) 门市辅导实务见习。 (8) 各职能单位部门实习。
总部幕僚、企划人员及专业人员	1. 了解产业特性及公司经营形态有关的专业知识。 2. 具备系统性思考能力、企划能力、分析能力、组织能力和沟通协调能力。	1. 专业知识。 与所负责的功能职责有关的专业知识，此类训练宜由该部门自行规划、执行，但可由培训单位协助发展各功能的专业训练。 2. 共同性训练。 (1) 企划实务。 (2) 创意性思考。 (3) 系统性思考。 (4) 沟通训练。 (5) 情报收集与分析。 (6) 专案管理。
高层主管	高层主管需要具备宏观的观察、分析、理性决策能力，以及微观的、人性的、感性的直觉能力。	1. 国内外产业环境分析。 2. 国际局势与商情分析。 3. 策略规划。 4. 领导谈判与决策。 5. 个人品质与修养。

第三节 连锁企业员工考核与奖励

考核是连锁企业人力资源管理的重要环节，是发现、选拔优秀人才和开发人才的重要手段。而以考核为基础的晋升与奖励制度，可以激励员工努力上进，充分发挥员工的专长和才智，形成良好的组织气氛，最终有利于提高工作效率和企业整体经济效益。

一、连锁企业员工的考核

连锁企业员工的考核是指按照一定的标准，采用科学的方法对员工的思想品德、工作能力、工作态度、工作成绩，以及性格、身体健康状况等进行的考察和评价。

（一）员工考核的种类

人员的考核从不同角度可分为不同的类型。

1. 按考核主体分

按考核主体可分为主管考核、自我考核和相互考核。

（1）主管考核。即上级对下属的考核，这是最常见的一种考核方式。这种方式考核的主体是主管、领导，所以被考核者心理上没有压力。但是，考核结果往往受领导主观因素的影响，会产生考核偏差。

（2）自我考核。即被考核者本人对自己的工作表现进行反省和评估。这种方式考核的主体是被考核者本人，这就等于公开了考核所注重的范围，增加了透明度，对员工产生较强的激励作用。

（3）相互考核。即同事之间互相考核。这种考核方法体现了考核中的群众性和民主作风，但考评效果与组织内部实事求是和民主的氛围有关。

2. 按考核的时间分

按考核的时间可分为平时考核、定期考核和专案考核。

（1）平时考核。即考核者对考核对象所进行的日常考核，包括有形考核和无形考核两种方式。有形考核如根据缺勤记录考核出勤情况，根据工作日表现考核工作表现等；无形考核主要是通过观察而得到一种印象，如对责任心、处事能力、积极性、工作态度等的考核。

（2）定期考核。这是指按照一定的固定周期所进行的考核，如月考核、季考核、年终考核等。由于定期考核是隔期进行的，因而要注意考核结果的真实性。

（3）专案考核。这是指对平时考核中发现的偶发性重大事件进行的特别考核，如对平时表现特别突出、做出重大贡献的个人进行的特别考核等。

（二）连锁企业员工的考核指标体系

对连锁企业员工的考核，主要是从“德、能、勤、绩、体”五个方面进行。“德”具体包括政治思想、个人品质、职业道德和工作作风。“能”主要指个人的能力，既包括知识能力和学识水平，又包括实际工作能力、组织能力。“勤”反映出的是员工的工作态度，包括工作的积极性、主动性、创造性及纪律性等各个侧面。“绩”主要指工作实绩。“体”是身体适应工作的状况和身体的耐力。德、能、勤、绩、体是对连锁企业员工的综合考核和评价。可以运用一组既独立又相互关联并能较完整地表达评价要求的评价指标建立评价指标体系，对人员进行综合评估。人员考核指标体系如图 8—2 所示。

连锁企业不同岗位、各类人员的工作性质不同，对其考核的重点也不完全相同，应根据各类岗位确定考核的重点，并制定具体的考核标准。

（三）连锁企业的考核方法

连锁企业对员工进行考核时，可采用如下方法。

1. 个人判断法

个人判断法即凭领导者个人的判断来评定下属员工。该方法虽然简便易行，但考核缺

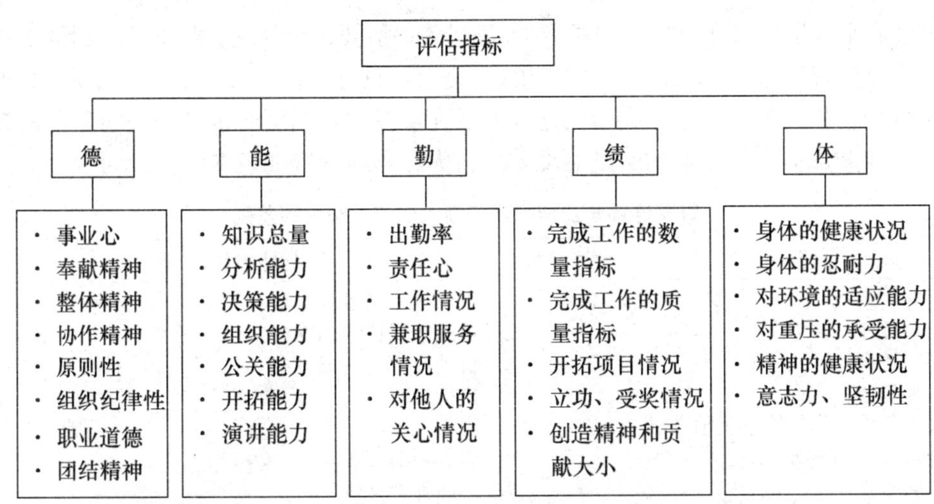

图 8—2　人员考核指标体系

乏客观性，很难达到公平合理。

2. 因素评价法

在考核前将需考核的内容分解为若干因素，形成评价体系，对被考核人逐项评定，最后决定优劣。

3. 考试评议法

考试评议法即将考试和评议结合在一起进行人事考核。考试主要用于检查被考核者文化、专业理论和技术知识的水平。评议就是采用多种形式征求有关人员对被考核者的看法，经有关领导的分析、讨论，最后做出公平正确的评价。

4. 自我鉴定法

由被考核人对工作进行自我总结，对自己的业务水平、思想品质及工作实际做出评估。

5. 人员素质测评

人员素质测评是指对连锁企业各类人员的德、智、能、绩、体等素质，采用定性和定量相结合的方法所进行的测量与评定。企业人员素质测评是一种较科学的人员考核方式，它对于合理地考核、使用、培养和选拔连锁企业人才有重要的作用，应该引起连锁企业的重视。

连锁企业员工考核的最后一项工作，就是将考核结果以书面的形式记录下来，填写考核鉴定表，以便对被考核者进行激励和鞭策，并将考核结果与奖励挂钩，使考核成为奖勤罚懒，奖优罚劣，充分调动员工工作积极性、主动性和创造性的有力手段。

二、连锁企业员工的奖励

(一) 主要的奖励措施

在任何一个组织中，每一个成员都希望得到社会和集体的公正评价，得到合理的荣誉和物质利益。而组织本身也希望有一个严明的纪律，以维护各项工作的顺利开展。

连锁企业奖励的方式可分为如下两类：(1) 经济奖励，主要指直接的金钱给付或间接的福利制度，如加薪、改进工作条件或个人生活环境等。(2) 非经济奖励，包括成就、受人重视、升迁和个人发展的可能性等。这两种奖励措施一般要结合使用，既要考虑到员工的个人需要，也要考虑到每个销售组、成员店的团体需要，只有二者兼顾，才能达到预期的效果。

另外值得提出的是，不同类型的连锁企业在实行奖励制度时也是不同的。据调查，直营连锁企业和加盟连锁企业的奖励制度差别很大，具体内容如表8—3所示。

表8—3　　直营连锁企业和加盟连锁企业奖励制度的差别

直营连锁体系	加盟连锁体系
1. 调升底薪 2. 人事升迁 3. 在职教育 4. 提高奖金 5. 提供各种名目的绩效奖励方法 6. 赴国外参加学习 7. 出国旅游 8. 其他	1. 提供各种名目的奖金 2. 业绩达到特定标准 3. 自动降低进货成本 4. 招待旅游 5. 广告支援 6. 店头装潢支援 7. 产品陈列支援 8. 其他

（二）晋升制度

晋升是指干部的行政职务、专业技术职务和员工的技术等级由低层次向高层次的变动。它包括晋级调资和升职两个方面的内容。从广义上说，晋升也是一种奖励。它兼有物质奖励和精神奖励两方面的内容。晋升制度的建立对连锁企业员工素质的提高和经济效益的增长起到了积极的保障作用。

1. 晋升的种类

晋升从不同的角度看，有着不同的种类：

（1）从晋升的幅度看，表现为常规晋升和破格晋升。常规晋升就是按一定的标准和条件以及晋升路线，定期进行的晋升。例如，会计师晋升为高级会计师、商品部主任晋升为业务经理等。破格晋升就是用人单位对于具有特殊才能和贡献的人员，不受年资、学历、经历等条件的限制，越级加以晋升。

（2）从晋升者的职务与工资等级之间的关系来看，晋升又表现为：职务与工资等级同时晋升、职务晋升而工资等级不变、职务不变而工资等级晋升。

（3）从影响晋升的主要因素来看，晋升又表现为：1）年资晋升制，亦称自然晋升制，即把工作年限的长短和资格的深浅作为晋升的主要依据。2）功绩晋升制，即把职工实际工作成绩的大小作为晋升的主要依据。3）综合晋升制，即兼顾年资、功绩和能力等多方面因素，把它们都作为晋升的依据。综合晋升制集中上述几种晋升制度的优点，是一种比较合理的晋升制度。

（4）从晋升者的来源看，晋升又表现为：1）内部晋升制，即连锁企业的职位空缺由本连锁企业在职人员升任；2）外部升补制，即连锁企业的职位空缺由外单位的人员补任。一般来说，内部晋升制有利于促进本企业员工努力工作，奋发向上，但容易近亲繁殖；而外部升补制更有利于因事求才、收集人才。两者各有利弊，应灵活运用。

2. 晋升的依据

连锁企业员工的晋升要以规范化考核的结果作为依据。同时，晋升的类型不同，这些依据也应有所区别。

（1）干部职务晋升的依据。在连锁企业中，从事党、政、工、团工作的员工应该并入这一系列。他们的晋升应根据德才兼备的原则，通过对其领导能力及政绩的考核来确定。这里特别需要强调的是政绩。

（2）专业人员晋升的依据。专业人员主要指连锁企业中专门从事经营管理活动的人员。他们的晋升应从业务能力、工作业绩、资历、学历和报酬等几个方面综合考核评定。

（3）员工工资等级晋升的依据。员工工资等级的晋升应贯彻按劳分配的原则。当然，也要以上述的晋升为依据，当职务、职称和技术等级升迁之后，工资也应相应地提高，使“职、级、资”相符。

3. 晋升的方法和程序

由于晋升的类型不同，连锁企业员工晋升的方法和程序也不相同。随着企业经营自主权的扩大，许多连锁企业都可自行制定本企业员工晋升条例，对有特殊贡献或一贯表现突出的员工以晋升作为嘉奖。

课堂讨论：员工为什么会“跳槽”？企业应如何应对？

案例分析 8—1

百安居“四关”管理员工

英国翠丰集团旗下的百安居正以惊人的速度在中国市场上“攻城略地”。自1998年进入中国内地市场，在短短4年的时间里，百安居已经在中国内地开设了15家分店。

然而，百安居的成功不仅仅是商业运作的成功，更是百安居人力资本管理和运作的成功。其在人才经营模式上的特别“手段”更是值得探讨和借鉴。

第1关：看重员工的未来潜质

百安居在招聘员工时，并不把相关的专业经验视为第一条件，并不要求员工能够立刻走马上任，而更加关注应聘者的整体素质，如良好的职业道德、诚实正直、创新精神、良好的领导才能和团队合作精神等。

选才更看重潜质

百安居在雇佣员工时，非常关注员工是否有潜质成为部门经理或商店总经理，是否有能力承担更大的挑战。因为只有这样的员工才能支持百安居的长期发展。据记者了解，目前北京百安居的中高级管理人员中，来自直接竞争对手的员工人数不到5%。而不少员工在毫无工作背景的情况下，经过专业的培训，最后在百安居新开的连锁企业当中担任了重要职务。同时，在百安居的整个招聘过程中，会采用数字分析、案例研讨、角色模拟一系列科学的选才工具来对应聘者的各项才能和个性进行考察，以保证选才的质量。

培训内容纷繁多样

培训是百安居取得竞争优势的重要策略，每位员工一踏入公司，就会接受各种各样的培训，其中包括入职培训、企业文化培训、岗位技术培训、管理培训以及团队建设培训等。据陈光介绍，百安居的任何一项业务都会围绕产品和销售来进行。所以每个员工，不管是销售员还是管理人员，在进入公司的时候都会接受零售业务的培训，以便员工能够熟悉业务，开展工作。据记者了解，百安居每个月都会有不同的培训主题，并会定期举行相关的竞赛，如产品知识大赛、服务竞赛等。

第 2 关：设计具有针对性的职业规划

打造企业管理骨干

据介绍，百安居长期坚持实施“未来经理人项目”，对表现优异的员工进行严格的评估和选拔，挑选其中最具潜力的优秀员工加入到该项目当中去。据记者了解，北京百安居的第一家店为后来新开业的两家新店输送了大批骨干员工和中层管理人员，这些都是“未来经理人项目”的产物。同时，员工只有通过“未来经理人项目”考核才有机会获得晋升。

培养专家级销售人员

在人员发展上，除了以上提到的管理发展方向外，作为专业零售企业，百安居还为员工成为本行业的专家提供了同样的发展机会。

一部分并不具备管理潜质而在业务销售方面有优势的员工，将通过公司提供的产品知识培训、装潢知识培训、销售技巧和顾客服务等一系列专业培训，掌握为顾客提供最优质服务的技巧。员工自身也成为企业当中的业务专家。

发挥连锁企业优势

目前百安居在中国所有连锁企业的所有内部职位都向全国员工公开，各店的员工可以根据自己的能力和自己对市场前景的判断选择加盟任何一家百安居店。

百安居为员工的发展提供了两条职业发展道路：一条是通过良好的表现晋升至管理层；另一条则是成为专家级业务员。通过为员工所提供的职业发展规划，百安居建立了内部人力资源的“蓄水池”。

第 3 关：建立通畅的沟通渠道

对于一个企业来说，只有具备了良好的沟通渠道，才能使企业营造出相互信赖、真诚合作、开放沟通和多种文化和睦相处的企业环境。

消除同事间的隔膜

招数：百安居每年会定期组织员工进行“团队建设”培训。据介绍，“团队建设”培训会把整个区域的管理人员聚集起来，在培训中心进行为期三天的交流。在这个过程当中，通过对大家都非常关心的问题的讨论，给不同部门的员工创造一个很好的沟通机会。据记者了解，在任何一个企业当中，由于各自分工的不同，各自关注的对象和重点不同，各个部门的人员之间常常会造成误解。

点评：“团队建设”培训就是要让各个部门的管理人员多了解对方的工作流程和考虑问题的角度，这有利于帮助消除彼此之间的误解。

构建上下级沟通渠道

招数：百安居在通常情况下不赞成员工越级呈报或者反映问题，但是它通过“员工基层委员会”定期为最基层员工和总经理搭建沟通渠道。据介绍，在“员工基层委员会”上，总经理会就员工们所关心的问题和员工对公司运作所提出的建议给予回答，并当场制订出相应的行动计划，在规定的时间内给予解决。同时，公司高层每年会与著名的咨询公司合作，进行员工满意度调查。

点评：这种定期的沟通，使员工与管理者之间加强了联系，建立了信任。而通过对调查结果的分析，诊断出目前阻碍公司以及员工个人发展的障碍，并制定改进方案，能够提高所有员工的士气、满意度，使组织更有效率。

内刊体现对员工的尊重

招数：百安居有自己的内刊《橙风》。这份内刊除了对百安居（中国）的重大消息、新闻进行报道之外，更多的是关注员工，介绍员工的优秀事迹，交流成功经验。

点评：这一招除了加强沟通之外，更体现出企业对公司员工的尊重与关注。

第4关：完善绩效考核体系

百安居一直不断完善自己的绩效考核体系。因为再好的战略目标如果无法转化成具体且可衡量的关键绩效指标，依靠组织结构从上而下地贯彻执行，都会成为一句空话，发展也就无从谈起。

为使整个公司有很强的执行能力，百安居公司不断建立和完善一套以目标与战略为基础且符合其需求的绩效管理体系，以明确公司每一个员工的职责并激发他们的潜质与积极性。

首先，公司的各个部门会根据公司的年度发展计划，自上而下，把目标层层分解，制订出部门的行动计划，部门的每位员工会根据部门的计划，制订出个人年度计划。所有的计划都会有相应量化的衡量标准。

其次，百安居格外强调及时考核的重要性。记者发现，在百安居的绩效考核体系中，不仅仅是做一次年度的绩效评估，而是每个季度都会进行评估、反馈，一些重要的绩效还会每月都进行关注。

资料来源：蒋理：《百安居“四关”培训员工，招聘新人重潜质》，载《新京报》，2004-06-08。

试分析：

1. 百安居这“四关”分别解决的是连锁零售业中人力资源管理的哪些问题？
2. 百安居的做法有哪些值得借鉴的地方？

知识拓展8—2

专柜人员、厂家促销人员管理

很多商场经营中都引进了一些“品牌专柜”，特别是电器类、服饰类商品的一些知名品牌都是以专卖店或专柜的形式与商场合作经营的。另外，一些非专柜（店）的商品也会开展一些促销活动，供应商（厂家）会派一些促销人员进入商店卖场。对这些专柜人员、促销人员的管理已经成了商场必须重视的一项重要工作。

商场对专柜人员、促销人员的管理主要包括以下内容：

（1）上下班时间的规划及管理。

专柜人员的上下班，依各厂商的管理需求及《劳动法》，会出现不同时间的上下班状况，如化妆师、男装售卖员、面包师等上下班时间均不一样。面对此情况，商场必须依本公司的经营状况及厂商的状况作折中处理，最好要求厂商派的专柜人员能够配合本公司上班、下班、加班的规定，若不能达到这种规定，则本公司要规划专柜上班、下班、加班规则，对于专柜人员作一个共同要求，并且全部实施打卡，于月初将上月卡收齐，先请各专柜记录后，再寄给厂商。

（2）新进专柜人员及现有专柜人员的教育及训练。

最好定期（约 3 个月）训练，使专柜人员知道在本公司工作的基本要求，如：人事规则；服装仪容要求；礼貌服务的要求；商品进、退货的要求；各种报表填写；本公司促销活动配合。

（3）专柜人员的专业训练及沟通。

管理者要根据专柜商品的特点以及本公司的经营定位，与专柜进行个别的沟通，统一目标，并创造更高业绩及培养顾客良好的印象。

（4）要求专柜定期对其经营情况进行分析和改进。

可以与专柜于每月末沟通业绩情况，要求各专柜人员提供业绩报告，同时管理者可以利用此次机会，把情况和意见反馈给厂商，以帮助厂商解决困难。

（5）本公司的营运政策或活动变更要及时通知各专柜。

（6）对专柜及促销人员的管理还应注重与厂商的沟通。主要内容应包括：第一，将本公司对专柜人员的要求告知厂商，请求厂商给予配合。第二，业绩分析及改善。此项与专柜人员亦有相当的关系。本公司管理者应将对专柜要求的业绩告知厂商，请厂商配合。对厂商反映的一些困难，连锁企业应给予解决。第三，专柜人员的福利、薪资。本公司管理人员必须关心专柜人员的各项福利与薪资，以提高士气及业绩。若专柜人员有此方面的问题，本公司管理人员要及时向厂商反映。

第四节　连锁企业文化建设

连锁企业各分店间要做到不仅“形锁”而且“神锁”，仅靠制度、标准是不够的，还需要所有企业职工具有一些共同的价值观念，对企业的经营理念、管理措施有认同感。相对于单体企业，连锁企业更加需要企业文化建设。

企业文化是一种从事经济活动的组织内部的文化，它所包含的价值观念、行为准则等意识形态和物质形态均为该组织成员所认可。企业文化分为广义和狭义两种。广义的企业文化是企业的物质文化、行为文化、精神文化以及制度文化的总和；狭义的企业文化是指以企业价值观为核心的企业意识形态。

企业文化是一种弥漫于企业组织各方面、各层次的组织风气、价值观念、思维方式和行为习惯，在组织内部起着不可替代的作用。它不仅对企业组织的运转是一种必不可少的润滑剂，而且能够创造良好的组织气氛和组织环境，从观念、信仰层次调动组织成员的工作积极性和忠诚心，是其他管理手段所无法取代的。

开展企业及文化管理，进行企业文化建设，实质上是转向对人的管理。一个企业必须有自己独特的指导思想、经营宗旨和哲学，有自己明确的价值准则、道德规范、文化传统，能够用一种崇高的力量说服人、凝聚人和激励人，从而在职工中形成共同的目标感、方向感和使命感。

一、构成连锁企业文化的要素

企业文化具有丰富的内涵，包括一系列基本构成要素，这些要素是构建企业文化的基础。如麦当劳的清洁（Clean）、快速（Fast）、品质（Quality）、服务（Service）、价值感（Value）的原则已深深地印在员工的脑子里，形成麦当劳独特的企业文化，也是麦当劳长盛不衰的法宝之一。

每个连锁企业都可以根据自己的特点，培养和构建有自身特点的企业文化。一般来说，企业文化的构成要素可归纳为以下五个方面。

（一）企业环境

企业环境是塑造企业文化最重要的因素。连锁企业环境包括工作环境和生活环境两部分。良好的工作环境会提高工作的效率。生活环境包括连锁企业员工的居住条件、休息娱乐条件和服务设施等，加强连锁企业生活环境的建设是增强员工自豪感和凝聚力的重要方式。

（二）价值观念

价值观念是企业及全体员工一致赞同的，关于客观事物对于企业是否具有价值，以及价值大小的共同认识或看法。它体现了一个企业的基本概念和信仰，反映了企业内部衡量事物重要程度及是非优劣的根本标准，因而是企业文化的核心和基石。

企业最高目标、企业宗旨是企业价值观念的集中反映。对企业具有价值的客观对象往往有许多个，如人才、顾客、利润、社会责任等，各种价值的重要程度也有所不同。将多种价值按照其重要程度加以排序组合，就构成了企业价值观念体系。具有稳定的、为全体员工共享的价值观念体系是企业文化发育成熟的重要标志。

（三）英雄式人物

由于英雄式人物把企业组织的价值观“人格化”了，因此，使其成为企业员工效法的实际典型是企业文化的重要组成部分。英雄式人物是指企业中具有超出一般职工的思想境界和行为表现，能够成为榜样和表率的先进个人或群体。他们可以是企业的缔造者、领导者，也可以是职工中的模范代表。英雄式人物具有榜样的作用，通过对英雄式人物的仿效和追随，广大职工会形象具体地接受企业的价值观体系，领悟企业精神的精髓，进而积极遵从本企业文化的各种准则和规范，从而使职工群体的文化素养得到普遍提高。

（四）企业精神

企业精神是指企业及全体员工共同具有的精神状态和思想境界。应该说，任何一个企业，在生产物质产品或提供某种服务的同时，也必然向外传播和扩散着企业的某些精神，使得顾客在得到企业的产品的同时也能感受到从企业的产品或服务中焕发出的那种精神。

企业提供的产品和服务不同，企业精神也不同。企业精神的作用侧重于激发职工的主观能动性，鼓舞士气，在企业中形成一种高昂的、充满进取精神与活力的精神氛围，增强企业的凝聚力和职工行为的一致性。

（五）制度规范

企业制度虽然规范的是企业的日常例行事务，但也是企业动态文化的重要组成部分，它能保证企业文化健康地发展。如道德规范、行为规范等，是企业价值观、道德观和行为准则的具体化和条例化，是企业文化的组织保障系统。它把企业职工的价值共识，以及在分工合作、协调相互关系、保持行为一致性等方面的共同要求，以条文的形式确定下来，从而对职工的行为形成有形或无形的约束。

二、培育连锁企业文化

在培育企业文化时，有必要把塑造良好的企业形象作为一项重要的战略性措施。塑造企业形象与培育企业文化有着密切联系。确立卓越的价值观和企业精神，培育具有优良取向的价值观念，提高职工素质，完善制度规范，加强礼仪建设等，都是塑造良好企业形象的重要内容。

（1）确立优良的企业精神和价值观念，是企业文化的核心，也是培养企业文化的首要任务。

（2）坚持以人为中心，全面提高职工素质。企业的主体是人，生产力中最积极、最活跃的因素也是人。企业文化的建设必须抓住尊重人、关心人、培养人、教育人这一主线，坚持以人为中心开展各项工作。要重视从文化角度研究职工的各种需要，特别是精神方面的需求，通过奖励、表扬、情感交流、人际沟通、群体活动、参与管理等多种形式和手段，为员工创造良好的文化氛围，使员工的交往、归属、尊重、自我实现等高层次的精神需要得到充分满足。

（3）提倡先进的管理制度和行为规范。管理制度和管理方式是企业文化的重要内容，也是企业文化得以维护和延续的基本保证。在企业文化建设中，应当以共有的价值观念体系和企业精神为宗旨，制定先进的管理制度和标准的行为规范。

（4）加强礼仪建设，促进连锁企业文化的习俗化。礼仪建设的实质是使企业的价值观念、道德准则和行为规范进一步习俗化，成为每个职工的自然要求和自觉行动。而要达到企业文化的这一最高境界，就要把礼仪建设渗透于企业经营管理的全过程，在工作风格、会议形式、待人接客、信息沟通方式以及内部公文格式等方面充分体现本企业特有的习俗礼仪。而习俗礼仪是连锁企业文化个性或独特性的具体反映，也是企业文化的主要表现形式。在构建企业文化时，要保留和维护反映本企业优良传统和文化特点的礼仪习惯，并且根据企业发展需要创立各种礼仪形式。

（5）连锁企业文化应当尽量采用多样化、趣味化、娱乐化的表现形式，使广大职工乐于参与。

（6）连锁企业在从事“软”文化建设的同时，必须加强“硬”文化建设，不断提高产品质量和服务，改进物质技术水平，改善工作环境，提供良好的福利设施和待遇，提高企业的经济效益，从而为企业文化建设奠定坚实的物质基础。

案例分析 8—2

胖东来倒闭了，给了企业家什么启示？

“你给员工吃草，你将迎来一群羊；你给员工吃肉，你将迎来一群狼。”“工资最高的时候成本最低”……这或许是胖东来风光无限时讲过的名言，也是我的好几个员工转发给我或者分享在朋友圈故意让我看到的一篇文章。

我曾怀疑过，也曾动摇过，甚至为此提高了公司的福利待遇及奖励政策。

仅仅1年，胖东来董事长于东来的微博发了这样一条信息：当我需要正义的理解的声音的时候，许昌的几千名员工，你们的影子哪儿去了？你们觉得所有的得到都是应该的，都已成了习惯，惋惜的不是不理解的人，而是付出了所有的爱，承担了不应该承担的，你如果把企业当成暂时的家也会站出来哼一声，说一声公道话，可悲的人们……只知道得到爱，拿什么让我爱你们！

许昌胖东来的关店，也意味着河南最后一个本土商业品牌的倒掉。

胖东来总部位于许昌市，旗下涵盖专业百货、电器、超市。鼎盛时期，胖东来百货在许昌市、新乡市等城市拥有30多家连锁店、7 000多名员工。虽然规模不及沃尔玛、家乐福等知名大型连锁超市，但在业界的名气丝毫不逊于它们。

它以反传统商业逻辑著称，以高薪水、高福利、自由、快乐闻名于世，曾被誉为“中国最好的店”，更有“百货业的海底捞”之称。他打破了国内零售业无假日的先例，宣布胖东来“每周二闭店休息”，据称胖东来商超的一个普通店长，每年都可以拿到年薪十几万以上。胖东来的工资高于同业30%以上。

经过查证，胖东来确实倒掉了，未来3年将会只保留时代广场店，其他店面全部关闭。在这个胜王败寇的年代，夸父传媒也和各位老板及员工聊一聊，企业到底应该如何运营和管理，老板们还在企盼某一天员工会感恩回报吗？

胖东来如何倒闭的我并不清楚，成功的方法千千万万，失败的原因也千奇百怪。在之前褒扬胖东来的文章中，不乏对我们作为老板的挖苦和讽刺，似乎其他老板都像是耍流氓，一面给员工吃草，一面想有一支狼的队伍。但我知道，企业的基本义务是赢利，马云说过：“企业家不赚钱是在犯罪”，我认为：“企业赔钱才是在耍流氓。”

真正的狼，从来不是需要别人给他吃肉的。你用肉喂出的狼，最终在你没肉喂他的时候把你吃掉。当然，我不是说胖东来的所有员工都是这样，在企业最危难甚至倒闭的时候，一部分人还是站了出来支持于东来，但更多的人选择了沉默、静观其变，甚至看笑话，还有的进行了上访、闹事……我要强调的是，即便是那些打条幅签名支持董事长于东来的人，也只停留在精神上的鼓励和安慰！

在营销学上有一种现象叫作“习惯性接受”，就是当企业给消费者创造一种新的产品和服务时，消费者只会兴奋一段时间，时间久了就以此为标准，觉得这是最基本的东西。对于其他达不到此标准的同行企业会嗤之以鼻。其实这是人类最常见的行为，好比微信上很火的一个段子，大意是一个人每周给一个乞丐10块钱，开始乞丐很感激，后来时间久了就习以为常，有一次这个人给了乞丐5块钱，乞丐问为何少了，这个人说自己刚找女朋友花销大，乞丐一巴掌打在这个人脸上，说：你竟然把我的钱用到了别人身上。

你把一个员工工资从年薪 5 万涨到 10 万，刚开始他会兴奋感激一段时间，时间久了他会觉得自己身价至少 10 万，年薪 20 万还差不多。可能有人说，“如果我是胖东来的员工，我一定不会这么做。”那是你没站在那个位置上，如果说人和狼的区别的话，狼是会吃饱的，而人的欲望是无穷无尽的。

10 月 17 日午后，于东来删除微博，撤销认证，并更名“走开了回到从前”，发布“许昌各部门员工，我把许昌胖东来的遗留问题交接完，我不再是你们的成员，也不要再对我有什么要求，为了更好的将来，祝福你们！谢谢！你们曾经的东来哥！对不住的地方多理解吧！”

做企业不是做慈善，更不能用感情去经营，规则是基础，赢利是前提，制度是保障。那些曾经以胖东来为标榜的人们，请你们体谅一下自己的老板和公司，要知道，对于在你们心目中很牛的胖东来来说，赚钱也不是一件很容易的事，老板愿意和你一起分享成果，你会和老板一起在真正意义上承担失败吗？

资料来源：http://blog.sina.com.cn/s/blog_49e59d8b0102v1wm.html。

试分析：

1. 你如何看待胖东来建立起来的企业文化？
2. 列举并介绍你认为优秀的连锁企业文化。

本章小结

人力资源是连锁企业发展的重要保证，本章介绍了人力资源对连锁企业发展的意义，连锁企业人员配备的方法和人员素质的要求，连锁企业人员聘用与培训、考评与奖励等人力资源管理的基本要求和方法，以及连锁企业文化建设的相关知识。

关键术语

人力资源管理　人员素质　招聘　培训　考核　奖惩　企业文化

复习与思考

1. 连锁企业对人员素质有何要求？
2. 连锁企业的培训有什么特点？
3. 连锁企业对员工进行考核主要应包括哪些内容？
4. 什么是企业文化？连锁企业为什么要加强文化建设？
5. 连锁企业对员工的奖励主要有哪些方式？

训练项目

1. 试编制一个人员招聘计划，并模拟一次连锁企业人员招聘。

2. 某连锁分店以卖场面积作为现场人员编制的衡量标准，卖场面积为 1 000 平方米，每人服务面积定为 20 平方米，人员编制数应为多少?

3. 试对一家连锁企业的人员配置情况进行调查，着重调查其人事结构和人员的配置的状况。

4. 阅读下面的案例，并回答问题。

解决零售业一线员工工作倦怠问题的建议

一、建立倦怠管理机制

情绪衰竭是工作倦怠的前导因素，实证分析也验证了这一点。对此，企业应建立倦怠管理机制，由专门的人员负责为员工进行辅导，调解和释放员工的压力。定期对员工的倦怠状况进行监控，及时采取相应措施。此外，企业应切实提高工作效率，以减少员工工作的时间压力和焦虑情绪，这对降低工作倦怠、增强组织承诺都有重要的意义。

二、重视员工的个体差异

实证分析发现，对工作倦怠而言，职位层次在情绪衰竭和玩世不恭这两个维度上具有显著差异。对于零售业来讲，店长在这两个维度上的得分明显高于普通一线营业员，表明店长比普通一线员工更容易产生倦怠感。因此，企业应该重视这种差异，根据个体的不同特点，着眼于员工的全面发展与企业的发展，采取必要的措施，实现员工、企业与社会的协调发展。这也是新时代实行人本管理的必然要求。

三、为员工发展创造良好的环境

有研究表明，工作倦怠最可能在下列情形下发生：实际的资源损失、感知到资源损失的威胁以及个体的资源不足以满足工作的需要或投入的资源难以获得回报。当上述情形之一发生时，员工就可能产生工作倦怠。而当各种资源较丰富时，就不易产生工作倦怠，而且可以增强员工的组织承诺。因此，企业必须为员工创造一个良好的环境。这不仅包括良好的工作场所，更重要的是让员工感受到企业大家庭的温暖。在企业内建立良好的社会氛围，加强企业文化建设，建立积极进取的企业文化。应该信任、尊重和关心员工，营造快乐的工作氛围。企业应关心员工的需要，重视员工个人职业生涯的发展，通过培训给予员工一定的发展空间，为他们提供必要的帮助。针对员工的特点，对他们的职业生涯进行合理规划，使其工作目标更加明确，以抵抗由于烦琐、重复的劳动而带来的倦怠感。同时，在其职业生涯发展的困惑和转折期，对他们进行一系列的辅导。

资料来源：王锐：《零售业一线员工工作倦怠状况调查》，载《经济纵横》，2011 (5)。

问题：

1. 结合自己了解的情况，分析影响工作倦怠的因素主要有哪些。
2. 你认为可以通过哪些办法解决工作倦怠问题？

连锁经营

第九章

连锁经营绩效测评

学习目标

1. 了解连锁企业绩效评价体系的构成。
2. 掌握绩效测评的基本方法。
3. 能够对顾客满意度进行简单的测评。
4. 掌握神秘顾客评价的方法和标准。
5. 了解连锁企业经营绩效的财务评价指标及计算方法。
6. 熟悉连锁企业经营绩效的综合评价。

案例导入

内资连锁零售企业人均年销售额虽高于港澳台商投资企业和外商投资企业，但是平均门店年销售额只相当于港澳台商投资企业的52.5%，外商投资企业的38.8%；单位营业面积创造的年销售额也比外商投资企业低41%。而内资连锁餐饮企业的平均门店营业收入和单位平方米创造的营业收入也只是港澳台商投资和外商投资的连锁餐饮集团（企业）的50%和48.8%。连锁企业的经营绩效应如何考核、评测？总部如何通过科学的考核、测评提高分店的绩效，管理好分店的经营工作呢？

第一节　连锁企业绩效测评体系的构成

传统的绩效测评指标主要是会计、财务指标，注重的是对过程结果的反映，带有静止、单一和被动反映的特点，不能全面、动态地反映过程的问题。随着“以顾客满意为中心”的现代营销观念在连锁店经营中的广泛运用，对连锁企业的绩效评价应把服务质量、顾客满意程度、市场份额、创新能力等和财务数据结合起来，才能全面反映连锁企业经营现状与发展前景。

ISO9004:2000《质量管理体系——业绩改进指南》中对组织的业绩测量做了如下要求：“测量数据对以事实为依据做决策很重要。最高管理者应当确保有效地和高效地测量、收集和确认数据，以确保组织的业绩和相关方满意。这应当包括对测量的有效性和目的以及数据的预期使用进行评审，以确保为组织增值。组织的过程业绩测量可包括：产品的测量和评价；过程能力；项目目标的实现和顾客与其他相关方的满意程度。”

由图 9—1 可知，连锁企业绩效评价体系由顾客满意度、过程评价和财务评价三部分构成。

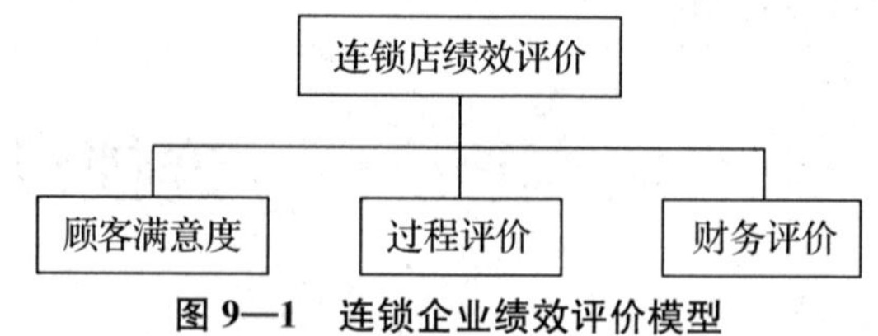

图 9—1　连锁企业绩效评价模型

一、顾客满意度

顾客满意（Customer Satisfaction，简称 CS），是顾客在消费了相应的产品之后感到满足的一种心理体验。将这种心理体验分化和具体化，得出的这些引起顾客满意或不满意的产品或服务的属性，就是顾客满意度指标（Customer Satisfaction Index，简称 CSI）。顾客满意度指标是对满意宽度进行界定的指数。顾客对所消费的产品或服务的满意状态和程度称为顾客满意度（Customer Satisfaction Measurement，简称 CSM）。顾客满意度是对顾客满意的量化界定方法，表示顾客在每一个满意属性上的深度。

顾客包括内部顾客和外部顾客。内部员工满意度反映了企业的士气、向心力和团队精神，是外部顾客满意的基础和动力，外部顾客满意是企业的经营追求。

二、过程评价

过程评价即总部对分店的经营过程的监督检查，包括对服务质量、商品质量及环境质量等的监督检查。具体操作过程详见本章第三节。

三、财务评价

财务评价从财务的角度反映了连锁企业总部及分店的经营业绩。连锁企业总部及分店的主要经营指标的计算方法详见本章第四节。

第二节　连锁企业顾客满意度调查

“顾客第一”与“利润第一”曾经一度是相互对立的两种经营观念，但随着营销观念的改变，人们意识到这两者实际是统一的，即必须首先满足顾客的需求、愿望和利益，才能获得企业自身所需要的利润。所以，企业在生产经营活动的每一个环节，都必须着眼于顾客，全心全意地为顾客服务，最大限度地让顾客满意。在做顾客满意度调查时，可从外部顾客满意度调查、内部员工满意度调查两方面入手。

一、外部顾客满意度调查

（一）顾客满意度体系

1. 顾客满意表征

前面提到顾客满意是顾客的一种心理体验，既看不见也摸不着，因此需要采取间接的方法来反映。顾客满意表征（Customer Satisfaction Representation，简称 CSR）即通过对满意程度的重要特征的描述，用直观的手段将顾客的满意程度表达出来。表 9—1 是对顾客满意表征的具体描述。

表 9—1　　顾客满意表征

状态	表征	具体描述
很不满意	愤慨、恼怒、投诉、反宣传	指顾客在消费了某种商品或服务之后感到愤慨、恼怒，不仅企图找机会投诉，而且还会利用一切机会进行反宣传以发泄心中的不快。
不满意	气愤、烦恼	指顾客在购买和消费某种商品或服务后所产生的气愤、烦恼状态。在这种状态下，顾客尚可勉强忍受，希望通过一定方式进行弥补，在适当的时候也会对此进行反宣传，提醒自己的亲朋不要去购买或消费同样的商品或服务。
一般	无明显正、负情绪	指顾客在消费某种商品或服务过程中没有明显情绪的状态。也就是对此既说不上好，也说不上差，还算过得去。自己的期望与结果基本相符，找不出大的遗憾所在。
满意	称心、赞扬、愉快	指顾客在消费了某种商品或服务之后所产生的称心和愉快的感觉。在这种状态下，顾客不仅对自己的选择予以肯定，还会乐于向亲朋推荐。
很满意	激动、满足、感谢	指顾客在消费某种商品或服务之后所形成的激动、满足、感谢状态。在这种状态下，顾客的期望不仅完全达到，没有任何遗憾，而且可能还大大超出了期望。这时顾客不仅为自己的选择而自豪，还会利用一切机会向亲朋宣传、介绍、推荐，希望他们都来消费。

2. 顾客满意度因素

顾客满意的形成受到企业和顾客两个方面的影响：一是企业方面。在资源一定的情况下，必须保证利益各方均能接受的满意水准，即任何企业不可能不计成本去获得顾客的满意。二是顾客方面。顾客的满意是在与企业提供产品和服务进行接触过程中形成的，会受多种因素的影响，直接来自顾客的感受。

顾客的感受来自两个方面：(1) 通过企业的形象宣传和他人的介绍等渠道获得的间接感受；(2) 顾客在与企业提供的产品和服务的接触过程中产生的直接感受。

服务和商品的满意特性中，与服务有关的因素有文明性、及时性、适用性、舒适性、卫生性、硬件设施、信誉等，与商品有关的因素有功能性、使用寿命、安全性、可靠性、外观、价格等。

3. 顾客满意度指标体系

顾客满意度指标从大的方面来说，包含商品、服务与企业信誉三个方面，具体如图 9—2 所示。

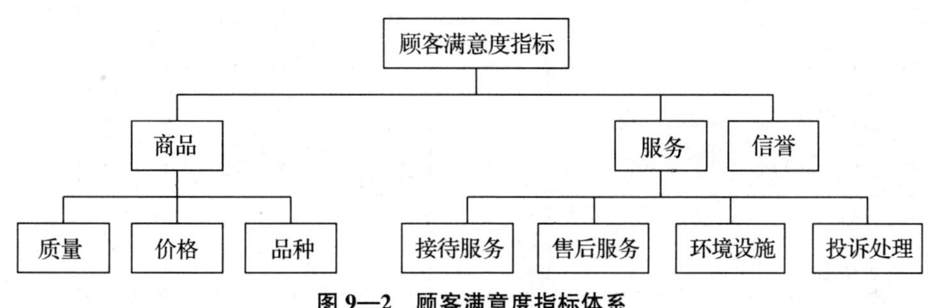

图 9—2　顾客满意度指标体系

（二）顾客满意度

每半年或一年对分店进行一次满意度调查。根据分店规模确定问卷发放量。以重要性为权重计算出该分店的满意度综合得分，具体公式为：

$$满意度综合得分=\frac{\sum(满意度\times重要性)}{\sum 重要性}$$

为使调查更有效，设计顾客满意度问卷时应注意：(1) 使被调查者容易得到答案；(2) 使被调查者容易回答；(3) 便于统计处理；(4) 问卷不应太长，问题不应重复，一个问卷最适合的长度是20～30个问题。表9—2是根据顾客满意度指标体系，结合实际情况，为某连锁企业设计的顾客满意度调查问卷。

表9—2　　顾客满意度调查问卷示例

下列诸多因素中，哪些对你来说是最重要、最满意的，哪些影响程度一般，请按强弱程度打分。

5分	4分	3分	2分	1分
至关重要 非常满意	重要 满意	一般 一般	不重要 不满意	一点儿也不重要 很不满意

影响因素	重要性					满意度				
价格合理	5	4	3	2	1	5	4	3	2	1
进出方便	5	4	3	2	1	5	4	3	2	1
商品有特色、新鲜	5	4	3	2	1	5	4	3	2	1
信誉好	5	4	3	2	1	5	4	3	2	1
内外环境卫生、整洁	5	4	3	2	1	5	4	3	2	1
空气流通、光线充足	5	4	3	2	1	5	4	3	2	1
标识清楚	5	4	3	2	1	5	4	3	2	1
能轻易找到目标商品	5	4	3	2	1	5	4	3	2	1
卫生间清洁	5	4	3	2	1	5	4	3	2	1
服务员有亲切感	5	4	3	2	1	5	4	3	2	1
服务员专业知识丰富	5	4	3	2	1	5	4	3	2	1
服务员能耐心细致解答顾客疑问	5	4	3	2	1	5	4	3	2	1
退换货有保障	5	4	3	2	1	5	4	3	2	1
售后服务好（送货、维修、安装）	5	4	3	2	1	5	4	3	2	1
付款等候时间短	5	4	3	2	1	5	4	3	2	1
投诉方便	5	4	3	2	1	5	4	3	2	1
优惠活动多	5	4	3	2	1	5	4	3	2	1

- 您的性别：1. 男　　2. 女
- 您的年龄：1. 15岁～20岁　2. 21岁～30岁　3. 31岁～40岁　4. 41岁以上
- 您的职业：1. 职员　2. 个体劳动者　3. 工人　4. 学生　5. 离退休人员　6. 其他
- 您个人月平均收入是（　　）元，您家庭人均月收入是（　　）元。
- 您家住在（　　　）区，您的工作单位在（　　　）区。
- 您对本分店最不满意的是：

- 您的建议：

您的意见会对我们的工作有很大帮助，多谢您的配合！

二、内部员工满意度调查

（一）员工满意度体系

有研究发现：员工满意度提高5%，会连带提升1.3%的顾客满意度，同时也提高0.5%的企业业绩。也就是说，重视提高员工满意度，最终可以给企业带来收益。根据马斯洛的需求层次理论，连锁企业可以建立如下内部员工满意度指标体系，如图9—3所示。

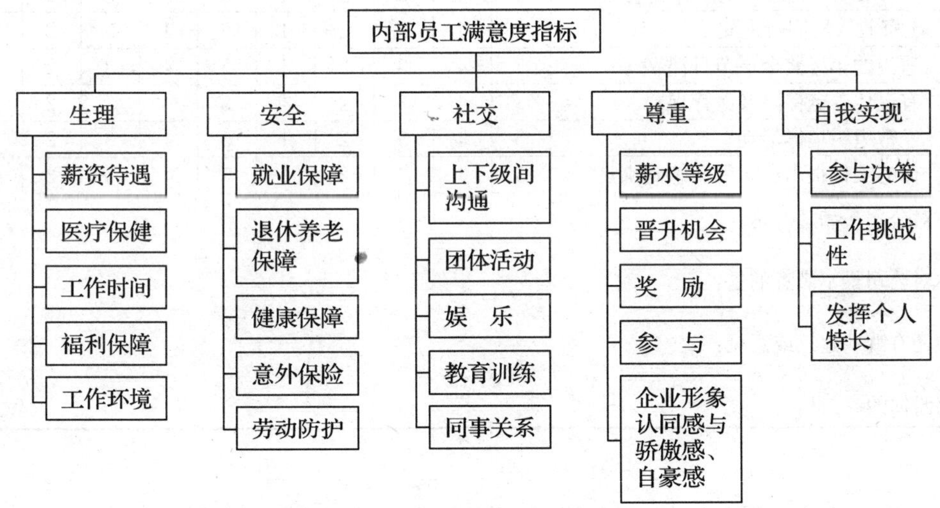

图9—3　内部员工满意度指标体系

（二）员工满意度调查问卷

在选择问卷涵盖的议题前，应确定调查的目的，并与员工沟通，深入了解他们所关心的话题，然后有针对性地设计问卷。如分店在培训方面有问题，问卷就要设计一些有关培训方面的问题。员工满意度调查至少一年进行一次。表9—3为某连锁企业内部员工满意度调查问卷。

表 9—3　　内部员工满意度调查问卷示例

下列诸多因素中，哪些对你来说是最重要、最满意的，哪些影响程度一般，请按强弱程度打分。

5分	4分	3分	2分	1分
至关重要 非常满意	重要 满意	一般 一般	不重要 不满意	一点儿也不重要 很不满意

满意度指标	重要性					满意度				
1. 公司在行业中的竞争力	5	4	3	2	1	5	4	3	2	1
2. 公司在消费者中的形象	5	4	3	2	1	5	4	3	2	1
3. 公司在社会上的知名度	5	4	3	2	1	5	4	3	2	1
4. 公司发展前景	5	4	3	2	1	5	4	3	2	1
5. 能够增加管理经验或提高业务技能	5	4	3	2	1	5	4	3	2	1
6. 你所从事的工作能发挥自己所长	5	4	3	2	1	5	4	3	2	1
7. 工作场所舒适	5	4	3	2	1	5	4	3	2	1
8. 工作压力适当	5	4	3	2	1	5	4	3	2	1
9. 同事之间关系融洽	5	4	3	2	1	5	4	3	2	1
10. 与主管（上级）的关系良好	5	4	3	2	1	5	4	3	2	1
11. 有不满时可以向主管（上级）倾诉	5	4	3	2	1	5	4	3	2	1
12. 及时知晓公司的政策	5	4	3	2	1	5	4	3	2	1
13. 你的上级或同事经常给予你帮助	5	4	3	2	1	5	4	3	2	1
14. 你的努力得到上级及时的肯定和鼓励	5	4	3	2	1	5	4	3	2	1
15. 公司提供适当的教育训练	5	4	3	2	1	5	4	3	2	1
16. 在未来能得到较好的工作机会	5	4	3	2	1	5	4	3	2	1
17. 工资收入居同行之先	5	4	3	2	1	5	4	3	2	1
18. 适当的年终奖金、节日津贴等	5	4	3	2	1	5	4	3	2	1
19. 有退休养老保险及医疗保障	5	4	3	2	1	5	4	3	2	1
20. 经常组织集体活动	5	4	3	2	1	5	4	3	2	1
21. 你的工作很出色，因而感到满足	5	4	3	2	1	5	4	3	2	1

- 你对公司最满意的是：

- 你对公司最不满意的是：

- 你还有哪些建议或意见：

感谢你的参与！

第三节　连锁企业经营绩效过程评价

连锁企业总部应对分店每季度或每半年进行监督检查。由于这种内部的检查带有规律性，容易受到分店的防备，故检查结果的真实性低。如果连锁企业聘请“神秘顾客”为分店的环境、服务、商品质量进行检查，则效果甚佳。当然，企业也可以不聘请“神秘顾客”，由企业自己有关部门的人员去完成评价，其评价的方法、工具等均大同小异，在此不多论述。本节内容主要介绍企业采取“神秘顾客”评价的方法。

一、“神秘顾客”评价的作用

“神秘顾客”是为了衡量顾客服务、商品质量、商品陈列而去访问某一个特定的商店的“特殊”顾客。“神秘顾客”客观收集并了解卖场情况，目的是要协助改善缺失，并不是总部派下来的特务，而是为了管理正常化而实施的手段。

固定的督导员的身份容易识别，不容易客观采样，“神秘顾客”则没有身份曝光的顾虑，可以不受拘束地收集现场资料，作为提高服务质量、改进管理方法、奖励或改进门店的根据，进而帮助总公司改进培训制度，提升服务质量。采取“神秘顾客”进行现场监督的作用主要是：

（1）“神秘顾客”的暗访监督，在与奖罚制度结合以后，带给服务人员无形的压力，引发他们主动提高自身的业务素质、服务技能，改善服务态度，促使其为顾客提供优质的服务，而且持续的时间较长。

（2）“神秘顾客”可以从顾客的角度，及时发现、改正商品和服务中的不足之处，提高客户满意度，留住老顾客，发展新顾客。“神秘顾客”的监督可以加强企业的内部管理。

（3）“神秘顾客”在与服务人员的接触过程中，可以听到员工对企业和管理者“不满的声音”，帮助管理者查找管理中的不足，改善员工的工作环境和条件，拉近员工与企业管理者之间的距离，增强企业的凝聚力。

（4）通过“神秘顾客”发现问题，系统地分析深层次的原因，能够提升管理方法，完善管理制度，从而增强企业竞争力。

二、“神秘顾客”评价的方法和标准

“神秘顾客”通过购买与退换某件商品的亲身感受，评价接待人员的接待服务、业务技能和其他相关服务（如售后服务、相关商品推介、法律法规知识等）。

“神秘顾客”评价标准如表9—4所示。

表9—4　“神秘顾客”评价标准

满意程度	评分	评价标准	
		接待服务	业务技能
很满意	5	形象得体，积极推销，令顾客宾至如归，对产品有新的了解从而产生购买欲，可能会对亲朋好友称赞该分店或该服务员。	熟练掌握产品本身及相关的知识，推销积极主动，推销用语简洁、明了，善于与顾客沟通，善于掌握顾客的消费心理，并根据顾客心理进行推销。在推销过程中，善于运用各种适当的推销技巧，并且善于把顾客可能需要的商品尽可能多地展示给顾客，又不使顾客感到厌烦。在推销过程中始终保持客观、公正。
满意	4	形象得体，态度积极又不过火。令顾客感觉舒服，对该分店留下好印象。	对商品知识有足够的了解，在推销中能掌握主动，善于引导消费者。
一般	3	只机械地进行服务，令顾客没有什么好或差的特别感觉，对分店没有留下什么印象。	商品知识了解不多，或未掌握顾客心理。

续前表

满意程度	评分	评价标准	
		接待服务	业务技能
不满意	2	服务较差、态度不积极。开小差，形象一般。顾客产生反感，有被怠慢的感觉。	商品知识一知半解，无推介服务。
很不满意	1	给顾客留下极差印象，服务态度恶劣，没有尽一个服务员应尽的责任，形象很差。	不了解商品，且（或）消极推销或硬性推销商品，以致误导顾客或影响顾客购买，引起顾客极大反感。

“神秘顾客”从每店抽查5～10名营业员，填写如表9—5所示的《“神秘顾客”检查评分表（一）》，注意要将工牌号、检查时间记录清楚，以便查证。

表9—5　　“神秘顾客”检查评分表（一）

分店名称				
检查时间	年　月　日　时		工牌号	
过　程　描　述			建　议　或　意　见	
接待服务得分	业务技能得分		总　分	

检查人：

“神秘顾客”还应对各店进行总体综合评价，并填写如表9—6所示的《“神秘顾客”检查评分表（二）——综合评价》。

表9—6　　“神秘顾客”检查评分表（二）——综合评价

检查时间：　年　月　日　时		评价得分				
外部环境	1. 商场的位置容易找到吗？	5	4	3	2	1
	2. 商场外围是否有多余的事物有碍观瞻？	5	4	3	2	1
	3. 橱窗设计是否美观？	5	4	3	2	1
	4. 商场夜间建筑物照明如何？	5	4	3	2	1
	5. 进出商场是否方便？	5	4	3	2	1
	6. 其他	5	4	3	2	1
内部环境	1. 照明有无坏损？	5	4	3	2	1
	2. 地面、天花板、货架、电梯等是否清洁？	5	4	3	2	1
	3. 收银台周围是否清洁？	5	4	3	2	1
	4. 洗手间是否清洁无异味？	5	4	3	2	1
	5. 空调设备是否运作良好？（空气流通、温度适宜）	5	4	3	2	1
	6. 各类标识牌是否醒目？	5	4	3	2	1
	7. 购物车、购物篮是否方便取用？	5	4	3	2	1
	8. 通道是否宽松？	5	4	3	2	1
	9. 上下电梯是否方便？	5	4	3	2	1
	10. 其他	5	4	3	2	1

续前表

检查时间：　　年　　月　　日　　时		评价得分				
商品及陈列	1. 生鲜商品是否新鲜？	5	4	3	2	1
	2. 品种是否丰富？	5	4	3	2	1
	3. 促销商品是否有诱惑力？	5	4	3	2	1
	4. 堆头陈列是否有美感？	5	4	3	2	1
	5. 货架商品是否干净？	5	4	3	2	1
	6. 顾客拿取商品是否方便？	5	4	3	2	1
	7. 陈列是否丰满？	5	4	3	2	1
	8. 陈列是否安全？	5	4	3	2	1
	9. 其他	5	4	3	2	1
行为规范	1. 仪表是否整洁？	5	4	3	2	1
	2. 站立姿势是否适当？	5	4	3	2	1
	3. 是否精神饱满，充满活力？	5	4	3	2	1
	4. 有无统一着装、佩挂工牌？	5	4	3	2	1
	5. 顾客临柜有无招呼？	5	4	3	2	1
	6. 在顾客选购期间是否站立在适当的位置？	5	4	3	2	1
	7. 是否在顾客有需要时主动帮忙？	5	4	3	2	1
	8. 有无冷淡或过分热情造成顾客不满？	5	4	3	2	1
	9. 能否做到细致周到、诚实服务？	5	4	3	2	1
	10. 顾客离店有无道别？	5	4	3	2	1
	11. 销售服务是否迅速？	5	4	3	2	1
	12. 商场保安的工作是否使顾客感到不安？	5	4	3	2	1
	13. 有无让顾客长时间等待？	5	4	3	2	1
	14. 有否见到商场人员吸烟、随地吐痰？	5	4	3	2	1
	15. 有无擅自离岗现象？	5	4	3	2	1
	16. 有无成群聊天现象？	5	4	3	2	1
	17. 有无看书报、吃零食等现象？	5	4	3	2	1
	18. 是否常用服务用语，如：您好；是的；抱歉；欢迎光临；请稍等；谢谢；让您久等了；欢迎再来。	5	4	3	2	1
	19. 其他	5	4	3	2	1
收银服务	1. 有无唱收唱付？	5	4	3	2	1
	2. 是否按客人先后顺序处理？	5	4	3	2	1
	3. 收银员正确找付零钱情况如何？	5	4	3	2	1
	4. 收银员是否熟练收取信用卡、购物券或外币？	5	4	3	2	1
	5. 整个交款过程，你满意交款时间吗？	5	4	3	2	1
	6. 当排队交款人数超过 5 人时，有无迅速开通新收银台？	5	4	3	2	1
	7. 收银台停止工作时有无摆放“暂停使用”标识牌？	5	4	3	2	1
	8. 其他	5	4	3	2	1

续前表

检查时间：　　年　　月　　日　　时		评价得分				
接待服务	1. 能否判断顾客的来意，做出适当的服务（如：购物态度明确，选购，浏览）？	5	4	3	2	1
	2. 能否设法明了顾客的购物动机，并据此推销（如：送礼，自用）？	5	4	3	2	1
	3. 是否熟悉商品的存放位置及存货情况？	5	4	3	2	1
	4. 顾客购物期间，营业员是否注意力集中，并保持同顾客沟通？	5	4	3	2	1
	5. 能否同顾客融洽沟通，引起顾客好感？	5	4	3	2	1
	6. 能否准确清晰地回答顾客提出的相关问题？	5	4	3	2	1
	7. 用语是否专业、规范？	5	4	3	2	1
	8. 是否主动鼓励顾客试用或触摸商品？	5	4	3	2	1
	9. 是否能把不同商品的特有优势展现给顾客？	5	4	3	2	1
	10. 在顾客选定的商品缺货时，营业员能否推荐代用品（如：其他颜色、型号、品牌），并进行适当劝说？	5	4	3	2	1
	11. 有无主动为顾客提供多种商品，以便选择？	5	4	3	2	1
	12. 有无主动为顾客介绍相关配套产品？	5	4	3	2	1
	13. 有无最新、特价或畅销商品介绍？	5	4	3	2	1
	14. 是否清楚地解释付款取货程序？	5	4	3	2	1
	15. 交货时，营业员是否邀请顾客检验商品外观？	5	4	3	2	1
	16. 是否礼貌地邀请顾客到收银处付款？	5	4	3	2	1
	17. 是否小心地处理包装？	5	4	3	2	1
	18. 是否妥当地安排送货和安装服务？	5	4	3	2	1
	19. 是否有礼貌地将货品交给顾客？	5	4	3	2	1
	20. 其他	5	4	3	2	1
专业知识	1. 能否向顾客详细介绍商品特性？	5	4	3	2	1
	2. 能否详细介绍商品使用方法并演示？	5	4	3	2	1
	3. 能否详细介绍商品的安装、保养及维护方法？	5	4	3	2	1
	4. 能否进行商品的安全操作介绍？	5	4	3	2	1
	5. 能否根据顾客的询问，迅速地提供相关资料？	5	4	3	2	1
	6. 能否熟练地为顾客试机？	5	4	3	2	1
	7. 其他	5	4	3	2	1
其他	1. 营业时间是否配合顾客？	5	4	3	2	1
	2. 咨询服务是否令人满意？	5	4	3	2	1
	3. 存包服务是否令人满意？	5	4	3	2	1
	4. 是否能方便地买到即饮饮料？	5	4	3	2	1
	5. 有无便利服务（如儿童照顾等）？	5	4	3	2	1
	6. 包装服务是否安排妥当？	5	4	3	2	1
	7. 有无修配服务？	5	4	3	2	1
	8. 送货、安装服务是否安排妥当？	5	4	3	2	1
	9. 顾客投诉是否处理妥当？	5	4	3	2	1
	10. 商场内有无火灾安全隐患？	5	4	3	2	1
	11. 其他	5	4	3	2	1

注：5分—很满意；4分—满意；3分—一般；2分—不满意；1分—很不满意。

第四节 连锁企业经营绩效财务评价

一、不同连锁形式的财务评价要求

连锁总部和分店的财权关系既不是行政管理上的上下级关系，也不能简单地类同于投资持股关系。不同的连锁形式，其财权关系不同，财务评价的要求也不尽相同。

（一）自由连锁企业

各分店的所有权、经营权和核算权都是独立的，是一种松散式的集团。总部可以由批发企业代理，也可以由各分店投资组建。参加成员作为股东组成董事会，共同执行业务，总部是服务性质的，不以营利为目的，是财产联系最为松散的连锁方式。分店和总部彼此都是独立的法人，以入股合作方式组成总部，分店向总部交纳服务费，总部的进货费、广告费等一系列费用及应交纳的税金按各自分店的股份比例摊销。总部一般对分店无具体考核指标。

（二）加盟连锁企业

加盟连锁各分店只有所有权，没有经营权，总部和各分店之间以知识产权为纽带。分店只对自己的有形物资财产拥有所有权，总部有偿提供经营垄断权和经营技术，如出售或转让商标、专利产品、字号和特有的经营管理技术等。分店依据协议规定向总部交纳管理费，企业如何经营只能听从总部的安排。因总部和各分店都是独立的法人，因此各分店自由经营、自负盈亏，总部除收取加盟费外，一般对加盟店无须财务考核。但加盟连锁店提供服务的过程、对外形象直接关系到总店的信誉，所以总部对这类分店的考核偏重于顾客满意度调查和过程评价。

（三）直营连锁

总部和各分店是一个法人。总部对分店的财产物资拥有所有权和经营权。分店的经营所得上交总部，费用由总部列支。总部和分店统一核算。总部对分店的考核指标一般主要有销售额、利润、利润率等。

二、主要经营指标及其计算公式

（一）总部主要经营指标及其计算公式

1. 收益率分析指标

（1）总资产周转率。

该比率越高，表示资产经营效率越高；该比率越低，表示资产经营效率越低。计算公式如下：

$$总资产周转率=\frac{总收入}{总资产}$$

（2）资本周转率。

该比率越高，表示资本经营效率越高；该比率越低，表示资本经营效率越低。计算公式如下：

$$资本周转率=\frac{总收入}{资本}$$

（3）存货周转率。

该比率越高，表示经营效率越高或存货管理越好；该比率越低，表示经营效率越低或存货管理越差。计算公式如下：

$$存货周转率=\frac{销货净额}{期初存货+期末存货}$$

（4）存货周转期间。

存货周转期间越长，表示经营效率越低或存货管理越差；存货周转期间越短，表示经营效率越高或存货管理越好。计算公式如下：

$$存货周转期间=\frac{平均存货}{销货净额/360}$$

（5）销货毛利率。

该比率越高，表示获利的空间越大；该比率越低，表示获利空间越小。计算公式如下：

$$销货毛利率=\frac{毛利}{销货净额}$$

（6）销货净利率。

该比率越高，表示净利率越高；该比率越低，表示净利率越低。计算公式如下：

$$销货净利率=\frac{净利}{销货净额}$$

（7）人事费用率。

该比率越高，表示人员创造的营业额越低或人事费用越高；该比率越低，表示人员创造的营业额越高或人事费用越低。计算公式如下：

$$人事费用率=\frac{人事费用}{销货净额}$$

（8）广告费用率。

该比率越高，表示广告所创造的营业额越低；该比率越低，表示广告所创造的营业额越高。计算公式如下：

$$广告费用率=\frac{广告费}{销货净额}$$

（9）租金费用率。

该比率越高，表示地点选择越不佳；该比率越低，表示地点选择越佳。计算公式如下：

$$租金费用率=\frac{租金}{销货净额}$$

（10）营业费用率。

该比率越高，表示营业费用支出的效率越低；该比率越低，表示营业费用支出的效率越高。计算公式如下：

$$营业费用率=\frac{营业费用}{营业收入}$$

（11）损益平衡点与销货额比率。

该比率若小于1，表示有盈余，该比率越小，盈余越多；该比率若大于1，表示有亏损，该比率越大，亏损越多。计算公式如下：

$$损益平衡点与销货额比率=\frac{损益平衡点}{销货净额}$$

（12）应付账款周转期间。

应付账款周转期间越长，表示免费使用厂商信用的时间越长；应付账款周转期间越短，表示免费使用厂商信用的时间越短。计算公式如下：

$$应付账款周转期间=\frac{应付账款+应付票据}{进货净额/360}$$

（13）经营安全力。

经营安全力的点数越高，表示营业额超过损益平衡点越多；经营安全力的点数越低，表示营业额超过损益平衡点越少。计算公式如下：

$$经营安全力=1-\frac{损益平衡点}{营业额}$$

（14）总费用率。

该比率越高，表示费用越高；该比率越低，表示费用越低。计算公式如下：

$$总费用率=\frac{总费用}{总收入}$$

（15）投资报酬率。

该比率越高，表示资本产生的净利越高；该比率越低，表示资本产生的净利越低。计算公式如下：

$$投资报酬率=\frac{净利}{资本}$$

（16）大分类构成比。

该指标分析各大分类产品占总销售净额之比例。计算公式如下：

$$大分类构成比=\frac{大分类销售净额}{总销货净额}$$

2. 资本安全性分析指标

（1）流动比率。

该比率越高，表示短期偿付能力越强；该比率越低，表示短期偿付能力越低。计算公式如下：

$$流动比率=\frac{流动资产}{流动负债}$$

（2）速动比率。

该比率越高，表示立即偿付能力越强；该比率越低，表示立即偿付能力越低。计算公式如下：

$$速动比率=\frac{流动资产-存货}{流动负债}$$

（3）负债比率。

该比率越高，表示负债越高，风险越高；该比率越低，表示负债越低，风险越低，但使用财务杠杆获利的比率也越低。计算公式如下：

$$负债比率=\frac{总负债}{总资产}$$

（4）资本比率。

该比率越高，表示自有资本越高，风险越低；该比率越低，表示自有资本越低，风险越高。计算公式如下：

$$资本比率=\frac{资本}{总资产}$$

（5）长期资金力。

该比率大于1，表示固定资产（长期投资）由长期资金和部分短期资金融资，有隐藏性风险；该比率小于1，表示长期投资由长期资金融资，风险较小，但成本较高。计算公式如下：

$$长期资金力=\frac{固定资产}{自有资本+长期负债}$$

（6）人员流动率。

该比率越高，表示人事越不稳定；该比率越低，表示人事越稳定。计算公式如下：

$$人员流动率=\frac{期间人员离职人数}{平均在职人数}$$

3. 生产率分析指标

（1）平均每人营业收入。

该比率越高，表示员工绩效越高；该比率越低，表示员工绩效越低。计算公式如下：

$$平均每人营业收入=\frac{营业收入}{全场职工数}$$

（2）员工生产力。

该比率越高，表示员工生产力越高；该比率越低，表示员工生产力越低。计算公式如下：

$$员工生产力=\frac{营业毛利}{员工人数}$$

（3）人员守备率。

该比率越高，表示每人负责单位面积越多；该比率越低，表示每人负责单位面积越少。计算公式如下：

$$人员守备率=\frac{卖场面积}{平均工作人数}$$

（4）劳动分配率。

该比率越高，表示员工创造的毛利越低；该比率越低，表示员工创造的毛利越高。计算公式如下：

$$劳动分配率=\frac{人事费用}{营业毛利}$$

4．成长达成率分析指标

（1）营收达成率。

该比率越高，表示经营绩效越高；该比率越低，表示经营绩效越低。计算公式如下：

$$营收达成率=\frac{实际营业收入}{目标营业收入}$$

（2）开店达成率。

该比率越高，表示开店绩效越高；该比率越低，表示开店绩效越差。计算公式如下：

$$开店达成率=\frac{实际开店数}{目标开店数}$$

（3）毛利达成率。

该比率越高，表示经营绩效越高；该比率越低，表示经营绩效越差。计算公式如下：

$$毛利达成率=\frac{实际毛利}{目标毛率}$$

（4）净利达成率。

该比率越高，表示成长性越高；该比率越低，表示成长性越低。计算公式如下：

$$净利达成率=\frac{实际净利}{目标净利}$$

（5）毛利成长率。

该比率越高，表示毛利成长性越高；该比率越低，表示毛利成长性越低。计算公式如下：

$$毛利成长率=\frac{本期营业毛利}{上期(去年同期)营业毛利}\times 100\%$$

（6）净利成长率。

该比率越高，表示净利成长性越高；该比率越低，表示净利成长性越低。计算公式如下：

$$净利成长率=\frac{本期营业净利}{上期(去年同期)营业净利}\times 100\%$$

（7）总资产成长率。

该比率越高，表示净利成长性越高；该比率越低，表示净利成长性越低。计算公式如下：

$$总资产成长率=\frac{本年度总资产}{去年度总资产}\times 100\%$$

（二）分店主要经营指标及其计算公式

1. 收益率分析指标

（1）资本周转率。

该比率越高，表示资本经营效率越高；该比率越低，表示资本经营效率越低。计算公式如下：

$$资本周转率=\frac{总收入}{资本}$$

（2）存货周转率。

该比率越高，表示经营效率越高或存货管理越好；该比率越低，表示经营效率越低或存货管理越差。计算公式如下：

$$存货周转率=\frac{销货净额}{(期初存货+期末存货)/2}$$

（3）存货周转期间。

存货周转期间越长，表示经营效率越低或存货管理越差；存货周转期间越短，表示经营效率越高或存货管理越好。计算公式如下：

$$存货周转期间=\frac{平均存货}{销货净额/360}$$

（4）销货毛利率。

该比率越高，表示获利的空间越大；该比率越低，表示获利空间越小。计算公式如下：

$$销货毛利率=\frac{毛利}{销货净额}$$

（5）配送中心退货率分析。

该比率越高，表示存货管理控制越差；该比率越低，表示存货管理控制越好。计算公式如下：

$$配送中心退货率分析=\frac{自配送中心退货金额}{自配送中心进货金额}$$

（6）销货净利率。

该比率越高，表示净利率越高；该比率越低，表示净利率越低。计算公式如下：

$$销货净利率=\frac{净利}{销货净额}$$

（7）应付账款周转期间。

应付账款周转期间越长，表示免费使用厂商信用的时间越长；应付账款周转期间越短，表示免费使用厂商信用的时间越短。计算公式如下：

$$应付账款周转期间=\frac{应付账款+应付票据}{进货净额/360}$$

（8）人事费用率。

该比率越高，表示员工创造的营业额越低或人事费用越高；该比率越低，表示员工创造的营业额越高或人事费用越低。计算公式如下：

$$人事费用率=\frac{人事费用}{销货净额}$$

（9）广告费用率。

该比率越高，表示广告所创造的营业额越低；该比率越低，表示广告所创造的营业额越高。计算公式如下：

$$广告费用率=\frac{广告费}{销货净额}$$

（10）租金费用率。

该比率越高，表示地点选择不佳；该比率越低，表示地点选择越佳。计算公式如下：

$$租金费用率=\frac{租金}{销货净额}$$

（11）营业费用率。

该比率越高，表示营业费用支出之效率越低；该比率越低，表示营业费用支出之效率越高。计算公式如下：

$$营业费用率=\frac{营业费用}{营业收入}$$

（12）损益平衡点。

损益平衡点越低，表示获利时点越快；损益平衡点越高，表示获利时点越慢。计算公式如下：

$$损益平衡点=\frac{门店总费用}{毛利率}$$

（13）损益平衡点与销货额比。

该比率若小于1，表示有盈余，比率越小，盈余越多；该比率若大于1，表示有亏损，比率越大，亏损越多。计算公式如下：

$$损益平衡点与销货额比=\frac{损益平衡点}{销货净额}$$

（14）经营安全力。

经营安全力的点数越高，表示获利越多；经营安全力的点数越低，表示获利越少。计算公式如下：

$$经营安全力=1-\frac{损益平衡点}{营业额}$$

（15）投资报酬率。

该比率越高，表示资本产生的净利越高；该比率越低，表示资本产生的净利越低。计算公式如下：

$$投资报酬率=\frac{净利}{总投资额(资本)}$$

（16）品效。

品效越高，表示商品开发及淘汰管理越好；品效越低，表示商品开发及淘汰管理越差。计算公式如下：

$$品效=\frac{营业收入}{品项数目}$$

（17）面积效率。

面积效率越高，表示卖场（全场）面积所创造的营业额越高；面积效率越低，表示卖场（全场）面积所创造的营业额越低。计算公式如下：

$$面积效率=\frac{营业收入}{品项数目}$$

（18）人时生产率。

人时生产率越高，表示人员工作效率越好；人时生产率越低，表示人员工作效率越差。计算公式如下：

$$人时生产率=\frac{营业收入}{人员总工作时数}$$

（19）来客数。

来客数越高，表示客源越广；来客数越低，表示客源越窄。计算公式如下：

$$来客数=通行人数\times入店率\times交易率$$

（20）客单价分析。

客单价越高，表示一次平均消费额越高；客单价越低，表示一次平均消费额越低。

$$客单价分析=\frac{营业额}{来客数}$$

（21）交叉比率。

交叉比率越高，表示越是利润所在；交叉比率越低，表示越不是利润所在。计算公式如下：

$$交叉比率=毛利率\times存货周转率$$

（22）大分类构成比。

分析各大分类产品占销售净额的比例。计算公式如下：

$$大分类构成比=\frac{大分类销货净额}{总销货净额}$$

2. 人员安全力分析指标

人员安全力分析指标主要反映在人员流动率上。该比率越高，表示人事越不稳定；比率越低，表示人事越稳定。计算公式如下：

$$人员流动率=\frac{期间内离职人数}{平均在职人数}$$

3. 生产率分析指标

（1）平均每人营业收入。

该比率越高，表示员工绩效越高；该比率越低，表示员工绩效越低。计算公式如下：

$$平均每人营业收入=\frac{营业收入}{门店员工人数}$$

（2）员工生产力。

该比率越高，表示员工生产力越高；该比率越低，表示员工生产力越低。计算公式如下：

$$员工生产力=\frac{营业毛利}{门店员工人数}$$

（3）卖场使用率。

该比率越高，表示使用率越高；该比率越低，表示使用率越低。计算公式如下：

$$卖场使用率=\frac{卖场面积}{全场面积}$$

（4）人员守备率。

该比率越高，表示每人负责面积数越多；该比率越低，表示每人负责面积数越少。计算公式如下：

$$人员守备率=\frac{卖场面积}{平均工作人数}$$

（5）劳动分配率。

该比率越高，表示员工创造的毛利越低；该比率越低，表示员工创造的毛利越高。计算公式如下：

$$劳动分配率=\frac{人事费用}{营业毛利}$$

4. 成长达成率分析指标

（1）营收达成率。

该比率越高，表示经营绩效越高；该比率越低，表示经营绩效越低。计算公式如下：

$$营收达成率=\frac{实际营业收入}{目标营业收入}$$

（2）毛利达成率。

该比率越高，表示经营绩效越高；该比率越低，表示经营绩效越低。计算公式如下：

$$毛利达成率=\frac{实际营业毛利}{目标营业毛利}$$

（3）营业净利达成率。

该比率越高，表示经营绩效越高；该比率越低，表示经营绩效越低。计算公式如下：

$$营业净利达成率=\frac{实际营业净利}{目标营业净利}$$

（4）费用达成率。

该比率越高，表示实际费用越高；该比率越低，表示实际费用越低。计算公式如下：

$$费用达成率=\frac{实际费用}{目标费用}$$

（5）营业成长率。

该比率越高，表示成长性越高；该比率越低，表示成长性越低。计算公式如下：

$$营业成长率=\frac{本期营业收入}{上期(去年同期)营业收入}\times 100\%$$

（6）毛利成长率。

该比率越高，表示毛利成长性越高；该比率越低，表示毛利成长性越低。计算公式如下：

$$毛利成长率=\frac{本期营业毛利}{上期(去年同期)营业毛利}\times 100\%$$

（7）净利成长率。

该比率越高，表示净利成长性越高；该比率越低，表示净利成长性越低。计算公式如下：

$$净利成长率=\frac{本期营业净利}{上期(去年同期)营业净利}\times 100\%$$

三、连锁企业经营绩效综合评价

（一）平衡记分卡法

企业的经营绩效评价往往不是仅仅依赖于财务等单项指标，而是多采用综合评价的办法，使得评价更加科学合理，连锁企业也不例外。比较成熟的经营绩效综合评价方法是平衡记分卡法。

1991年，哈佛商学院的罗伯特·S·卡普兰和诺朗诺顿研究所所长大卫·P·诺顿经过为期一年对在绩效测评方面处于领先地位的12家公司的研究后，发展出一种全新的组织绩效管理方法，即“平衡记分卡”，并于1992年发表在了《哈佛商业评论》上。从此，平衡记分卡（the Balanced Score Card，简称BSC）作为一种前沿的、全新的组织绩效管理手段和管理思想，在全世界的各行各业得到广泛的运用。

平衡计分卡的核心思想就是通过财务（指标）、客户（满意度）、内部经营过程（流程）、学习与成长（创造性）四方面指标之间相互驱动的因果关系，体现组织的战略轨迹，实现绩效考核—绩效改进以及战略实施—战略修正的目标。但这种方法在国内连锁企业的应用尚不普及。

（二）关键业绩指标评价法

关键业绩指标（Key Performance Indicators，简称KPI）评价法也是可取的连锁企业绩效综合评价方法，其评价所涉及的指标和数据来源如表9—7所示。

表9—7　　关键业绩指标评价法主要指标及其数据来源

连锁企业关键业绩指标				
一级指标	二级指标	主管单位	考核周期	数据来源
财务50%	营业额*50%	财务部	月	统计报表
	利润总额40%		月	财务报表
	周转天数10%		月	财务报表
顾客20%	顾客满意度*70%	卖场管理部	年	调查报告
	内部顾客满意度30%		年	调查报告

续前表

连锁企业关键业绩指标				
一级指标	二级指标	主管单位	考核周期	数据来源
过程 15%	连锁企业季度检查 50%	卖场管理部	季度	季度检查报告
	神秘顾客评价* 50%		季度	神秘顾客评价报告
学习与成长 15%	员工培训合格率 40%	人力资源部	年	统计报告
	人才晋升比率 40%		年	统计报告
	来客数 20%	卖场管理部	季度	销售分析报告

注：(1) 连锁企业可根据本企业情况自行选取 KPI 指标。
(2) 带 * 的指标为必备指标，此项指标不合格，即整个综合评价不合格。

从表 9—7 中的指标及其数据来源看，这种方法具有一定的可操作性，是目前连锁企业可选的综合评价方法。

知识拓展 9—1

金牌店长必须会的数据分析

店长定期进行科学的数据分析，是店长掌握门店经营方向的重要手段。

一、门店经营指标数据分析

(1) 销售指标分析：主要分析本月销售情况、本月销售指标完成情况、与去年同期对比情况，通过这组数据的分析可以知道同比销售趋势、实际销售与计划的差距。

(2) 毛利分析：主要分析本月毛利率、毛利率情况，与去年同期对比情况。通过这组数据的分析可以知道同比毛利率状况，以及是否在商品毛利方面存在不足。

(3) 营运可控费用分析：主要是分析本月各项费用明细、与去年同期对比情况、有无节约控制成本费用。这里的各项费用是指：员工成本，能耗，物料及办公用品费用，维修费用，房租，存货损耗，日常营运费用（电话费、交通费、卫生费、税收、工商费），通过这组数据的分析，可以清楚地知道门店营运可控费用后的列支，是否有同比异常的费用发生，有无可以节约的费用。

(4) 坪效：主要是本月坪效情况，与去年同期对比。“日均坪效”是指日均单位面积销售额，即日均销售额/门店营业面积。

(5) 人均劳效：主要是本月人均劳效情况、与去年同期对比。“本月人均劳效”计算方法：本月销售额/本月工资人数。

(6) 盘点损耗率分析：主要是门店盘点结果简要分析，通过分析，及时发现门店在进、销、存各个环节存在的问题。

(7) 门店商品库存分析：主要是本月平均商品库存、周转天数、与去年同期对比分析。通过这组数据分析，可以看出门店库存是否出现异常、是否有库存积压现象。

二、商品经营数据分析

（1）经营商品目录执行情况总结分析：主要是本店执行商品目录情况和经营业态主力商品情况及新品引进情况、淘汰商品是否进行及时清退。通过这组数据，可以了解门店是否按照商品目录的调整进行了门店的商品结构调整。

（2）商品动销率分析：主要是本月商品动销品种统计、动销率分析、与上月对比情况。商品动销率计算公式：动销品种/门店经营总品种数×100；滞销品种数计算公式：门店经营总品种数—动销品种数。通过这组数据及具体单品的分析，可以看出门店在商品经营中存在的问题及潜力。

（3）商品品类分析：主要是本店本月各品类销售比重及与去年同期对比情况、门店本月各品类毛利比重及与去年同期对比情况。门店须对本月所有品类销售与毛利情况，特别是所有销售下降及毛利下降的品类进行全面分析，并通过分析找出差距，同时提出改进方案。

（4）本月商品引进分析：主要是引进商品生产、销售、毛利分析。门店日常要对新引进商品建档，并跟踪分析引进商品的动销率、适销率、销售额以及毛利状况，同时分析这些引进商品是否对门店销售业绩的提升有所贡献，是否引进了不对路的商品，并在以后的工作中不断优化调整。

（5）特价商品业绩评估：主要是分析特价商品品种数执行情况、特价商品销售情况、占比情况以及与前期销售情况对比分析，“特价商品与前期销售情况对比分析”，即将本档期特价商品的销售情况与特价执行前相同天数的销售情况进行对比分析（特价档期后执行天数为 14 天或 21 天）。通过以上这组数据的分析，可以看出门店特价产生的效果以及门店的特价商品或经营中存在的问题。

（6）客流量、客单价分析：主要是指本月平均每天人流量、客单价情况、与去年同期对比情况。这组数据在分析门店客流量、客单价时要特别注意门店开始促销活动期间及促销活动前后对比分析，促销活动的开始是否对于提高门店客流量、客单价起一定的作用。

在日常工作中还有一些数据需要总部、门店分析，但无论哪方面数据，分析只是一个开始，关键是要能够找出门店存在的问题及可以挖掘的潜力，指导如何开展下一步工作。店长每周或者每月开会，做以上各种数据分析，总结过去，找出差距。

资料来源：http://sanwen8.cn/p/K3fosl.html。

本章小结

连锁企业经营绩效测评与单体店有很大的区别，不同类型的连锁企业测评的方式也不同。本章介绍了连锁企业绩效评价体系的构成、常用的测评方法，包括顾客满意度测评、经营绩效财务评价、企业经营绩效综合测评等的基本方法。

关键术语

经营绩效　绩效评价体系　顾客满意度　神秘顾客　平衡记分卡　关键业绩指标

复习与思考

1. 连锁企业的绩效评价应包含哪些方面？
2. 何谓顾客满意？何谓顾客满意度？
3. 顾客满意度体系由哪些指标组成？
4. 企业如何使用“神秘顾客法”？
5. 连锁企业如何使用关键业绩指标评价方法？

训练项目

实地考察一家连锁企业，根据其实际情况设计《“神秘顾客”综合评价检查表》。

连锁经营

第十章

特许连锁经营

学习目标

1. 了解特许连锁经营的类型和特点。
2. 掌握特许人、被特许人的权利和义务。
3. 熟悉开展特许连锁经营的步骤和主要环节。
4. 能够进行特许加盟的基本评估。
5. 了解特许人服务的主要内容。

案例导入

麦当劳大陆首个特许发展商落户云南

2015 年 5 月，中国连锁经营协会发布了 2014 中国特许连锁 100 强企业榜单。统计显示，2014 年，中国特许连锁 100 强企业销售规模达 4 280 亿元，拥有连锁店 124 086个，其中加盟店 97 068 个，每家企业平均拥有店铺 1 241 个。

从销售额增长率看，不同行业销售额增长率分化明显。总体来看，零售与餐饮行业增长乏力，其中餐饮行业部分企业出现销售额负增长。与此形成对比的是，汽车后市场行业持续保持快速增长态势，所有入选百强的汽车后市场企业均呈现出两位数字的增长速度。

第一节　特许经营与特许当事人

我国《商业特许经营管理条例》（以下简称《条例》）规定："商业特许经营（以下简称特许经营），是指拥有注册商标、企业标志、专利、专有技术等经营资源的企业（以下称特许人），以合同形式将其拥有的经营资源许可其他经营者（以下称被特许人）使用，被特许人按照合同约定在统一的经营模式下开展经营，并向特许人支付特许经营费用的经营活动。"

一、特许经营的类型

《条例》中规定了特许经营的基本类型，有直接特许和复合特许。特许人可以按照合同约定，将特许经营权直接授予被特许人，被特许人投资设立特许经营网点，开展经营活动，但不得再次转授特许经营权；或者将一定区域内的独家特许经营权授予被特许人，该被特许人可以将特许经营权再授予其他申请人，也可以在该区域内设立自己的特许经营网点。除此以外，特许经营还可按特许内容、加盟双方成员关系等其他方式进行分类。

（一）按特许内容划分

特许连锁经营按照特许的内容划分，可以分为商品商标特许连锁经营和经营模式特许连锁经营两种。

1. 商品商标特许连锁经营

商品商标特许连锁经营又称为“产品品牌特许连锁经营”和“产品分销特许连锁经营”，也被称为“第一代特许连锁经营”，是指特许人向被特许人转让某一特定品牌产品的制造权和经销权。特许人向被特许人提供技术、专利和商标等知识产权以及在规定范围内的使用权，对被特许人所从事的生产经营活动并不作严格的规定。

商品商标特许最早是一种制造商和代销商的契约关系，是代销商为制造商代销某种产品的关系。随着时间的发展，代销商就逐渐集中为一个制造商服务，签订协议，专门为一个制造商销售商品，或者代销商就直接使用制造商的字号、商标，成为制造商的一个销售部门。

现在商品商标特许连锁经营通常是由一个大制造商为其名牌化的产品寻找销路，与加盟者（受许人）签订合约，授权加盟者对特许商品或商标进行商业开发的权利。作为回报，加盟者定期向特许人支付费用。这类特许经营形式的典型例子有汽车经销商、加油站以及饮料罐装和销售、服装专卖店等。目前在国际上这种模式逐渐向经营模式特许连锁经营演化。

2. 经营模式特许连锁经营

经营模式特许连锁经营被称为“第二代特许连锁经营”，目前人们通常所说的特许连锁经营就是这种类型。经营模式特许不仅要求被特许人（加盟者）经营特许人的产品和服务，而且要求加盟店的商店标志、店名、商标、经营标准、产品和服务的质量标准、经营方针等都按照特许人的全套模式进行，亦即加盟店购买的不仅仅是商品的销售权，而且是整个模式的经营权。加盟店必须缴纳加盟费和后继不断的权利金（特许权使用费），而特许人则要为加盟店提供培训、广告、研究开发和后续支持。此类模式特许经营范围广泛，尤其在零售行业、快餐业、服务业中最为突出，其中消费者较为熟悉的麦当劳、肯德基、比萨饼快餐店和7-11便利店都属于这种形式。

（二）按特许双方的构成划分

特许经营按特许双方的构成可划分为以下四种。

1. 制造商和批发商

这种经营系统由制造商发起并提供特许经营权，批发商则是被特许人。软饮料制造商建立的装瓶厂特许体系就属于这种类型。具体方式是，制造商授权被特许人在指定地区使用特许人所提供糖浆并装瓶出售，装瓶厂的工作就是使用制造商的糖浆生产饮料并装瓶，再按照制造商的要求分销产品。可口可乐是最典型的例子。

2. 制造商和零售商

这种经营系统由制造商发起并提供特许经营权，零售商则是被特许人。汽车行业首先采用这种特许方式建立了特许经销网。在石油公司和加油站之间有同样的特许加盟关系。它的许多特征同经营模式特许经营有相似之处，并且越来越接近这种模式，汽车制造商指定“分销商”的方式已经成为经营模式特许。

3. 批发商与零售商

它是由批发商发起，同时吸收大量零售店加入所形成的经营系统。这种类型的业务主要包括计算机商店、药店、超级市场和汽车维修业务。

4. 零售商与零售商

这是由零售商发起并大量吸收零售加盟店所形成的特许系统，也是最普遍、最典型的经营模式特许，代表企业是7-11便利店。

（三）按授予特许权的方式划分

1. 单体特许

单体特许指特许人赋予被特许人在某个地点开设一家加盟店的权利。特许人与加盟者直接签订特许合同，被特许人亲自参与店铺的运营。目前，在该类被特许人中，相当一部分是在自己原有网点基础上加盟。其优点是特许人直接控制加盟者，对加盟者的投资能力没有限制，没有区域独占，不会对特许人构成威胁；缺点是网点发展速度慢，特许人支持管理加盟者的投入较大，限制了潜在有实力的被特许人加盟。

2. 区域开发特许

区域开发特许是指特许人赋予被特许人在规定区域、规定时间开设规定数量的加盟网点的权利。由区域加盟者投资、建立、拥有和经营加盟网点；该加盟者不得再行转让特许权；加盟者为获得区域开发权要交纳一笔费用。该种方式运用得最为普遍，适用于在一定的区域（如一个地区、一个省乃至一个国家）发展特许网络。特许人与区域加盟者首先签署开发合同，赋予加盟者在规定区域、时间的开发权；当每个加盟网点达到特许人要求时，由特许人与加盟者分别就每个网点签订特许合同。其优点是有助于加盟者尽快实现规模效益，发挥加盟者的投资开发能力；缺点是在开发合同规定的时间和区域内，特许人无法发展新的加盟者，而且对加盟者的控制力较小。

3. 二级特许

二级特许是指特许人赋予被特许人在指定区域销售特许权的权利，被特许人扮演着二级特许人的角色。它是开展跨国特许的主要方式之一。特许人与二级特许人签订授权合同，二级特许人与加盟者签订特许合同。其优点是扩张速度快，特许人没有管理每个加盟者的任务和相应的经济负担，二级特许人可根据当地市场特点改进特许体系；缺点是把管理权和特许费的支配权交给了二级特许人，过分依赖二级特许人，特许合同的执行没有保证，特许收入分流。

4. 代理特许

代理特许是指特许人授权特许代理商为其招募加盟者，特许代理商作为特许人的一个服务机构，代表特许人招募加盟者，为加盟者提供指导、培训、咨询、监督和支持。它是开展跨国特许的主要方式之一。特许人与特许代理商签订代理合同，特许人与加盟者签订特许合同，代理商不构成特许合同的主体。其优点是扩张速度快；减少了特许人开发特许网络的费用支出；对特许权的销售有较强的控制力；能够对被特许人实施有效控制而不会过分依赖代理商；能够方便地中止特许合同；可以直接收取特许费。而缺点是特许人要对代理商的行为负责，要承担相应的风险。

知识拓展 10—1

表 10—1　　特许连锁经营对于特许人的优劣势

优势	劣势
通路扁平化，人员专业化	加盟者有独立想法，可能产生矛盾和冲突
专业分工，降低风险	维护产品和服务的质量标准，成本较高
掌握通路，降低通路建设成本	加盟者未必全心投入，影响分店的经营
加盟者的地缘优势，提高了顾客满意度	特许人的职员与加盟者之间的矛盾
扩大规模经济，降低采购成本	加盟者不合作
减少资金和人力资源需求	对加盟者的管理矛盾
资本运作高效	加盟者在财务方面的隐瞒

表 10—2　　特许连锁经营对于加盟者的优劣势

	优势	劣势
投入	经营知名品牌连锁店，投入成本低	投资于特许人的品牌，需承担风险
风险	特许人具备成功经营模式，降低风险	特许人的营销模式，未必适合加盟者商圈
管理	特许人专业辅导，提供标准作业手册，并督促、考核、评估	特许人核定商圈范围，加盟者受到限制
原料	统一采购，降低投资、设备、原料成本	统一配送，成本由特许人控制
促销	特许人统一规划全国的广告促销活动	全国促销活动在当地推行不易

二、特许人及其权利与义务

特许经营当事人包括特许人和被特许人。特许人指在特许连锁经营活动中，将自己拥有的商标、商号、经营模式等经营资源授予被特许人使用的组织或个人。

（一）特许人应当具备的条件

商务部《商业特许经营管理办法》对特许人应具备的条件作了如下规定，这些规定设立了开展特许经营必要的准入门槛：

（1）依法设立的企业或者其他经济组织。

（2）拥有有权许可他人使用的商标、商号和经营模式等经营资源。

（3）具备向被特许人提供长期经营指导和培训服务的能力。

（4）在中国境内拥有至少两家经营一年以上的直营店或者由其子公司、控股公司建立的直营店。

（5）需特许人提供货物供应的特许经营，特许人应当具有稳定的、能够保证品质的货物供应系统，并能提供相关的服务。

（6）具有良好的信誉，无以特许经营方式从事欺诈活动的记录。

从以上6项条件来看，并没有太多量化标准，开展特许经营的准入条件仍然是非常宽松的。

（二）特许人的权利

特许经营过程中，根据特许经营系统管理的需要，特许人要在不同程度上控制被特许人的经营管理。因此，特许人基于合同的规定，对被特许人享有维护特许经营系统正常秩序的必要权利。主要包括：为确保特许经营体系的统一性和产品、服务质量的一致性，按照合同约定对被特许人的经营活动进行监督的权利；对违反特许经营合同规定、侵犯特许人合法权益、破坏特许经营体系的被特许人，按照合同约定终止其特许经营资格的权利；按照合同约定收取特许经营费和保证金等。

上述权利中，监督权是维护特许经营体系统一性最基本的手段，也是特许人享有的一项最基本的权利。为了确保特许经营的统一性，特许人对被特许人的行为必须进行必要的监督，防止、纠正破坏特许经营统一性的行为，维护特许经营系统的统一。特许人通过向被特许人收取一定的费用，实现发展特许经营的赢利目的，按照规定，特许人有权收取"特许经营费"和"保证金"。除监督权、合同解除权、收费权之外，特许人还享有一些其他权利，如对被特许人违约行为的处罚权、广告审查权等。

（三）特许人的义务

特许人在享有必要的权利的同时，也必须履行相应的义务，包括：按照规定及时披露信息；将特许经营权授予被特许人使用并提供代表该特许经营体系的营业象征及经营手册；为被特许人提供开展特许经营所必需的销售、业务或者技术上的指导、培训及其他服务；按照合同约定为被特许人提供货物供应。除专卖商品及为保证特许经营品质必须由特许人或者特许人指定的供应商提供的货物外，特许人不得强行要求被特许人接受其货物供应，但可以规定货物应当达到的质量标准，或提出若干供应商供被特许人选择；特许人对其指定供应商的产品质量应当承担保证责任；合同约定的促销及广告宣传等。

上述义务中，信息披露制度是国际上特许经营立法的重点。特许经营作为一项复合型的交易，具有一定的复杂性，对一个投资项目做出客观的判断，其前提条件就是掌握与投资项目有关的充分的、真实的、准确的信息。因此，特许人有义务向被特许人披露有关的信息。加盟失败，很多是由于投资者对特许经营项目的信息缺乏了解造成的。

特许人将特许经营权授予被特许人使用的义务包括了三项内容：一是将特许经营权授予被特许人使用；二是提供特许经营体系的营业象征；三是提供特许经营体系的经营手册。其中，第一项特许经营权的许可使用是核心，营业象征和经营手册则是特许经营权的表现形式。

三、被特许人及其权利与义务

（一）被特许人应当具备的条件

被特许人应当具备两项条件：一是依法设立的企业或者其他经济组织；二是拥有与特许经营相适应的资金、固定场所、人员等。前者是关于被特许人组织形式的规定，与对特许人的规定是一致的。后者是关于被特许人经营资源的规定，因为被特许人如果没有可以满足特许经营需要的经营资源，不能保证特许经营的正常开展，不仅被特许人的利益无法保障，特许人的利益也将受到损害。

（二）被特许人的权利

被特许人享有的权利主要有：

（1）获得特许人授权使用的商标、商号和经营模式等经营资源。被特许人加盟的主要目的，就是获得特许人拥有的商标、商号和经营模式等经营资源的使用权，这是被特许人开展营业的基础，是被特许人最基本的权利。

（2）获得特许人提供的培训和指导。特许人的培训和指导，是被特许人获得特许经营权的主要途径之一。通过培训和指导，被特许人才能全面掌握特许经营权的运营方式，获得特许经营权如何使用的具体知识。

（3）按照合同约定的价格，及时获得由特许人提供或安排的货物供应。由特许人供应或统一安排货物供应，是被特许人进货的主要渠道。只有在特许人同意的情况下，被特许人才能向第三人进货。

（4）获得特许人统一开展的促销支持。特许经营系统的宣传，应当以特许人为中心，统一开展促销与广告宣传。促销与广告宣传的费用来源，是特许经营需要考虑的问题之一。

此外，在特许经营合同中约定的被特许人的权利还可能包括：有权获得特许人所提供的商业秘密，对约定市场的排他性权利，设立新的加盟店的权利，等等。

（三）被特许人的义务

在特许经营体系中，被特许人应接受特许人的管理，包括：

（1）按照合同的约定开展营业活动。特许经营合同通常规定，被特许人必须按经营手册规定的内容和方式进行营业活动，以保持特许经营体系的标准和统一。有关营业活动的规范，并不直接规定在合同文本中，而是由经营手册加以规定，经营手册成为衡量和评价加盟店营业活动是否规范的主要文件。

（2）支付特许经营费、保证金 。按照特许经营合同的约定支付特许经营费和保证金，是被特许人的基本义务。

（3）维护特许经营体系的统一性，未经特许人许可不得转让特许经营权。特许经营权是一种合同权，所以特许经营权的转让就是合同权利义务的转让。

（4）特许人应当根据特许经营系统的不同情况，对提供信息的义务做出具体要求。在具体执行时，应当做出具体的规定。除经营情况和财务情况之外，还可以包括市场竞争的情况、侵犯特许人知识产权的情况、被特许人涉诉情况等信息。

（5）接受特许人的指导和监督。为确保被特许人按照特许经营合同及经营手册的规定经营管理加盟店，接受特许人的督导，是特许人的基本权利，也是被特许人的基本义务。

（6）保守特许人的商业秘密。特许经营权中，特许人应当采取一定的保密措施，与被特许人签订保密协议。保密协议可以是独立的协议，也可以在特许经营合同中做出约定，约定保密条款。如果被特许人的经营管理人员知悉该等商业秘密，特许人也应当与有关人员签订保密协议，或责成被特许人与其签订保密协议。

必要时特许人应当根据特许经营系统的特点，在特许经营合同中要求被特许人合理分担广告费用，包括要求被特许人分担全国性的广告费用、区域性的广告费用等。

知识拓展 10—2

特许经营合同应当包括下列主要内容：

（1）特许人、被特许人的基本情况。

（2）特许经营的内容、期限。

（3）特许经营费用的种类、金额及其支付方式。

（4）经营指导、技术支持以及业务培训等服务的具体内容和提供方式。

（5）产品或者服务的质量、标准要求和保证措施。

（6）产品或者服务的促销与广告宣传。

（7）特许经营中的消费者权益保护和赔偿责任的承担。

（8）特许经营合同的变更、解除和终止。

（9）违约责任。

（10）争议的解决方式。

（11）特许人与被特许人约定的其他事项。

第二节　特许连锁经营的开展

一、特许连锁经营实施步骤

企业开展特许经营应从科学、周密的计划开始。对于特许人，特许连锁从制订计划开始到加盟店开业后的服务与管理，大致需要经过下面几个步骤，如图 10—1 所示。

其中重要的环节主要有：

（1）前期准备。

一个企业要构筑成功的特许连锁经营网络，必须做好充分的准备工作。这些准备工作包括：建立特许组织、确定特许经营方式、制定加盟区域战略、完善加盟业务运作程序、确定项目推广策略等。

（2）制订特许连锁经营开发计划。

特许连锁经营要想获得成功，首先必须制订一个周密、可行的计划。很多特许加盟体系是在成功地进行了直营连锁基础上发展起来的，但管理特许连锁体系毕竟与管理直营连锁体系不同，在很多方面还需认真规划。一般来说，特许经营计划应该包括特许组织架构设计、选择何种特许方式、加盟区域战略、加盟费用确定等重要内容。

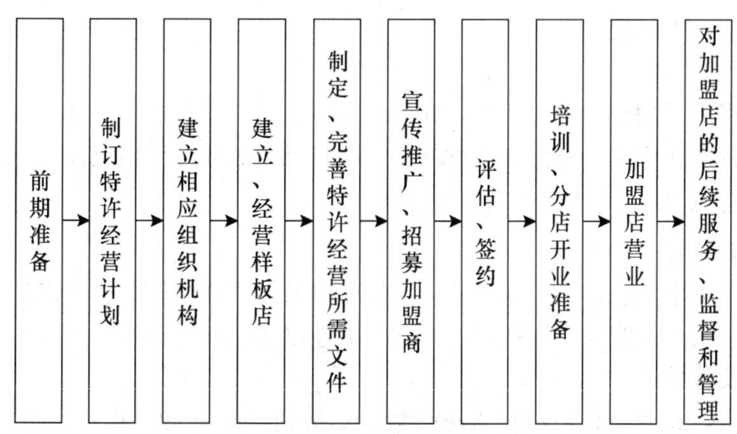

图 10—1　企业开展特许经营的主要步骤

（3）建立自己的样板店。

通过样板经营，一方面，可以检验特许人的经营模式是否可行，并在试验中获取经验，不断改进完善；另一方面，成功的样板店可以得到社会的承认及投资者的认可，打消他们的疑虑。因此，样板店的选址与经营是加盟特许人在实施特许经营计划之前必须慎重考虑的问题。

（4）准备特许连锁经营所需文件。

特许连锁经营作为一种知识产权的转让方式，特许人还必须准备一系列的基本文件，以备宣传推广、潜在投资者查询、签约和将来的管理之用。这些文件包括特许合约、公开的宣传资料、培训材料、手册、公司章程、管理制度等。

（5）宣传推广、征募。

在一个新地区开展特许连锁经营业务时，宣传推广活动是必不可少的。特许人宣传活动既要吸引消费者的注意，同时又要吸引投资者。

（6）培训及开店准备。

正式签约后，必须对新加盟者进行必要的前期培训，内容主要包括：必需的准备事项，设备的操作，店铺经营技巧，人事、财务、销售管理方法等。

开店前的准备工作主要包括店铺装修、设备购置、商品进货和陈列、促销计划等。这些准备工作往往需要特许人帮助完成。

二、特许加盟条件与加盟评估

（一）特许人对加盟商的评估

特许人在选择加盟商时应很慎重，特许人对加盟商的评估一般从三方面着手。

1. 加盟者的理念

特许人在选择加盟商时，都希望加盟商在经营理念方面能够与特许人达成共识。

2. 加盟商的个人素质

特许人需要对加盟商个人的品质进行评估，包括：

（1）能否全心投入加盟事业。

（2）积极乐观的心态。

（3）学习与管理能力。

（4）人际沟通能力。

（5）支持特许人的决策。

3. 加盟商的资源

加盟商的资源是加盟的重要条件，如地缘关系、市场开拓能力、资金实力及其经营团队的素质等。特许人应充分考虑加盟商的资源与自己是否互补等情况。

（二）加盟商对特许人的评估和自我评估

1. 加盟商对特许人的评估

加盟商在投资事业前，面对众多的连锁加盟体系，同样也需要通过评估，选择最适合自己的优良特许人。加盟商应根据自己所选择的连锁体系和连锁经营模式的特点对特许人进行评估。主要包括：

（1）特许人。加盟商在对特许人进行调查、分析与评估时可以通过直接拜访连锁特许人，参观直营店、加盟店等渠道收集资料。加盟商可以通过以下方面来了解连锁特许人：

1）核实连锁特许人内部运作实际情况。

2）公司成立时间。

3）在发展连锁事业前，特许人经营的时间。

4）特许人的财务状况。

5）特许人的战略规划。

6）设法获取有关特许人的资本运作记录。

7）特许人现有直营店店数、加盟店店数。

8）特许人提供哪些技术支持或服务。

9）费用如何收取。

10）投资报酬率及投资回收期。

11）广告宣传的计划如何，广告费如何收取。

（2）商品及服务。在这方面应了解：

1）商品或服务在当地市场的潜力，商品的成长性和毛利率。

2）了解商品或服务的目标顾客。

3）竞争对手及其产品或服务的优劣势。

4）在竞争中特许人的相对优势和相对劣势。

5）加盟者购买产品有多少优惠，价格如何。

6）有关专利法、版权法或商标法的知识产权。

（3）其他加盟商。加盟商可以通过拜访已有加盟商，了解加盟的一些实际营运状况。例如：

1）筹备加盟店的总投资额，包括支付给特许人的费用、装修费用以及营运费用。

2）有无隐藏性或未预料到的费用。

3）特许人的经营投资计划是否合理准确。

4）特许人承诺的培训辅导、广告促销等服务能否兑现。

5）特许人提供的标准作业手册是否切实可行和易于掌握。

6）产品质量是否足够好，服务或交货是否准时、有效。

7）特许人提供的商品销售情况。

8）特许人在加盟店运作的督核方面有哪些要求，这些要求是否合理。

（4）连锁经营合同。应了解的有：

1）连锁经营合同能否确实保证双方的权利和义务。

2）对于特许人提供的培训内容、经营辅导的期限及程度在合同中有无明确规定。

3）权利金的收取是否合理。

4）广告费用占营业额的比例。

5）当加盟店亏损时，是否需要支付权利金。

6）加盟商有无转让加盟店的权利。

7）如何终止加盟店的经营关系。

8）有无违约的仲裁条款。

（5）经营区域。通常特许人会提供加盟者地点评估方面的服务或支持。加盟者需要了解特许人的区域划分情况以及商圈保护状况。具体包括：

1）加盟者是否为商圈唯一的加盟店。

2）加盟者是否可以自己选择地点或区域。

3）特许人能否帮助对所选择的地区进行市场潜力调研及可行性分析。

4）该地区的人口有多少。

5）该地区人口成长性如何。

6）该地区的竞争性如何，有哪些主要竞争对手。

7）所选择加盟店附近客流量。

8）该地区其他行业的经营成效。

2. 加盟商的自我评估

加盟商在加盟连锁事业之前，不但要接受特许人的评估，并对特许人进行评估，还要对自己的实力、素质等因素进行评估。主要包括：

（1）独立经营的适应性。加盟商在加入连锁组织之前，评估自己是否做好全心投入独立经营的准备。因为加盟商在法律上与特许人是独立的关系，加盟店是独立经营、自负盈亏，对于独立经营者来说，需要投入全部的时间和精力来经营自己的事业，另外还需面临所不熟悉的工作，因此要具备创业的激情与良好的素质。

（2）家庭支持。因为加盟商作为加盟店的经营者，需要全身心投入，如果没有家人的配合与协助，将很难圆老板梦。所以，在特许加盟之前，需要与家人沟通，达成共识，争取家人的支持。家庭的支持是评估的重要事项之一。

（3）领导能力。作为加盟店的经营者，需要加盟商具备领导者的一些基本素质及能力，如沟通能力、倾听能力、管理能力、领导能力等，这些能力是加盟店成功的重要因素之一。

（4）财务状况。不同行业连锁特许人收取费用的高低不一样，加盟商要慎重评估自己的资金实力，选择适合自己财务能力的连锁特许人。加盟商不但要能保证支付开店前的准备金，还要有足够的资金保证开店后正常运作的现金周转。

（5）个性特征。加盟商在确定加盟连锁特许人之前，必须确定对所选择的行业是否真的有兴趣，如果连锁特许人提供的商品或服务不是自己所感兴趣的，那么这种连锁经营就不适合。

第三节　特许人服务

一、初始服务

（一）招募

特许人的初始服务是从招募开始的。招募既是特许人为加盟商服务，也是为其自身发展的需要。特许人和被特许人都要做出客观的判断，以提高特许经营成功率。

（二）培训

被特许人必须接受基本的业务培训，包括会计、报表方法、职员的选择与管理、控制经营程序方法以及必要的操作文件等的培训。被特许人通过接受培训可以提高判断业务中出现问题的能力，逐步提高其经营管理能力，并按照特许体系的要求开展经营活动。

（三）经营地点选择

有些被特许人在加盟前已经确定了经营的场所，该场所是加盟条件之一。但有时则是特许人确定了加盟商后，再帮助其选择合适的经营地点。有关地点选择可以参考本教材第四章的内容。

（四）设备选择与购置

特许人可以按合同的规定提供标准化的设备，或提议并帮助被特许人以合适的价格选购合适的设备。特许人应当及时提供产品的品牌和生产厂家等信息，这样被特许人才能更好地经营。

（五）营业开始

特许人要为被特许人在营业开业阶段提供现场指导。常见的方式是组织工作小组去帮助被特许人开展营业的准备工作和开业初期的经营管理工作。同时小组成员也可以监督被特许人是否按照特许体系规范的要求开展经营活动。

二、后续服务

后续服务范围应成为特许人对被特许人正常开展经营管理等各项业务的强有力支持，主要包括以下内容。

（一）监督

在加盟店开始运作后，特许人对加盟店的督导检查体系要跟进。加盟店对特许人的经营管理模式、经营理念、价值观等的执行程度如何，是直接关系到加盟店经营成功与否的关键所在。因此，特许人必须时常对加盟店执行检查，同时，特许人开发新的产品后，要第一时间告诉加盟店，让加盟店派人前往学习培训。要同步不断地为加盟店员工进行培训，以便加盟店完全执行复制特许人成功的经验。

（二）减少风险

特许连锁经营的优势并不能消除所有的经营风险，避免可能产生的加盟失败。很多情况下，被特许人经营失败的原因是自己的疏漏和行为失误，责任不在特许人。但特许人在开始特许连锁经营活动前没有进行认真的试点经营，特许人决策错误，授权资金不足，特许人不够诚实，特许人没有合理地提供后续的服务，往往也是造成特许加盟失败的主要原因。

（三）培训

对于任何特许体系，培训都是必不可少的。被特许人在培训其职员和进行经营时往往需要特许人帮助。被特许人还要接受特许人不断发展的新的经营理念的培训，包括经营体系的改变、使用新的设备或是更具效率地使用原有设备和系统。

（四）经营管理指导

特许人应根据被特许人的需要提供必要的经营管理方面的指导，如管理、财务、广告、市场营销、公关产品质量控制和设备质量控制等方面的咨询和指导。

（五）研发（包括市场研究）

有些特许人拥有产品、服务、市场体系设计的研发机构，不断地去改进和宣传经营理念，改进经营体系和执行系统，推出新的产品生产线和新的服务。这些产品和服务应当与现有业务相兼容，并在进入特许连锁体系前经过全面的市场测试，接受市场检验。特许人也可以让部分被特许人加入到市场调研活动。无论是产品的变化还是服务的变化，对所有的变化都要仔细地考证。

（六）广告和促销

特许人的广告和促销计划应在较大的范围内开展。要努力建立和维持一个强有力的经营体系品牌，并有效地拓展消费者市场等。

（七）保障信息交换通畅

特许人和被特许人之间要建立有效的沟通渠道，定期进行沟通。

知识拓展 10—2

特许经营：规避八大误区

误区一：任何人都适合

许多人认为，特许经营对创业者学历、智商的要求不高，任何人都适合。基于这种肤浅的认识，一些创业者在加盟前缺乏对自身性格、能力的冷静分析，盲目“上马”，加盟后因管理能力、营销能力不足而遭遇各种困难，陷入骑虎难下的境地。

纠偏：

特许经营虽然对创业者学历、智商的要求不高，但对创业者的性格、能力、经历则有一定的要求。例如，需要具有理智型性格、一定的人际交往能力和营销能力等，这些因素甚至决定着创业者能否获得成功。因此，加盟前最好先多问自己几个问题：是否具有创业的潜质、是否善于与人合作、是否对特许经营有足够的认识等。这方面的工作做得越充分，创业风险就越低。

误区二：任何领域都适合

特许经营分享品牌优势、分享经营诀窍、分享总部支持的特点，让不少没有相关行业经营背景的创业者尝到了甜头，同时也让一些人产生了错觉，以为只要有特许商的支持，任何领域都可涉足。因此，有些人明明对餐饮业一窍不通，看着别人生意红火，便义无反顾投身其中；还有些人原本开美容店，因为想转型而加盟便利店，强扭的瓜不甜，结果自然不尽如人意。

纠偏：

市场无限，经营有限。虽然，如今各行各业都有加盟项目，但不同的行业有不同的市场特点、经营方式等。如果创业者对打算加盟领域的市场空间、营销方式等有一定的了解，再加上成熟加盟品牌的市场号召力，才能如鱼得水，而且，上当受骗的几率也相对较低。因此，创业者选择加盟项目时，要有“门当户对”的观念，尽可能选择自己熟悉的行当和领域。

误区三：进入门槛较低

如今，各类特许经营广告吹得天花乱坠，例如，“5 000元加盟供水站”“2万元开家饮食店”等，甚至还有“零费用加盟”的夸大宣传。在这些广告攻势之下，一些人便以为特许经营市场进入门槛较低，无需太多的资金投入，就能过把老板瘾。

纠偏：

特许经营虽是创业捷径，但门槛并非如想象中那么低。首先，需要一定的资金成本。加盟费从几万元到数十万元不等，一些洋品牌则更高，例如，日本SEIKO咖啡吧的加盟金为30万元，麦当劳的加盟费则高达250万元。其次，很多知名品牌还设置了资质门槛，对加盟者进行严格的考察，内容包括经营能力、资金实力、信誉评价等。俗话说，便宜没好货。那些无需多少加盟费、技术又容易掌握的加盟项目，其投资成功率几乎为零，甚至还有陷阱的嫌疑。

误区四：什么都是现成的

特许经营被公认为具有“背靠大树好乘凉”的优势，因此，很多人在选择加盟前对未来充满幻想，认为特许经营是一种“复制成功”的商业模式，特许商已准备好了一切，有成熟的市场和充足的货源，自己要做的就是直接“拷贝财富”。

纠偏：

天下没有“免费午餐”。虽然很多特许经营品牌的商业模式是现成的，但经验仍需创业者自己摸索。特别是对于多数缺乏行业经营经验及相关专业知识背景的加盟者，更要认真学习与妥善经营，最好事先参加一些专业培训，系统学习特许经营的理论知识及法律文件，提高管理和经营能力。正所谓，师傅引进门，修行在个人。如果一味依靠加盟总部这个“靠山”，而忽略自身努力，将难以打开市场局面。

误区五：包赚不赔的买卖

通过特许经营，加盟者继承特许商成熟的经营模式，享受集中采购、集中宣传、专业指导等服务，甚至还可获得特许商或银行的财政帮助，这无疑有助于提高创业成功率。但有些特许商趁机夸大其词，打出“稳赚不赔”“零风险”的诱人广告，一些经验不足的创业者很容易上钩，以为特许经营就是“特许赚钱”。

纠偏：

特许经营只是“借鸡生蛋”，无法保证“包赚不赔”。即使在特许经营业最发达的美国，仍有45％的特许经营店在开业5年内倒闭。我国的特许经营业起步不久，市场尚未成熟，鱼龙混杂现象较为突出，在这种现状之下，特许经营更谈不上“包赚不赔”。因此，创业者要理性对待，同时还要有一定的风险意识和心理承受能力。

误区六：谁的店谁说了算

有不少人认为，既然已是一店之主，如何经营当然是自己说了算，因此在经营中不理会特许商的理念，不接受总部的统筹管理，而是按照自己的想法经营，甚至夸大产品效果，擅自拟订收费标准，“改良”产品等。结果，不仅侵害了特许商的利益，同时使品牌形象受损，导致顾客大量流失。

纠偏：

简单的经营模式和统一的品牌概念是特许经营的优势。如果加盟者擅做主张“锦上添花”，不仅会把简单的事情复杂化，而且还可能破坏了原有的品牌形象，导致不良的后果。因此，加盟者要珍惜特许经营的品牌优势，在经营中要注意“拷贝不走样”，而且加强与特许商的沟通，在理念上达成默契，在企业文化上达成共识，才能获得双赢。

误区七：数字说明一切

有些“精明”的加盟者十分注重投资回报率，但同时又往往会被表面数字所迷惑，忘了去冷静分析这些数字的真实性。一些别有用心的商家抓住加盟者的这种心理，以“半年收回投资”“百分之百的回报率”等有水分的广告招揽加盟者；甚至设下圈钱陷阱，等加盟者发觉，为时已晚。

纠偏：

与传统经营项目一样，加盟项目也有一个投资回收过程，一般需要两三年甚至更长时间，收益率也不可能远高于行业平均水平。因此，对于“速成型”的特许商，创业者要小心，谨防一些“皮包公司”一无所有却大玩数字圈钱游戏，唬人加盟，骗取加盟费。

误区八：热门领域是金矿

如今，在特许经营领域，扎堆经营现象非常普遍，特别是一些热门领域，如便利店、快餐店、美容店等。许多人纷纷加盟，看中的就是热门领域的金矿效应，觉得市场成熟，人气旺盛，再加上特许经营的品牌优势，可快速爬上“金字塔”。

纠偏：

热门领域的确市场成熟，客源基础优良，但同时竞争也相当激烈，市场空间已十分有限。因此，选择热门领域，并不代表就可高枕无忧，坐收渔翁之利。相比之下，有些冷门领域由于处于发展阶段，潜在需求较大，竞争平缓，反而具有投资价值和盈利空间。对创业者来说，选择项目时不能盲目追捧热点，而应理性分析打算涉足领域的市场现状与前景。

资料来源：佚名：《特许经营：规避八大误区》，载《大学生创业网》，2010-10-09。

案例分析 10—1

“互联网+”特许加盟掘金报告

在大众创新、万众创业的年代，尽管互联网成功夺去了大部分光环，实体零售仍是不可或缺的一部分。不过，零售环境走低给加盟市场带来了很多不安定因素，在中国连锁经营协会主办的“2015 中国特许展·北京站”（以下简称“特许展”）上，参展加盟品牌相对以往略有下降，部分品牌抬高了加盟门槛。北商商业研究院梳理了百余个参展品牌，为有较强投资意向的白领、夫妻档、大学生、商务人士四类人群盘点出适合他们的投资项目。

白领：咖啡店
起步资金：＞20 万元
回本期限：＞3 年

对于很多追求小资情调的年轻白领来说，能够开一家咖啡店是十分浪漫的梦想。从近两年特许展的情况来看，咖啡店成为热门投资项目，今年参展咖啡店品牌数量超出以往达 20 家。《北京商报》记者发现，由于投资热度颇高，部分咖啡品牌在暗暗提升加盟门槛。

相较于休闲饮品、特色小吃等其他餐饮业态而言，开设咖啡店的前期投入成本明显较高，回收成本的时间也较长。雕刻时光咖啡公共事业部总监徐博文表示，一家咖啡店的回本周期约为 3 年。

《北京商报》记者了解到，咖啡店按照投资额分类，主要聚集于 20 万～50 万元和 100 万元以上两个价格段。低价格段的咖啡品牌主要是新兴咖啡品牌，有猫咖、巴黎咖啡、SPR 咖啡等。投资超过 100 万元的易思凯斯、两岸咖啡、猫屎咖啡等咖啡品牌一般名气较高，加盟条件也相对严格。

两岸咖啡相关负责人表示，两岸咖啡店要求房屋建筑面积在 600 平方米以上，投资者通过缴纳 16 万元可获得 4 年的品牌特许经营权，按照 600 平方米面积计算，开一家两岸咖啡店预计投资总额约 180 万元。

咖啡店市场前景备受投资者青睐，加盟费用水涨船高。易思凯斯连锁拓展区域主管王建向北京商报记者表示，易思凯斯今年设定的加盟费用为 33 万元，投资人可获得 5 年的商标使用权，随着品牌在国内逐渐发展，加盟费用有所提高。《北京商报》记者了解到，2013 年易思凯斯的加盟费仅为 15 万元。

投资建议：咖啡店在中国有广阔的发展空间，从市场情况来看，咖啡连锁品牌多集中于购物中心与写字楼内。对于有意愿加盟“资历”不深的新兴咖啡品牌投资者来说，相较于购物中心、写字楼的高租金投入，选址在校园内是不错的选择。目前，占据国内大部分市场的咖啡店模式多为商务咖啡和休闲咖啡两种。追求主题特色以及地域风格的咖啡店，有助于新入局者尽早找到自己稳定的客户群，打开市场。投资者在加盟前应当对相应咖啡店品牌在国内发展情况、现有门店经营状况以及加盟风险等有所了解，以免出现计划外的损失。

夫妻档：洗衣店
起步投入>30 万元
回本期限>2 年

近年来兴起的社区 O2O 之风让洗衣类社区服务项目备受投资者的青睐。对于启动资金较少、投资相对偏向稳定的夫妻来说，应尽量选择洗衣店类投资小、回本快的加盟项目。

据象王洗衣的招商人员介绍，选择洗衣项目的夫妻一般都期望加盟可以长期持有且回报稳定的项目。象王洗衣在投资规模方面划分为小型店、标准店、大型店三种投资类型，这三种店除了店铺租金和装修等费用外，投资额分别约为 27 万元、43 万元、54 万元。布兰奇洗衣招商负责人表示，洗衣店接近社区居民，容易通过线上线下结合的方式进行洗衣 O2O 服务。新兴互联网企业做上门洗衣大多只负责上门取衣环节，真正的洗衣服务依然交给传统洗衣店。因此，目前有不少传统洗衣品牌开始上线自己的线上平台、App 等。据《北京商报》记者了解，加盟普通布兰奇洗衣项目的前期投入资金除 12 万～50 万元租金外，考虑到近些年人工成本的提高，成本回收期一般约为 3 年时间。

除洗衣店外，类似全时便利店等投资额度不大但需要悉心经营的项目也受到不少夫妻投资者的关注。全时便利店加盟部工作人员介绍，50 平方米及以下的全时便利精品店算上 3 年的加盟费、保证金、管理费一共 5 万元，保证金在期满后可退还，加上便利店所需的便当加热设备和风幕冷柜等硬件，10 多万元就可以开店。50～130 平方米的标准店和 130 平方米以上的旗舰店投入会更大。在后期运营过程中，所有商品、系统和员工培训都由总部提供。

投资建议：稳健是夫妻投资项目首先要考虑的因素。不过，在投资过程中，投资者又经常太过稳健而在行业内知名品牌和小品牌之间难以抉择。一般来说，知名品牌的加盟费用较高，但其后期支持则相对较为完善。小品牌加盟门槛低，但后期的培训、设备、技术等方面的支持也可能相对不足。因此，加盟者一定要擦亮眼睛，利用有限的资金找到品牌含金量相对较高、投资额适中、后期支持过硬的企业加盟。

大学生创业：时尚轻餐
起步投入>10 万元
回本期限>1 年

在今年的特许展上，餐饮业占比超过 40%，成为吸金最多的区域。水吧、冰淇淋、烘焙等成为最受年轻创业者欢迎的品类。正在排队试喝 Playworld（普雷沃德）轻饮品的小张告诉《北京商报》记者，今年大学毕业后准备自己创业，“刚刚负责人介绍说，加盟不需要费用，只要 10 万～20 万元的开店启动资金和 20～50 平方米的店面就可以了。”

《北京商报》记者了解到，主打时尚新业态、门槛较低的餐饮企业不在少数。据五十六度花盆蛋糕总经理梁卫东介绍，五十六度花盆蛋糕非常适合年轻创业者，加盟金 8 万元，保证金 4 万元，合同为 3 年，期满后保证金会无息返还。“包括装修、设备等所有费用加起来，总投资也就在 30 万～40 万元。”

部分时尚餐饮的加盟门店选择更加多元，主打墨西哥风味简餐的塔可特经营模式，可有餐厅、外卖窗口、外送形式以及私人聚会上门服务形式等。据了解，今年全国高校应届毕业生总量达到了史无前例的749万左右，国家力争在四年内引领80万大学生创业。以北京为例，大学生创业最高贷款金额为50万元，且由各区财政进行贴息。

投资建议：又是一年毕业季，相比以往，更多大学应届毕业生转向自主创业。但缺乏社会经验、管理能力以及巨额资金的门槛往往让很多大学生望而却步。对敢于接触新鲜事物的毕业生而言，选择时尚、创意元素的品牌加盟，既积累经验又可以获得第一桶金。但这类投资者不能急于求成，不能仅看短期回报，需要更多考虑加盟企业的产品特色、品牌知名度等因素。

商务人士：金融领域
起步投入＞60万元
回本期限＞半年

对于已经实现初级资本积累的商务人士来说，对加盟项目的选择更侧重于投入收益比。《北京商报》记者发现，本次特许加盟展上有11家金融投资领域的企业，这些企业不同于实体零售的售卖，更侧重于信息的对接。

福元运通加盟工作人员介绍，该企业是提供民间借贷信息咨询业务的，加盟后需要做的是对有借贷企业的信息进行登记，同时也要登记有放贷企业的信息，然后根据双方的资金情况进行匹配和对接。

不过，这类加盟项目对加盟者的要求较高，一般需要加盟者具备一定的资金基础，有很多加盟者本身经营其他事业，每年的流水都在百万、千万级别。另外，也要有一定的人脉，方便进行信息对接。同时，此类加盟费用也更高，只提供品牌使用和系统支持的情况下，加盟费用高达几十万元。不过，据加盟工作人员介绍，“一般实体零售的利润最多在40％～50％，我们的收益要高得多”。

投资建议：高投入高回报的项目，风险也高。受到P2P的影响，线下的金融服务项目也越来越多，不过，根据国家规定，涉及金融服务的公司需要具备多种资格认证，加盟时一定要考察企业是否资质齐全。

资料来源：《北京商报》，2015-05-27。

试分析：

你认为哪个项目比较好？为什么？

本章小结

本章主要介绍了特许经营的类型、特点；特许人、被特许人的权利和义务；开展特许经营的步骤和主要环节；特许人服务的主要内容以及特许加盟评价的基本内容和方法。

关键术语

特许经营　特许人　被特许人　加盟评价

复习与思考

1. 特许经营有哪些类型?
2. 特许人主要有哪些权利和义务?
3. 被特许人主要有哪些权利和义务?
4. 企业开展特许经营要做好哪些方面的准备工作?
5. 开展特许经营有哪些需要注意的重要环节?
6. 特许人如何对加盟商进行评估?
7. 加盟商如何对特许人以及自我条件进行评估?
8. 特许人需要为加盟商提供的后续服务主要包括哪些?

训练项目

阅读下面的案例，并回答问题。

受困直营模式，麦当劳放开特许加盟

一二线城市物业租金太贵，“大叔”吃不消。

一、风险转嫁?

收缩直营转而大幅放开特许经营是麦当劳在中国迫不得已的一步棋。

参考麦当劳的资料可以发现，麦当劳事实上并不依靠汉堡挣钱，其最大的收入来源于房地产运营。在其发家地美国，麦当劳持有其60%的店铺的土地所有权，只有40%的店铺通过租赁的方式获取。

长期以来，麦当劳都是通过丰富的开店经验，为加盟商寻找合适的开店地址，并长期购进或承租土地和房屋，然后将店面出租给各加盟店，获取其中的差价。通过房地产运作，麦当劳可以得到相当于10%销售额的租金，另外还会通过特许经营加盟收取约占销售额4%的收益。

因此，麦当劳早有“麦当劳地产公司”的戏称。但在中国市场，麦当劳的美国模式却无法复制。这与外资投资中国房地产、购地建房的一些政策限制有关，还有麦当劳自身对风险的考量。麦当劳认为中国的商圈还在变化中，出于对投资风险的考虑，不买地自建或买入商铺，主要以租赁为主。资料显示，目前中国超过九成的麦当劳门店都是通过租赁获取的，这使得其出租地产给加盟商获取收益的商业模式无法实现。

而随着中国一二线城市中心地段物业租金的不断上涨，麦当劳承担着巨大的成本压力，在这样的背景之下，放开特许经营，特别是在核心一线城市放开特许经营，对于麦当劳而言无疑是一举两得的选择：一方面降低了经营成本和风险，另一方面门店和品牌也可以得以迅速扩张。

因此，与6年前在二三线城市放开特许经营不同，麦当劳此次的特许经营也首次对国内一线城市放开。

据麦当劳方面透露，在中国市场的特许经营模式主要有两种：一种是发展式特许经营，另外一种是传统式特许经营。前者是麦当劳特许经营者经营一家现有麦当劳门店，一般为个人加盟；后者则是在一个特定的区域市场内，特许经营者获得非排他性授权，发展商运营现有麦当劳的餐厅或新开设餐厅，即区域加盟。

不过，借此化解资金压力的麦当劳，却有可能将这样的压力转嫁到餐厅接盘者的身上。

"麦当劳将现有经营状况良好的门店转给特许经营人，很大部分原因是物业租金上涨的压力。据我了解，麦当劳每次签订物业合同，一般租赁期都大于10年，但10年租赁期满之后，物业租金上涨的风险可能就要分摊到特许经营人身上。"一名餐饮业人士对记者表示，这可能是特许经营者加盟麦当劳的最大顾虑。

对此，麦当劳方面并未给出明确的答案。曾启山对记者表示，麦当劳希望特许经营者有财力最终发展到多家麦当劳加盟店，"这样就可以分担其单店经营的风险。"

二、扩张之困

近日洋快餐品牌麦当劳2014年一季度的业绩出炉，受低迷的美国市场影响，其一季度盈利同比下滑5%。

而在其全球排名第三的中国市场，麦当劳与竞争对手的落差或许更加明显，目前，麦当劳在全国26个省市的餐厅总数刚刚突破2 000家，而其主要竞争对手肯德基，截至2013年底在华餐厅总数已超过4 500家。

这对于将未来业绩增长寄希望于亚太地区、特别是中国市场的麦当劳来说可不是一个好消息，或许也正因为如此，麦当劳近日一反常态地大幅度放开中国市场的特许经营。

"未来几年麦当劳在中国的业务扩张都会专注于特许经营。"麦当劳（中国）首席执行官曾启山在接受《中国经营报》记者专访时表示。不过，对传统的直营扩张模式"改弦易辙"的麦当劳能否借此打赢翻身仗还难以预料。

4月18日，麦当劳（中国）宣布将在中国市场进一步放开特许经营。

此举似乎与外界印象中的麦当劳并不相称，在中国市场，麦当劳的扩张一直给人以保守温和的形象。自1990年进入中国市场开设第一家麦当劳餐厅之后，二十几年的时间里，麦当劳在中国的开店速度与竞争对手相比，可谓一直不温不火。

曾有分析人士认为，麦当劳在中国市场的保守发展或许与其十年前经历的一轮扩张失误有关。2002年，麦当劳经历了其上市以来的首次季度亏损，当年全球门店销售额下降了2.1%，全年共关闭门店719家，麦当劳当时将造成亏损的原因归结于"过去十多年间毫无节制地快速扩张。"

或许正因为如此，过去几年麦当劳在中国市场无论是开设直营店还是放开特许经营，都持极其审慎的态度。以特许加盟店为例，自从2008年启动特许经营业务以来，六年时间里麦当劳的特许经营人只有46人，而同期肯德基无论是直营店还是特许加盟店数量都在快速扩张，截至2013年，后者在中国的特许经营门店已达278家。

“虽然我们会考虑竞争对手的状况，但我们也要确保以正确的方式来开设餐厅。”曾启山否认了麦当劳中国市场发展缓慢的观点，并表示麦当劳正在加速前行，在目前的2 000家麦当劳餐厅里面，开设前面的1 000家餐厅用了18年的时间，但后1 000家店仅用了5年时间就开设完成。

话虽如此，但不可否认，麦当劳在中国的店面扩张仍然没有预想中那样顺利，2013年，麦当劳曾宣布当年要在中国增开700家连锁店，但最终完成的数量只是275家——尽管这个数字已经是其在中国市场的年度最高开店纪录，中国大陆地区也是2013年麦当劳系统内开店增速最快的市场。

“很显然，麦当劳期望在中国市场加速扩张，但其传统的直营店扩张方式需要巨大的资本，这让麦当劳难以承担。”长期关注麦当劳的中国政法大学特许经营研究中心常务主任李维华指出。

与之相比，“重启个人特许经营业务最大的好处就是，可以通过加盟者的一次性加盟费，将其先期建设餐厅时投入的大笔资金快速回笼，由此盘活内部资金链。”李维华分析称。

曾启山不否认扩大特许经营有成本方面的考虑，“此前我们把更多焦点放在一二线城市来扩大规模，未来我们还是会继续在核心沿海城市开店，但对于一些边远的内陆城市，通过发展式特许经营来开拓市场，可以减少公司对现金流的需求和压力。”

同时，他表示过去几年麦当劳的特许经营进展比较缓慢，是因为麦当劳需要时间打造各种硬件软件体系，而近年来IT系统、供应链管理等方面的投入也使麦当劳能够支持其特许经营体系。

尽管大幅度放开，但麦当劳对特许经营中的诸多要求或许会在一定程度上限制其扩张速度，麦当劳官网信息显示，要成为麦当劳的特许经营人需要具备一定的条件：申请人必须是个人，不允许合伙投资，若签约成功，日后的门店管理运营也需要本人亲自负责；特许经营人在被审核过程中，必须亲自接受麦当劳9～10个月的全职培训，然后是实习、运营和移交餐厅。保守估计，从递交申请到正式拥有一家麦当劳加盟店，需要差不多1年的时间。

“如何选择合适的特许经营人是最大的挑战，我们希望特许经营者都是能亲身投入运营的本土企业家，而不只是投资者。”曾启山告诉记者。

资料来源：《中国经营报》，2014-05-05。

试分析：

1. 麦当劳的特许经营做法解决了其在国内发展的哪些问题？
2. 你对麦当劳的发展有什么建议？

主要参考文献

1. 王先庆等. 珠三角商圈发展研究报告. 北京：社会科学文献出版社，2013.
2. 中国连锁经营协会. 2014中国连锁经营年鉴. 北京：中国商业出版社，2014.
3. 中国连锁经营协会. 中国连锁零售企业经营状况分析报告（2013—2014).
4. 中国连锁经营协会. 传统零售商开展网络零售研究报告（2014).
5. 中国连锁经营协会. 零售业顾客忠诚度研究，2014.
6. 中国连锁经营协会. 零售新营销时代（报告)，2014.
7. 宋文官. 电子商务概论（第三版). 北京：高等教育出版社，2014.
8. 中国连锁经营协会. 2011中国连锁经营年鉴. 北京：中国商业出版社，2011.
9. 中国连锁经营协会. 2010中国连锁经营年鉴. 北京：中国商业出版社，2010.
10. 荆林波，林景华. 中国商业发展报告. 北京：社会科学文献出版社，2011.
11. 赵慧敏，杨春. 商场经理岗位培训手册. 广州：广东省出版集团，广东经济出版社，2011.
12. 操阳，李卫华. 连锁经营实训. 大连：东北财经大学出版社，2008.
13. 杨高英，宁秀君. 连锁企业经营管理与实务. 北京：化学工业出版社，2012.
14. 窦志铭. 连锁店经营管理. 北京：中国财政经济出版社，2008.
15. 方名山. 连锁经营原理. 北京：高等教育出版社，2008.
16. 宋文官. 连锁企业信息管理教程. 北京：高等教育出版社，2008.
17. 林正修. 零售业：大小店面全程全面管理指南. 广州：广东世界图书出版公司，2004.
18. 肖怡. 零售学. 北京：高等教育出版社，2003.
19. 徐印州. 零售连锁经营. 广州：广东经济出版社，2004.
20. 孔秋英. 现代货仓式零售超市经营实务. 广州：广东经济出版社，2001.
21. 赵盛斌. 超市经营管理方法. 深圳：海天出版社，2001.
22. 季辉. 连锁商业营销与管理. 重庆：重庆大学出版社，2004.
23. 吴建国. 流通现代化原理与实务. 北京：中国物资出版社，2003.
24. 苏同华. 连锁店经营管理. 上海：立信会计出版社，1996.
25. 褚福灵. 超级市场. 北京：中国经济出版社，1997.
26. 黄武等. 商业自动化：流通现代化之路. 北京：中国商业出版社，1997.
27. 何明珂. 现代物流与配送中心. 北京：中国商业出版社，1997.

28. [美] 迈克尔·利维. 零售学精要. 北京：机械工业出版社，2000.
29. 刘信圣. 商业超市与电脑管理. 北京：中国国际广播出版社，2000.
30. 鲍居武. 现代超市计算机管理指南. 北京：北京理工大学出版社，1999.
31. 郑灿朝. 聚焦中国连锁业. 北京：中国商业出版社，1999.
32. 顾国建. 超级市场营销管理. 上海：立信会计出版社，2000.
33. 周勇. 连锁超市经营. 北京：中国商业出版社，1997.
34. 李飞，周景姝. 连锁王. 北京：北京经济学院出版社，1996.
35. 屈云波. 超市营销. 北京：企业管理出版社，1999.
36. 赵西萍，宋合义. 组织与人力资源管理. 西安：西安交通大学出版社，1999.
37. 廖泉文. 人力资源考评系统. 济南：山东人民出版社，1999.
38. 李世谦. 连锁店经营管理实务. 北京：经济管理出版社，1996.
39. 何春凯，发荣. 连锁制胜：连锁店经营管理实务. 广州：广东旅游出版社，1999.
40. 韩光军. 超市营销. 北京：首都经济贸易大学出版社，2000.
41. [美] T.T. 内格尔等. 定价策略与技巧（第二版）. 北京：清华大学出版社，1999.
42. [美] 彼得·德鲁克. 公司绩效测评. 北京：中国人民大学出版社，1999.
43. [美] 巴里·伯曼. 零售管理（第七版）. 北京：中国人民大学出版社，2002.
44. 窦志铭. 物流商品养护技术. 北京：人民交通出版社，2004.
45. 戴春华. 超市标准化营运管理. 广州：南方日报出版社，2003.
46. 李飞. 自选王：超级市场策划与设计. 北京：首都经济贸易大学出版社，1997.
47. 杜骁. 高获利商店经营必备图表. 广州：广东经济出版社，2000.
48. 王春利. 商场管理. 太原：山西经济出版社，1998.
49. 中国连锁经营协会网站：http://www.ccfa.org.cn.
50. 中国商业联合会网站：http://www.cgcc.org.cn.
51. 开商网：http://www.kesum.com.
52. 中国商报网（中国商网）：http://www.cb h.com.

图书在版编目（CIP）数据

连锁经营管理理论与实务/窦志铭编著. —3 版. —北京：中国人民大学出版社，2016.8
21 世纪高职高专规划教材. 连锁经营管理系列
ISBN 978-7-300-15179-3

Ⅰ.①连… Ⅱ.①窦… Ⅲ.①连锁经营-高等职业教育-教材 Ⅳ.①F717.6

中国版本图书馆 CIP 数据核字（2015）第 239560 号

"十二五"职业教育国家规划教材
经全国职业教育教材审定委员会审定
普通高等教育"十一五"国家级规划教材
普通高等教育精品教材
21 世纪高职高专规划教材·连锁经营管理系列
连锁经营管理理论与实务（第三版）
窦志铭　编著
Liansuo Jingying Guanli Lilun yu Shiwu

出版发行	中国人民大学出版社		
社　　址	北京中关村大街 31 号	**邮政编码**	100080
电　　话	010－62511242（总编室）		010－62511770（质管部）
	010－82501766（邮购部）		010－62514148（门市部）
	010－62515195（发行公司）		010－62515275（盗版举报）
网　　址	http://www.crup.com.cn		
	http://www.ttrnet.com（人大教研网）		
经　　销	新华书店		
印　　刷	北京昌联印刷有限公司	**版　　次**	2007 年 12 月第 1 版
规　　格	185 mm×260 mm　16 开本		2016 年 8 月第 3 版
印　　张	15.5	**印　　次**	2016 年 8 月第 1 次印刷
字　　数	366 000	**定　　价**	35.00 元